한국문학의 민속적 상상력

최 정 숙

지문당

이 저서는 2012년 정부(교육부)의 재원으로 한국연구재단의 지원을 받아 수행된 연구임(NRF-2012S1A5B5A07035017)

목 차

머 리 말

그동안 공주대학교와 경희대학교에서 한국의 민속을 강의하면서 나름대로 연구하고 정리할 수 있는 시간을 늘 생각해왔다. 늦게나마 이제야 이루어졌고 또 그런 기회가 주어졌다.

이 저서는 2012년 정부(교육부)의 재원으로 한국연구재단의 지원을 받아 수행된 연구(NRF-2012S1A5B5A07035017)이다.

이 책 제1부에서는 민속이란 무엇인지 민속의 개념과 흐름을 파악했으며 세시풍속과 일생의례, 민간신앙, 민속놀이, 한국의 의생활, 식생활, 주생활과 마을 생활을 살펴보았다. 그리고 민속예술, 축제와 민속문학을 정리했다. 민속을 알고자 하는 학생들과 일반인들을 위한 책으로 누구나 쉽게 접할 수 있는 지금 살아가는 삶의 모습들이 그대로 나타나 있다고 봐도 과언이 아니다.

제2부에서는 한국 현대시의 민속적 상상력으로 1장 1910년대 시의 민속적 상상력, 2장 1920년대 시의 민속적 상상력, 3장 1930년대 시의 민속적 상상력, 4장 1940년대 시의 민속적 상상력, 5장 1950년대 시의 민속적 상상력을 연구하였다. 이미 박사학위 논문의 주제로 삼아 학위를 취득했는데 지금도 계속 한국 현대시에서 수용된 민속을 꾸준히 연구해 온 결과물이라고 볼 수 있다.

제3부는 서정주 시에 나타난 민속으로 2012년 한국연구재단의 지원을 받

아 연구한 논문이다. 한국 현대시에서 민속적 의미와 원형을 찾고자 노력했으며 작품 분석을 통하여 민속적 상상력을 연구하고자 하였다.

그동안 대학에서 국문학과 민속을 강의하면서 시간에 쫓겨 깊이 있는 글이 되지 못한 것에 부족함을 느낀다. 책 제목과 같이 한국문학의 민속적 상상력이 무엇인지 앞으로도 민속과 관련된 연구는 계속될 것이다. 민속은 우리들 삶의 모습들과 자취들이 그대로 녹아 있는 기층문화이며 이러한 민속을 연구한 글들을 책으로 묶어서 출간하게 된 것이다.

이 책은 올바른 길로 언제나 든든하게 지켜주시는 존경하는 부모님, 평생을 교육계에서 학생들을 사랑하고 제자를 아끼시는 아버지, 건강하게 정년퇴직을 하시고 그 이후에도 교육으로 봉사를 하시다가 지금 하늘에서 딸을 지켜주고 계실 아버지에게 바친다. 고령의 나이에도 혼자서 주어진 삶을 사랑하시는 어머니께 바치고 싶고 살아계심에 늘 감사한 마음이다. 그동안 제대로 챙겨주지 못했지만 올바르게 성장하여 자기 삶을 잘 개척해 나가는 사랑하는 딸 정선이와 아들 창섭이에게도 고맙고 가족으로서 든든한 마음이다. 언제나 멋진 그림을 그려준 여고 동창 친구인 안상운 화가에게 진심으로 고맙고 이 책을 출판해 주신 지문당 사장님과 편집부 여러분께 감사드린다.

2014년 5월

월하당(月下堂)에서 아림(峨林) 최정숙(崔貞淑)

제1부 민속이란 무엇인가

제1부 민속이란 무엇인가

1) 민속의 개념과 용어

민속이라는 용어가 처음 등장한 것은 고려시대 17대 인종 때로, 김부식이 편찬한 『삼국사기(三國史記)』 제1권 신라본기 제1, '유리니사금조'에 민속이라는 용어가 나온다.

그리고 한국고대의 민속을 고스란히 전하고 있는 문헌은 고려 충렬왕 때 일연이 편찬한 『삼국유사』이다. 민속학이라는 용어를 살펴보면 Folklore는 민속학을, Folk는 민간, 서민을, lore는 전승, 지식을 가리킨다. 즉 민간전승, 민간지식을 말한다.

인간은 변하지 않지만 문화는 변하는 것이며 민족은 변하지 않지만 민속은 변하는 것이다. 더구나 현대사회에서 문화는 빠르게 변화하고 있다.

한 문화권 내에서 다수가 향유하는 전통적이고 보편적인 문화가 민속인데, 민속에는 사상 · 철학 · 종교 · 예술 · 구전물 · 풍속 · 놀이 · 축제 등의 정신문화와 의식주를 포함하여 각종 문화재, 생산양식과 생산도구, 경제체계 등의 물질문화가 두루 포함된다.

민속학은 이들을 총체적으로 연구하는 학문이며 민속을 대상으로 연구하는 학문이지만 궁극적인 목적은 그 민속을 생성, 전승시키면서 그 속에서 살고 있는 사람의 무리인 '민족'을 연구하는 것이다.

민속의 연구는 民의 생활문화를 통시적, 공시적으로 연구하고 한 민족문화의 총체적 이해를 추구하며 세계문화 속에 그 문화의 특성을 정립시키려고 하는 과학이다. 따라서 민속학은 문화를 우선하는 학문이라고 할 수 있다.

또한 한국 민속은 독자적인 특수성을 가지는 동시에 인접문화의 영향으로 보편성을 지니고 있다. 민속에 대한 잘못된 편견은 민속이 민간의 과거 문화이며 현재 문화와는 거리가 있는 과거학이라는 입장이다. 즉 과거 일정기간에 있었던 정체적인 잔존문화로 보는 입장이다.

그러나 민속은 오늘날에도 살아 숨 쉬는 문화이며, 대중문화와 전통문화를 다 포함해야 하고 현재 민중의 문화까지도 연구해야 한다.

2) 민속학의 연구대상

민속은 과거에서 현재, 시골에서 도시, 일상생활에서 종교와 예술, 사상 모두를 포함한다. 한 집단에서 살고 있는 인간의 삶 전체를 연구대상으로 하는 미래지향적인 민속학이라고 할 수 있다. 현재학으로 현대의 도시 문화까지를 대상으로 하는 도시민속학까지 포함하여 연구대상으로 삼아야 한다.

학자들은 민속학의 연구대상을 다음과 같이 분류하고 있다.

-이두현 외, 『한국민속학개설』

마을과 가족생활: 마을, 가족과 친척
관혼상제: 출산의례와 관례, 혼례, 상례, 제례
의식주: 각 시대에 따른 의생활, 식생활, 주생활
민간신앙: 무속, 가신신앙, 동제
세시풍속: 각 계절의 세시풍속
민속예술: 민속악과 민속무용, 민속극, 민속공예

구비문학: 민요, 설화, 무가, 판소리, 신화, 전설, 민담

-박계홍, 『한국민속학개론』

의식주: 시대에 따른 의생활, 식생활, 주생활

민간신앙: 무속, 집단신앙(여기서는 마을을 중심으로 이루어지는 당제를 위주로 하여 다루었다), 가신신앙

속신: 점복과 예조, 주술, 타부

생산의례: 수렵의례, 농경의례, 어로의례

세시풍속: 1~12월의 세시풍속

민속놀이: 윷놀이, 연 날리기, 줄다리기, 놋다리밟기, 팽이치기, 축제

도시민속학: 민속의 도시화, 도시와 농촌의 민속, 도시민속학의 과제, 도시민속학의 실천 존립 의의

민속학 방법론: 과거학이 아닌 현재학으로, 그리고 순수 인문학이 아닌 응용 실용학으로서의 민속학을 위한 새로운 방법론을 제시하고 있다.

한국에서 민속학이 발생된 동기는 한국의 전통문화에 대한 관심에서 출발하였으며 일제강점기에서는 민족의식의 발견과 주체성 확립이 계기가 된 것이다. 한국의 민족문화를 대상으로 하며 한국의 문화를 연구하여 한국인의 삶을 이해하고 삶을 풍요롭게 하는 데 민속학의 의의가 있다.

민속학은 한국인의 존재 확인과도 밀접한 관계가 있으며 존재를 확인함으로써 한국인의 동질성 회복과 수호도 가능하다 민속을 발굴하고 보전하는 것만이 역할이 아니고 새로운 민속을 창출하고 민속적인 것과 현대적인 것과의 조화도 이루어져야 한다.

민속축제에서 현대적 요소가 다양하게 도입되고 있으며 각종 민속예술의 현대적 작업도 이루어지고 있다. 예를 들면 판소리와 재즈와의 연결과 판소

리의 창극화 등이 있다. 사물놀이는 전통적인 풍물을 응용한 것으로 성공하고 있으며 해외공연에서도 높은 평가를 받고 있다.

박물관의 교육적 효과도 중요한데 민속박물관은 민속문화를 접할 수 있는 문화이다. 민속박물관은 현장학습장으로 중심적인 역할을 해 오고 있다. 한국에 산재해 있는 민속적 자료를 모아 정리해야 하며 한국인이 살아온 과거와 현재의 모든 일상 생활을 파악하여 의식주의 생활, 경제활동, 종교생활, 예술생활, 축제와 놀이, 일상생활에 응용할 수 있는 방대한 자료를 확보해야 한다.

과거와 현재의 문화를 비교하면 문화가 발전된 과정을 알 수 있으며 농촌, 어촌, 산촌 등 각각의 해당지역에 소규모라도 민속촌의 설립이 절실하다. 우리나라에는 테마 박물관, 성민속박물관, 어촌박물관이나 대구에 있는 건들바위 무속전문 박물관이 있으며 공주에 있는 민속극 박물관이 1997년 설립되어 운영 중에 있다.

민속의 생활화와 실용화에 있어서 각종 지역의 공예품과 지역 특산품을 활용한 민속 공예품 등이 있다. 삼척 원덕읍에서는 마을 신화를 발굴하여 해신당 공원을 만들어 관광사업과 문화 콘텐츠로 수입을 올리고 있다.

오늘날 각 지역 축제와 놀이 등이 주민 및 관광객과 함께 더불어 이루어지고 있으며 민속현장을 답사하고 민속 여행을 하는 테마 여행이 활기를 띠고 있다. 즉 아산 외암리 민속마을, 안동하회마을, 전주한옥마을 등이 있다.

한국의 민속학사는 연대기적으로 기술하고 있으며 문헌상 삼국유사가 대표적이라고 할 수 있다. 한국 민속사의 발자취를 살펴보면 1920년대에는 최남선의 연구 업적이 두드러진다.

최남선은 1926년에 '단군론'과 무속에 관한 글인 '살만교차기'를 발표하였다. 그 후 1930년대에 최남선은 신화, 설화, 풍속 ,무속 등을 연구하였으며 이능화는 종교, 여속, 제례 등을 발표하였다. 1930년부터 40년대는 현장답사로 자료를 가지고 조사정리를 한 시기이며 1950년부터 60년대는 민속학회가 창립되었고 관련학회도 창립되있다. 1970년부터 80년대는 논문과 단행본이 대량 출간되어 1982년에는 고대 민족학연구소가『민속대관』6권을 발간하였고, 경희대에서도 한 지역을 대상으로 집중적인 민속조사가 이루어졌다. 그 후부터 개론서가 발간되기도 하였다.

민속조사에는 문헌자료와 현지자료 조사가 있는데, 문헌자료는 기존에 문헌으로 나온 자료를 말하며 현지자료는 민속현장에서 연구자가 직접 조사한 자료를 말한다.

조사방법에는 직접조사방법과 간접조사방법이 있다. 직접조사방법은 자료의 신빙도가 높다는 장점이 있지만 시간, 노력, 경비 등이 많이 소요되는 단점이 있다. 간접조사방법은 시간, 노력, 경비가 절약되지만 자료의 신뢰도가 약하다는 단점이 있다.

민속조사 시 유의해야 할 점은 조사할 현장과 목적이 결정되면 해당하는 자료를 충분히 섭렵하여, 현지조사의 시기와 기간에 대한 계획을 세워야 한다는 것이다. 현지조사 목적을 현지 주민에게 알려 지역의 어른이나 이장 등 그 지역을 대표하는 사람들의 허락을 받고 신뢰감을 조성해야 한다. 연구자와 제보자 사이의 래퍼를 형성하여 조사의 개략적 일정도 미리 알려주어야 하며 조사 후에도 마을 주민들과 계속적인 유대관계를 맺는 것이 좋다.

조사카드

조사자료 번호: 녹음 및 사진 번호:

조사상황
일시:
장소:
현지상황 및 분위기:

제보자상황
성명: 남 · 녀 연령: (년 월 일)
현주소:
출생지:
직업 및 학력:
기타:

구연상황
동기:
조건: 자연 조건, 인공 조건, 기타 ( )
표정 및 동작:
주위반응:
비고:

구연내용 요약:

마을 개관 조사카드

조사일시: 년 월 일

<table>
<tr><td>마을 명칭</td><td colspan="2"></td><td>제보자</td><td colspan="2"></td></tr>
<tr><td rowspan="2">마을 위치</td><td>인접 국도</td><td></td><td rowspan="2">마을 유래</td><td>유래담</td><td></td></tr>
<tr><td>마을 배열</td><td></td><td>성씨</td><td></td></tr>
<tr><td rowspan="2">주민 구성</td><td>연령별</td><td></td><td rowspan="2">가구 수/인구 수</td><td colspan="2" rowspan="2"></td></tr>
<tr><td>성씨별</td><td></td></tr>
<tr><td rowspan="4">주변 환경</td><td>산</td><td></td><td rowspan="4">교류 지역</td><td rowspan="2">통혼</td><td rowspan="2"></td></tr>
<tr><td>강(천)</td><td></td></tr>
<tr><td>들</td><td></td><td rowspan="2">물류 교환</td><td rowspan="2"></td></tr>
<tr><td>기타</td><td></td></tr>
<tr><td>경제활동</td><td colspan="2"></td><td>특산물</td><td colspan="2"></td></tr>
<tr><td rowspan="2">공동 시설</td><td colspan="2" rowspan="2"></td><td rowspan="2">교통편</td><td>구도로</td><td></td></tr>
<tr><td>교통</td><td></td></tr>
<tr><td>시장</td><td colspan="2"></td><td>학교</td><td colspan="2"></td></tr>
<tr><td>복지시설</td><td colspan="2"></td><td>마을조직</td><td colspan="2"></td></tr>
<tr><td>종교 현황</td><td colspan="2"></td><td>여가활동</td><td colspan="2"></td></tr>
<tr><td>마을 신앙</td><td colspan="5"></td></tr>
<tr><td>의식주 생활</td><td colspan="5"></td></tr>
<tr><td>생활 풍속
(세시 놀이)</td><td colspan="5"></td></tr>
</table>

제1장 세시풍속

세시풍속은 음력 정월부터 섣달까지 같은 시기에 반복되는 주기전승 의례를 말한다. 1년을 주기로 해마다 행해지는 것이 보편적인데 격년단위나 윤달이 든 해에 지내는 장승제나 5년이나 10년 단위로 지내는 별신제가 있다.

세시풍속의 성격은 시계성(時季性)을 강조하며 중국과 한국에서는 세시(歲時), 세사(歲事), 시령(時令), 월령(月令)이라고도 하며 일본에서는 연중행사라고 부른다. 두 번째로 주기성을 들 수 있는데 계절에 따른 변화와 절기에 맞춰 순응하는 주기적인 행사이므로 순환성이라고도 한다. 세 번째는 공동체성으로 마을단위의 공동체의식과 유대 강화를 들 수 있다. 네 번째는 기원성으로 현실에서의 풍농과 풍어로 마을의 안녕 등을 기원하는 것이 세시풍속이다.

세시풍속의 성격은 농경문화와 관련이 있으며 농경 의례적 성격을 지니고 있는데 농사의 개시, 파종, 제초, 수확, 저장 등 농경 주기와 연관성이 있다. 또한 고사, 점복, 예조, 금기, 무속, 부적 등의 민간신앙과 음식, 복식, 놀이, 예술, 농경생활에 이르기까지 개별적인 사실들이 복합된 종합성을 띤 문화현상이라고 볼 수 있다.

1) 봄철의 세시풍속

음력 1월부터 3월까지의 계절에 행하는 세시 명절이 봄철의 세시풍속에 해당된다. 1월 정월과 2월 초하루 머슴날이나 영등날, 3월 3일 삼짇날 등이 봄철의 세시풍속이다. 정월에는 설날, 차례, 덕담, 점복, 정초고사, 놀이 등이 있으며 정월 대보름에는 오곡밥, 복토훔치기, 용알뜨기, 점복, 액막이, 고사, 동제, 놀이 등이 있다.

정월의 세시풍속은 풍요를 기원하고 예축하는 예축의례의 성격이 짙으며, 풍농을 예축하는 행사가 집중적으로 모여 있다.

(1) 설날

한 해의 첫날로 원단(元旦), 원일(元日), 세수(歲首), 연수(年首)라고 하며 조심하며 근신하는 날이라는 뜻으로 신일이라고도 한다. 설날의 유래는 3세기 중국 진수가 쓴 『삼국지 위서 동이전』에 "하늘에 제사 지내고 음주가무하며 국중대회를 했다"고 소개하고 있다. 이처럼 3세기경에 세시풍속이 행해졌음을 알 수 있다.

설날 아침에는 미리 준비한 새 옷으로 갈아입는다. 이 옷을 설빔이라고 하는데 새해, 즉 새로운 시작을 의미한다. 단오빔은 여름옷을 입는 분기점이며, 추석빔은 겨울옷을 준비하는 분기점이다.

세배가 끝난 후 떡국을 비롯해 설 명절을 위해 새로 마련된 음식을 먹는 것을 세찬이라고 한다. 설빔을 입고 세찬을 차려 조상에게 제사 지내는 것을 차례라고 하는데 지역에 따라서 '차사'라고도 한다. 차례는 조상숭배 사상의 영향을 받았는데 차례상에 놓이는 '세주'는 찬술로 새로운 봄을 맞는다는 뜻이 있다. 설날 차례는 4대 봉사를 모시는 경우가 일반적이다. 차례가 돌아가신 조상에게 드리는 새해인사라면 세배는 생존해 계신 어른에게 올리는 새해인사이다.

설날 아침에 친척, 친지, 친구 등 아는 사람을 만나면 덕담을 하는데 혼인, 취직, 승진, 입학, 건강 등 그 사람의 형편과 처지에 맞는 말을 골라서 하며 그렇게 되기를 축원하는 뜻이 덕담에 담겨 있다. 덕담은 웃어른이 손아랫사람에게 먼저 하는 것이다.

대나무로 만든 조리를 걸어 한 해 동안 복이 들어오기를 기원하는 복조리 걸기가 있는데 예전에는 섣달그믐날 밤이면 복조리 장사가 골목길을 다니며 '복조리 사려'를 외쳤으며 각 가정에서는 일 년간 사용될 조리를 사서 걸었다. 경북 안동지역에서는 갈고리와 조리를 함께 걸어두기도 하는데, 여기에는 갈고리로 복을 긁어 조리에 담는다는 뜻이 있으며 조리에 동전을 넣어두기도 한다.

(2) 정초의 점복과 제액

정초에 보는 점으로는 한 해의 운수를 알아보기 위한 신수점과 농사의 풍흉을 알아보기 위한 농점, 토정비결과 청참, 오행점, 윷점 등이 있다.

청참은 설날 새벽 거리에 나가서 일정한 방향 없이 다니다가 처음 듣는 소리로 일 년간의 운수를 점치는 것이다. 까치 소리를 들으면 길조, 까마귀 소리를 들으면 불길한 징조, 소가 우는 소리를 들으면 그해가 풍년, 참새소리를 들으면 곡식의 피해를 당할 흉년이라고 여긴다.

정초 십이지일(十二支日)은 정월 초하루 설날부터 열이튿날까지 12일 동안 일진을 정하는 것이다. 즉 십이지일은 상자일(上子日-쥐날), 상축일(上丑日-소날), 상인일(上寅日-범날), 상묘일(上卯日-토끼날), 상진일(上辰日-용날), 상사일(上巳日-뱀날), 상오일(上午日-말날), 상미일(上未日-양날), 상신일(上申日-원숭이날), 상유일(上酉日-닭날), 상해일(上亥日-돼지날), 상술일(上戌日-개날)로 정초에 조심한다.

털날은 12간지의 동물 중 쥐, 소, 호랑이, 토끼, 말, 양, 원숭이, 닭, 개, 돼지날을 말하며, 용과 뱀은 털 없는 날이다.

정초에는 제액을 위한 여러 가지 세시풍속을 하는데 제액에는 예방을 위한 방액(防厄), 태우는 소액, 멀리 보내는 송액이 있다. 세화(歲畵)가 방액이고 머리카락 태우기는 소액이며, 정월 대보름날 띄우는 연을 멀리 날려 보내는 것은 송액이다.

세화는 조선 시대 궁중의 그림을 그리는 것으로 도화서(圖畵署)에서 수성, 선녀, 직일선상 등 도교 계통의 신을 그려서 임금에게 드리고 선물도 했는데 이 그림을 세화라고 한다.

벽사를 위한 일종의 부적이며 여염집에서는 닭과 호랑이 그림을 붙여 방액을 하였다. 닭은 밝음을 알리는 동물이며, 호랑이는 두려움과 공경의 대상이다.

머리카락 태우기는 남녀가 일 년간 머리를 빗을 때 빠진 머리카락을 모아 두었다가 설날 황혼이 되면 문밖에서 태워 병을 물리치고자 하는 것이다. 이것을 원일 소발(燒髮)이라고 한다. 액을 태워서 버린다는 의미와 냄새로 악귀를 쫓는다는 의미가 있다.

이외에도 삼재막이가 있는데 삼재(三災)란 수재(水災), 화재(火災), 풍재(風災), 또는 병난(兵難), 질역(疾疫), 기근(饑饉)을 말한다. 여기서는 이들을 포함한 모든 액운을 뜻한다. 액운은 나이에 따라 들어오게 되는데 3년간 머문다 하여 삼재라 하며 매사에 조심해야 한다.

다음으로 야광귀(夜光鬼)가 있는데 정월 초하룻밤에는 야광귀라는 귀신이 집에 찾아와 신발을 신어보고 맞으면 신고 간다 하여 신발을 감춰놓고 잔다. 신을 잃은 사람에게는 불행이 닥쳐온다는 믿음을 갖고 있다.

정초고사로는 안택고사와 홍수매기가 있다. 안택고사는 집안의 평안과 풍요를 위하여 집안에서 섬기는 가신을 대상으로 지내는 의례이며 홍수매기는 그해에 닥칠 횡수의 재앙을 막는 제의이다. 섣달그믐 무렵에 신수를 보아 새해에 횡수가 있다는 것을 알면 무당을 불러서 거행하는데 집안에 따라서는 새벽에 마을에 있는 샘이나 평소 받드는 냇가에 가서 용왕제를 지낸다.

(3) 정월 대보름

『삼국유사』 권 제1기, 제1 사금조 오기일에 정월 대보름과 관련된 세시풍속이 기록되어 있다.

보름달은 풍요를 상징하며 이날 묵은 나물과 복쌈, 보름밥 훔쳐 먹기와 복토 훔치기 등의 세시풍속이 있다.

흙은 지모신(地母神)으로 풍요를 상징하며, 재산 모으기를 바라는 뜻이 있다.

용알뜨기는 새벽에 샘에 가서 물을 푸는데 이 물을 용알이라고 하며 이때 뜬 물은 용의 신력이 담겨 있다고 하여 용알이라 한다.

볏가릿대와 보리타작은 풍년을 기원하며, 과일나무 시집보내기 등을 한다. 볏가릿대는 농가에서 정월 대보름 전날 끝에다 곡식의 이삭을 달아 집의 처마 앞에 세워 두는 긴 장대를 말한다. 그해에 곡식이 잘 자라 그만큼 높이 쌓기를 바라는 마음을 담고 있다.

대보름의 점복으로는 달불이가 있는데 전날 저녁에 콩 12개에 12달을 표시하여 수수깡 속에 넣고 묶어서 우물 속에 집어넣는 것을 '달불이'라고 한다. 이튿날 새벽에 그것을 꺼내어 그 콩이 불어 있는 모양을 보고 점을 치는 것이다 .

볏가릿대

부럼

집불이는 콩알을 동네의 호수(戶數)대로 골라서 각각의 콩알에 호주의 표시를 하고 짚으로 묶어서 우물 속에 집어넣고 다음날 아침 꺼내서 콩 모양을 본다. 많이 불어 있으면 그해에는 그 집에 풍년이 든다고 여긴다.

사발점은 사발에 재를 담고 그 위에 여러 곡식의 씨를 놓은 다음 지붕 위에 올려놓아 이튿날 곡식을 보고 점을 치는데, 남아 있는 곡식이 많으면 풍작이 된다고 한다. 소밥주기는 보름 음식을 담아 소에게 주는데 소가 밥을

줄다리기 민속놀이

먼저 먹으면 풍년이 들고 나물을 먼저 먹으면 채소 풍년이 든다고 한다. 대보름날 새벽에 첫 닭이 우는 소리의 횟수로 점을 치는 닭 울음점도 있는데 열 번 이상 울면 그해에 풍년이 든다고 한다.

정월 보름에 콩을 볶아 먹는 세시풍속도 있다

이외에도 부럼과 귀밝이술, 더위팔기, 제웅직성과 달집태우기 등이 있으며 민속놀이로는 쥐불놀이, 지신밟기, 횃불싸움, 줄다리기, 고싸움, 석전(石戰) 등이 있다.

볏가릿대는 볏짚단의 밑부분을 묶고 그 안에 조, 보리, 기장, 수수, 콩, 팥 등 갖가지 곡식을 싸서 세우는 장대로 풍년을 기원하는 의미를 지녔다.

(4) 입춘

24절기의 하나로 양력 2월 4일경 입춘축을 써서 대문을 비롯하여 집의 벽

立春大吉
建陽多慶

이나 천장 등 곳곳에 붙인다.

'입춘대길 건양다경'(立春大吉 建陽多慶)은 '봄이 시작되니 크게 길하고 경사스러운 일이 많이 생기기를 기원합니다'라는 뜻이다.

'부모천년수 자손만대영'(父母千年壽 子孫萬代榮)은 '부모는 천년을 장수하시고 자식은 만대까지 번영하라'는 의미가 있으며 '수여산 부여해'(壽如山 富如海)는 '산처럼 오래 살고 바다처럼 재물이 쌓인다'는 의미가 있다.

제주도에서는 입춘굿을 하는데 입춘날 농가에서는 보리뿌리를 캐어 그해 농작의 풍흉을 점친다. 보리뿌리를 뽑아 뿌리가 세 가닥 이상이면 풍년이 들고, 두 가닥이면 평년작, 한 가닥이면 흉년이 든다고 한다.

오신반

(5) 2월(중화절, 영등날)

2월 초하루는 중화절, 머슴날로 일 년간 농사를 할 일꾼들을 위해 술과 떡, 음식을 대접한다. 영등날이라고 하기도 하는데 영등은 바람신으로, 영남지방에서는 영등할매에게 제를 지낸다. 제주도에서는 심방이 주관하는 당굿을 하며 액막이와 점복으로는 노래기 부적과 콩볶기, 볏가리점, 좀생이점이 있다.

(6) 3월(삼짇날, 한식과 청명)

3월 3일은 삼짇날이며 양수인 홀수 3자가 겹치는 날이어서 길일로 여긴다.

나비점이라고 하여 삼짇날 처음 본 나비의 색깔로 점을 치는데 노랑나비나 호랑나비와 같이 색깔이 있는 나비를 먼저 보면 길조이고 흰 나비를 먼저 보면 부모상을 당한다 하여 꺼린다.

(7) 한식과 청명

한식은 동지로부터 105일째 되는 날루 한식날에는 찬밥을 먹으며 한식묘제를 지낸다. 농가에서는 청명을 기하여 일을 시작하므로 논이나 밭둑의 손질을 하는 가래질을 시작하는데 이는 논농사의 준비작업이다.

다음 절기인 곡우 무렵에는 못자리판도 만들어야 하기 때문에 농사를 많이 짓는 경우에는 일꾼을 구하기가 어려워서, 청명, 곡우 무렵이면 서둘러 일꾼을 구하기도 한다.

2) 여름철의 세시풍속

(1) 4월

세시풍속에서 여름은 음력 4월부터 6월에 해당된다. 사월 초파일은 음력

4월 8일이며 부처님 오신 날로, 연등놀이를 행한다. 절에 가서 제를 올리고 탑돌이를 하며 극락왕생을 기원한다.

송파지역에서는 송파 산대놀이를 하며 일반가정에서는 쑥버무리 떡을 해 먹는다.

연등놀이

(2) 5월(단오)

5월 5일은 1년 중 가장 양기가 왕성한 때로 천중가절(天中佳節), 천중절, 중오절, 수릿날이라고도 한다. 창포 삶은 물에 머리를 감고 단오제를 지내며, 창포 뿌리로 비녀를 만들어 꼽기도 하는데 벽사의 의미가 있다. 이것을 단오장이라고 한다.

단오날에는 단오고사를 지내는데 쑥떡과 밀전병을 만들어 농사의 풍작을 기원하는 제사를 지내고 단오 차례를 지내기도 한다. 오늘날 강릉단오제는 우리나라의 유명한 축제이다.

수리취떡

수리취떡과 쑥떡을 해 먹으며 단오 부적

을 문설주에 붙이고, 대추나무 시집보내기를 하는데 이것은 풍요를 상징하는 의미가 있다. 민속놀이로는 그네뛰기, 씨름 등이 있다.

(3) 6월(유두)

유두는 신라 때부터 있었던 명절로 음력 6월 15일을 말하는데, 이날 음식을 장만해 산에 있는 폭포에서 몸을 씻고 정화의식을 하며 천신제를 지내기도 한다.

유두(流頭)는 '동쪽으로 흐르는 물에 머리를 감고 목욕을 하면 부정을 가신다'는 뜻이 있으며 물을 통해 정화하는 날이 유두이다. 물맞이로 더위를 식히며 몸과 마음을 정화한다.

고려 19대 명종 학자 김극기 문집에 "경주 풍속에 6월 보름에 동쪽으로 흐르는 물에 머리를 감아 불길한 것을 씻어 버린다. 그리고 액막이로 모여서 술을 마시는 계음(禊飮)을 유두연(流頭宴)이라 한다"고 기록되어 있다.

유두고사(유두천신)는 물을 액막이로 하고 밭작물을 거두어 집안에서 고사를 지내 잡곡천신을 하거나, 밭에서 용제(龍祭) 또는 밭제(田祭)를 지내는데 과실과 함께 이것을 가묘에 바치고 제사를 한다. 또 농가에서는 연중 농

유두절식들(왼쪽부터 시계방향으로 구절판, 밀쌈, 상화병, 편수, 미만두(규아상))

퇴계종가의 유두 천신 제사상 차림 (출처: 국립문화재연구소)

유두와 여름에 즐겼던 발 담그기, 조선 중기의 화가 이경윤의 '고사탁족도(濯足圖)' (출처: 국립중앙박물관)

작물이 잘 여물도록 농신에게 제사를 지낸다. 고사 때는 제물로 팥시루떡을 장만하지만 밭제를 지낼 때는 밭작물의 수확을 기념하여 팥죽을 장만하는 집안도 있다.

복날에는 물가를 찾아 천렵을 하고 잡은 물고기로 국을 끓여 먹으며 더위를 식히는데 이것을 복대림, 또는 복다림이라고 한다.

복날에는 보신탕으로 일컬어지는 개장국을 먹거나 삼계탕, 소맥면, 약수 마시기 등을 한다. 음식으로는 유두면, 수단, 건단, 상화떡, 연병이 있다.

상화떡은 밀가루를 누룩이나 막걸리 따위로 반죽하여 부풀려 꿀, 팥으로 만든 소를 넣고 빚어 시루에 찐 떡이다.

유두면은 밀가루로 국수를 만들어 남녀노소가 함께 먹는데 유두일에 밀가루 국수를 먹으면 여름에 더위를 먹지 않는다고 한다. 옛날에는 밀가루를 오색으로 물들여, 석 장씩 포개어 색실로 꿰고 이것을 차거나 혹은 문기둥에 걸어 액막이를 하였다.

3) 가을철의 세시풍속

(1) 7월 7일 칠석

세시풍속에서 가을은 음력 7월부터 9월에 해당된다.

음력 7월 7일은 견우와 직녀가 만나는 날이며 칠성맞이 굿을 한다.

칠석날에는 칠석 차례로 사당에 천신하고 우물고사를 지내며 가정에서는 제물을 차려놓고 고사를 지내거나 장독대 위에 정화수를 떠놓고 가족의 무병장수와 가내 평안을 빈다. 가정에 따라서는 무당을 찾아가 칠성맞이 굿을 하며 밭작물의 풍작을 위하여 밭제를 지내기도 한다.

칠석날에는 처녀들이 바느질을 잘하게 되기를 비는데 이것이 걸교이다. 햇볕에 옷과 책을 내어 말리고 견우와 직녀 두 별을 보고 절하며 바느질과 글공부를 잘하게 되기를 빈다.

백중일은 음력 7월 15일이다. 15일은 불교명절로 '우란분회'(盂蘭盆會)라고 한다. 조상의 넋을 천도(遷度)하며 민가에서는 망혼일로 조상 차례를 지냈다. 절에서는 중들이 100가지 과일과 나물을 갖추어 부처에게 공양했다. 지역에 따라서 농민들은 이날을 '호미씻이'라 하여 음식을 장만해서 산기슭 들판에 나가 농악을 울리며 하루를 즐기기도 하였다.

(2) 8월 15일 추석

한가위, 중추절이라고 하며 차례와 성묘, 추석빔을 한다. 놀이로는 강강술래, 씨름, 줄다리기, 지신밟기, 탈놀이, 소놀이와 거북놀이 등을 한다.

소놀이는 마을 사람들이 멍석을 쓰고 소 모양으로 가장하여 집집마다 찾아다니며 즐겁게 놀아주고 음식을 나누어 먹는 풍년기원놀이다. 거북놀이에서 거북은 수신으로 농경신의 기능이 있는데, 이들 놀이는 풍년기원인 농경의례의 성격을 지닌다.

시절 음식으로는 송편, 시루떡, 토란단자, 밤단자가 있다 .

(3) 9월

9월의 명절로 중구가 있는데, 9월 9일은 중양절(重陽節)이다.

영남 북부의 경우 추석에 햅쌀이 나지 않아 차례를 지내지 못해 중구차례를 지내기도 한다. 하회마을에서는 중구차례의 전통을 이어가고 있다 .

각 가정에서는 세시 음식으로 '화채'(花菜)를 만들어 먹고 '국화전'(菊花煎)도 부쳐 먹으며 국화주도 마신다. 또 '풍국(楓菊)놀이'라 하여 음식을 장만해 교외에 가서 하루를 즐기는데 이것이 단풍놀이이다.

4) 겨울철의 세시풍속

(1) 10월

시월에서 섣달까지가 겨울 세시풍속이다.

10월은 상달, 상달고사, 즉 가을고사가 있는데 10월의 첫 오일이라 하여 팥시루떡을 쪄 외양간에 놓고 고사를 지내며 말의 무병과 집안의 평안을 빈다. 각 가정에서는 성주고사를 지내며 집안에 따라서는 무당을 불러 재수굿을 한다.

상달음식으로는 만두, 신선로, 팥시루떡 등이 있다.

10월이면 시제를 지내는데 4대조까지는 집에서 차례와 제사를 지내지만 5대조부터는 산소로 옮겨 일 년에 한 번 문중이 함께한다.

팥시루떡(고사떡)

(2) 11월(동짓날)

아세는 작은설을 말하며, 팥죽을 쑤어 집안고사를 지내고 대문에 팥죽을 뿌려 액을 막거나 악귀를 제거하는 의미가 있는데 붉은색은 벽사(僻邪)의 기능이 있다.

동짓날에는 옹심이점을 행하는데 옹심이로 점을 쳐서 태아의 성별을 알아보는 점이다. 또 동지 무렵에는 책력, 즉 달력을 만들어 무료로 주기도 한다.

(3) 12월

한 해를 마무리하는 시기로 국가에서는 국중대회나 나례(儺禮) 및 마을 단위의 동제(洞祭), 그리고 가정에서는 가택신을 위한 제례(祭禮)를 올리며 '송구영신'을 기원하는 시기이다. 이는 묵은 것은 버리고 새로운 해를 맞이하는 통과의례로서 겨울을 의미한다.

동지부터 세 번째 미일(未日)을 납일이라고 하며 종묘와 사직에 제사를 지냈는데 이것이 납향이다. 섣달그믐날 저녁을 제석이라고 한다. 사당이 있는 집에서는 사당에 제사를 지내며 집안 곳곳 청소하고 검불을 모아 태우며 집안에 불을 밝힌다. 궁중에서는 나례(儺禮)라는 축귀의례를 행했는데 나례는 악귀를 쫓는 의식이다. 대불놓기는 자정 무렵에 청죽을 태우는데 묵은해에 집안에 있던 잡귀들이 놀라서 달아나고 신성한 새해를 맞이할 수 있다고 믿는다.

(4) 윤달

태양력에서 윤달은 4년마다 2월에 드는데 평소에는 2월이 28일로 고정되어 있으나 윤달이 든 해는 이달이 29일이 된다. 『동국세시기』에는 "윤달에는 혼인하기 좋고 수의(壽衣)를 만드는 데 좋다. 모든 일을 꺼리지 않는다"라고 하여 불공을 드리러 절에 가며 성돌이를 하는데 극락세계 가기를 기원한다.

윤달에는 수의 짓기와 묘이장을 하는데 부정이나 액이 없다고 믿으며 이사와 가옥 수리도 한다. 마을의 평안과 풍요를 위하여 장승제를 지내기도 하며, 장을 담그기도 한다.

5) 세시풍속의 변화

세시풍속은 농사의 풍농을 예축하며 기원하고 감사하는 의례이며 인간 삶과 직결되어 복(福)을 비는 의례이다. 단순히 즐기는 놀이가 아니라 풍요를 기원하는 의미가 있다. 일 년을 계절적으로 나누어 고비마다 쇠퇴하고 약화된 우주의 생성력을 촉진하여 인간의 생존력에 활력을 불어넣어 주는 구실을 하는 것이 세시풍속이다.

해마다 같은 의례를 반복하는 것은 생성력과 생존력을 재생하기 위한 것으로 제액초복(除厄招福)하여 풍요와 건강을 회복하고자 하는 것이다.

세시풍속은 해마다 같은 양상으로 반복하여 풍요와 건강이라는 삶의 요건을 새롭게 추구한다는 점에서 재생적인 의미가 있다.

오늘날 세시풍속은 설날과 추석이라는 2대 명절로 축소되었고 세시풍속도 그만큼 축소되어 차례와 성묘 정도이며 명절놀이로 윷놀이가 행해지지만 요즘 이 놀이는 항상 즐기는 열린 놀이가 되었다.

불교의 명절인 '부처님 오신 날'과 기독교 명절인 크리스마스는 일반인이 즐기는 세시 명절이 되어 함께하는 축제가 되었다.

민간신앙 의례이면서 세시풍속이기도 한 동제가 '지역축제'로 활성화되는 것도 새로운 변화이며 강릉단오제와 은산별신제는 지역 축제로 변화되어 모두가 즐기는 놀이문화가 되었다.

24절기

계절(季節)	절기(節氣)	내용
춘(春) 시작과 풍요, 부활의 의미를 지님. 계절의 시작이며, 한 해의 시작이고, 농사 준비의 시작. 봄은 모든 만물(萬物)이 생명의 근원을 다시 얻어 소생(蘇生)하는 계절.	입춘(立春)	음력 12월 21일 봄이 시작됨
	우수(雨水)	1월 10일 날씨가 따뜻해져 비가 내리기 시작함
	경칩(驚蟄)	1월 25일 겨울잠을 자던 개구리가 활동을 시작함
	춘분(春分)	2월 11일 낮과 밤의 길이가 같은 날
	청명(淸明)	2월 27일 조상들의 산소를 돌아볼 준비를 함
	곡우(穀雨)	3월 12일 못자리에 볍씨를 뿌려야 할 시기

계절(季節)	절기(節氣)	내용
하(夏) 1년 중 가장 양기가 왕성한 때로 천중가절(天中佳節)이라 하며, 씨름이나 그네뛰기 등 왕성한 생기를 발산하는 계절.	입하(立夏)	3월 27일 여름이 시작됨
	소만(小滿)	4월 14일
	망종(芒種)	4월 29일 보리가 가장 잘 익은 시기
	하지(夏至)	5월 15일 낮의 길이가 밤보다 긴 날
	소서(小暑)	6월 2일 더위가 깊어지는 날
	대서(大暑)	6월 18일 심하게 더운 날

계절(季節)	절기(節氣)	내용
추(秋) 가을은 풍요와 결실의 계절이다.	입추(立秋)	7월 3일 가을이 시작됨
	처서(處暑)	7월 19일 더위가 물러남
	백로(白露)	8월 4일 이슬이 내림
	추분(秋分)	8월 20일 낮과 밤의 길이가 같은 날
	한로(寒露)	9월 6일 초목에 차가운 이슬이 맺히고 쌀쌀해짐
	상강(霜降)	9월 21일 서리가 내림

계절(季節)	절기(節氣)	내용
동(冬) 죽음과 암흑의 상징이면서도 새로운 생명의 잉태를 암시. '송구영신'(送舊迎新)으로 겨울을 표현하는데, 이는 묵은 것은 버리고 새로운 해를 맞이하는 통과의례로서 겨울을 의미.	입동(立冬)	10월 6일 겨울이 시작됨
	소설(小雪)	10월 21일 눈이 약간 내림
	대설(大雪)	11월 6일 눈이 많이 내림
	동지(冬至)	11월 21일 밤이 낮보다 길어지는 날
	소한(小寒)	11월 25일 공기가 추워짐
	대한(大寒)	12월 11일 날씨가 매우 추워짐

6) 현대의 세시문화

현대의 풍속은 성탄절, 망년회, 성년의 날 등 각종 Day 문화와 주기적인 문화행사가 있다. 개인이나 가족, 특정 집단의 유대 강화를 위하여 관계형성의 기회를 제공하고 보다 좋은 인연을 기대하는 것으로 계절과 관계없이 인위적인 이벤트 행사가 대부분이다.

세시풍속화되어 가는 문화행사에는 '전주 문화 관광 축제', '강릉단오제-신과 인간의 만남' 등 각종 퍼포먼스가 있다. 관광행사에는 충주무술축제, 태백눈꽃축제, 진도 모세의 기적, 지역 대동제를 포함한 이벤트 관광 지역행사 등이 있다.

비주기 행사로는 촛불문화행사, 붉은 악마, 플래시몹(Flash Mob, 이메일 연락을 통해 특정한 날과 시간, 장소에 모여 10분이 채 안 되는 시간에 약속된 행동을 한 뒤 뿔뿔이 흩어지는 모임을 뜻하는 신조어)이나 인터넷에서의 온, 오프라인 행사 등이 있다.

지역대동제의 국가지원은 국가와 지역발전을 목표로 관광자원 활성화를 위한 지역관광단지를 개발하고 있으며 지역단위의 민간대동제가 활성화되고 있다.

민속행사가 국가와 지자체 중심으로 복원되거나 개발되면서 공동체의식 함양보다는 관광자원화가 되어 본래 목적이 퇴색될 우려도 있다.

현대의 세시문화를 보면 연인의 날(fourteenth day)에는 1월 14일 다이어리 데이(Diary Day)가 있는데 한 해 계획을 세운다는 의미에서 예쁜 수첩을 선물한다. 일 년 동안 쓸 수첩을 연인에게 선물하는데 일 년을 시작하는 의미로 제일 먼저 준비하는 것이다. 사랑하는 사람에게 다이어리를 선물할 때는 그 안에 기념일이나 생일 등을 미리 표시하며 준다.

2월 14일은 밸런타인데이(Valentine's Day)인데 특별한 연인에게 사랑이 가득 담긴 초콜릿을 선물한다. 3월 14일은 화이트데이(White Day)로 사랑하는 연인에게 달콤한 사탕을 선물한다. 서양에는 없고 동양에만 있는 화이트데이는 남자가 좋아하는 여자에게 사탕을 선물하며 자신의 마음을 전하는 날이다. 우리나라에서 화이트데이의 의미는 밸런타인데이에 사랑을 고백한 여자의 마음을 남자가 받아들일 것인지 아닌지에 있다.

마음을 받아들이는 경우라면 사탕을 선물하지만 그렇지 않다면 그냥 지나치며 연인들에게는 남자가 밸런타인데이에 받은 선물을 답례하는 날로서 의미가 있다.

4월 14일은 블랙데이(Black Day)로 짝 없는 사람들끼리 모여 위로의 자장면을 사주거나 먹는 날이다. 5월 14일은 옐로데이 & 로즈데이(Yellow & Rose Day)로 연인들이 관계를 더욱 발전시키는 날이다. 장미축제와 관련되어 로즈데이가 만들어졌으며 흰 장미는 이별, 노란 장미는 우정, 빨간 장미는 사랑을 의미한다.

농, 축산물데이로는 1월 1일 배(Pear)데이와 인삼데이, 3월 3일 삼겹살데이, 5월 2일 오이데이, 9월 9일 구구데이가 있다. 농협에서 닭고기 파동을 극복하기 위해 만든 날로서 이날 닭과 달걀을 할인판매하고 소비를 장려한다.

Day 문화의 문제점은 Day가 너무 많고 지역 및 사람마다 Day의 내용과 날짜가 다른 경우가 많다는 점이다. 매달 행사를 하는 것은 금전적 부담을 주며 상업주의에 의한 것으로 어린이들의 동심을 이용한다는 우려도 있다.

원래 미혼남녀를 위한 젊은이 문화였으나 현재는 초등학생도 기념하고 있는 나이와 상관없는 문화가 되었다. 처음에는 머뭇거리는 남녀관계를 이어주는 상업주의를 바탕으로 한 이벤트였지만, 현재는 상업주의에 상관하지 않고 즐기는 연인, 가족, 친구의 문화가 되었다.

연인이 아니어도 이벤트를 같이 즐기는 행사가 많은데, 이 중에서 원하는 Day를 선택해 즐기는 문화로 이어지고 있으며 농촌 살리기에 Day 문화를 이용하는 발전적인 면이 보인다.

앞으로의 전망은 Day가 너무 많아 그다지 기능적이지 못한 Day들이 사라질 가능성이 있으며 외래문화인 Day를 보다 한국식으로 바꾸려는 움직임이 많고 그런 경향이 앞으로 더 강해질 것으로 예상된다. 농, 축산물데이들이 개발되어 농촌경제에 의욕을 고취시켜야 할 것이다.

공동체의식을 강조하는 전통 세시풍속과 달리 주변 대인관계의 유대를 강화시키는 Day 문화는 현대의 새로운 세시풍속으로 자리 잡아가고 있다 .

까막까치 깃 다듬어
바람이 좋으니 솔솔이요
구름물 속에는 달 떨어져서
그 달이 복판 깨어지니
칠월 칠석날에도 저녁은 반달이라
–김소월, 「칠석」

제2장 일생의례

일생의례(一生儀禮)는 한 사람의 일생을 통하여 반드시 거치게 되는 각종 의례를 말하는데 출생하기 전의 기자(祈子)를 포함한다. 서양에서는 통과의례(rite of passage)라고도 하며 장소, 상태, 사회적 지위, 연령 등의 변화에 따른 의례를 포함한다. 일생 동안 치르는 의례뿐 아니라 일정한 장소를 드나들 때 행하는 의례나 세시의례까지도 말한다.

1) 출생의례(出生儀禮)

출생에 따르는 의례이며 자녀를 갖기 위해 비는 기자(祈子), 임신, 출산과 산후의례 등 각 과정에 따르는 행위와 금기를 포괄한다.

기자(祈子)는 남녀가 혼인하여 수년이 지나도록 자녀가 없으면 온 가족이 근심하게 되는데 자녀를 갖게 해달라고 비는 행위를 말한다. 기자석은 자식 낳기를 비는 바위이며 기자상은 자식 갖기를 기원하는 부녀자가 삼신에게 올리는 것이다.

기자의 종류에는 치성기자와 주술기자가 있다. 치성기자는 이상하게 생겼거나 큰 바위, 옹달샘, 큰 나무 등에 치성을 드리는 산치성과 절에 가서 부처님이나 산신에게 비는 절치성이 있다.

집에서는 칠성님, 조왕님, 삼신할머니께 비는 집안치성이 있는데 부인들이 직접 치성을 드리지 않고 무당에게 부탁하는 경우도 있다.

『삼국유사』 제1권에는 웅녀가 단수(壇樹) 밑에서 아기 갖기를 빌어 단군을 낳았다는 기록이 있으며 북부여의 왕 해부루가 늙도록 아들이 없으므로 산천에 대를 이을 아들 낳기를 빌어 곤연에게 금와를 얻었다는 기록도 있다. 이것은 나무나 산천에 기자 치성을 드리는 일이 오래전부터 있었음을 증명하는 것이다. 치성을 각자 형편에 맞게 수시로 드리지만 정초와 삼짇날(음력 3. 3) 초파일(음력 4. 8), 단오(음력 5. 5), 칠석(음력 7. 7), 중구(음력 9. 9)에 많이 드린다.

주술기자는 아이를 갖기 위하여 특이한 행위를 하거나 색다른 음식을 먹어 그 주술적인 힘으로 아이를 얻으려는 것이다.

특이한 행위로는 아들 많은 집의 금줄 훔치기와 아들 많이 낳은 여인의 진 자리옷 가져다 입기, 아들 많이 낳은 여인의 생리대 훔쳐다 차기 등이 있다.

삼신상(국립민속박물관)

기자상(국립민속박물관)

또 부적을 지니기도 하는데 은이나 쇠 또는 나무로 만든 도끼를 속옷 끈에 차거나 고추를 주머니에 넣어 차기도 한다.

색다른 음식 먹기에는 아들 많이 낳은 여인에게 쌀과 미역을 가져다 첫국밥을 해주고 그 집의 쌀과 미역을 가져다 먹거나 금줄에 끼워둔 미역을 먹기도 하며 석불(石佛)이나 돌미륵의 코를 문질러서 그 가루를 먹기도 한다.

전통적인 출산의례는 윗목에 삼신상을 차려놓고 산모는 아랫목에 누워서 분만을 기다린다. 태는 짚이나 종이에 싸서 놓았다가 처리하는데 작은 단지에 넣고 뚜껑을 덮은 뒤에 땅에 묻는 방법, 물에 띄우는 방법과 불에 태우는 방법이 있다. 삼신상은 아기를 낳은 후 아기의 무병장수를 빌며 삼신할머니에게 빈다.

옛날 왕가에서는 왕자의 태를 작은 항아리에 넣어 풍수지리상으로 좋은 자리를 골라 묻는 것을 태봉(胎峰)이라고 하는데, 태봉이라고 불리는 산봉우리는 왕자의 태를 묻었던 곳이다.

출산하면 금줄을 치는데 금줄은 아이를 낳은 집에만 치는 것이 아니고 각 가정에서 굿을 할 때도 대문 앞에 걸었고 마을에서 동신제를 지낼 때에도 당집이나 당산나무 둘레에 금줄을 쳤다. 장을 담갔을 때에는 장독에 금줄을 매기도 했다. 이와 같이 금줄은 신성한 곳, 신이 있는 곳이니 부정한 것이 들어갈 수 없다는 뜻을 나타낸다. 금줄은 왼 새끼로 하는데 짚은 농경문화를 반영하며 다산(多産)의 식물이다. 왼 새끼줄은 거룩하고 신성하며 왼 새끼줄에 끼는 백지는 신성을 의미한다.

숯은 정화를 의미한다. 고추는 빨간색인데 빨간색은 모든 것을 태워 없애는 불의 색으로 귀신이 싫어하고 무서워하는 색이다. 빨간색의 고추는 축귀(逐鬼), 축사(逐邪)의 의미가 있으며 동짓날 쑤어 먹는 팥죽이나 백일이나 돌에 하는 수수팥떡 등은 축귀의 의미가 있다. 전통 혼례에서 신부의 얼굴에

돌잡이

돈, 쌀	부자가 된다
실	수명이 길다
붓, 색연필, 종이	공부를 잘하여 학자가 된다
활, 화살, 총	장군이 된다
자(尺), 바늘	바느질을 잘하게 된다, 손재주가 뛰어나게 된다
칼(刀)	음식 솜씨가 뛰어나게 된다

돌상(국립민속박물관)

찍는 연지 · 곤지 등도 같은 의미이다.

아이의 백일과 돌에서 백은 성숙된 수, 완전한 수의 의미를 지닌다. 영아 사망률이 높던 시대에 아이가 출생하여 백일을 맞는 것은 온전한 사람이 되었음을 뜻하는 것이며 이날을 경축하는 데서 백일잔치의 풍습이 생긴 것이다.

아기가 한 살이면 돌잔치를 하는데 돌에 행하는 의례 중에서 아기가 마음에 드는 물건을 골라잡게 하여 아기의 장래를 점치는 것을 '돌잡이'라고 한다.

수수경단에 백설기 대추송편에 꿀편
인절미를 색색이로 차려놓고
책에 붓에 쌀에 은전 금전
가진 보화를 그뜩 쌓아놓은 돌상 위에
할머니는 살이살이 국수 놓으며 명복을 빌고
할아버지는 청실홍실 느린 활을 놔주셨다.
온 집안 사람들의 웃는 눈을 받으며
전복에 복건을 쓴 애기가 돌을 잡는다.
고사리 같은 손은 문장이 된다는 책가를 스쳐
장군이 된다는 활을 꽉 잡았다.

—노천명, 「돌잡이」

2) 성년식

부모의 슬하를 떠나 육체적, 정신적 훈련을 받은 다음, 사회구성원으로 인정받는 의식으로 성년식의 형식이나 절차는 민족에 따라 다르다.

오스트레일리아 원주민은 자식을 부모로부터 격리하여 일정한 기간을 또래 아이들과 함께 수용한 다음 육체적, 정신적 수련을 가하고 정신교육을 실시한 후 다시 마을로 돌려보낸다.

한국에서의 전통적인 성년식은 만 20세가 된 젊은이들에게 자각과 긍지, 사회인으로서의 책무를 일깨워 주고 어른이 된 자부심과 용기를 심어주기 위하여 행하는 의식이다. 고려 때부터 중국의 것을 받아들여 관례를 행하였으며 신라시대에는 화랑제도가 있었다.

전통적인 성년식의 절차는 시가(始加), 재가(再加), 삼가(三加)의 순서이다. 시가(始加)는 머리를 올려 상투를 틀고 어른의 평상복을 입힌 다음 머리에 관을 씌우고 어린 마음을 버리고 어른스러워질 것을 당부하는 축사를 한다. 재가(再加)는 어른의 출입복을 입히고 머리에 모자를 씌운 다음 모든 언동을 어른답게 할 것을 당부하는 축사를 한다. 삼가(三加)는 어른의 예복을 입히고 머리에 유관을 씌운 다음 어른으로서의 책무를 다할 것을 당부한다.

여자인 경우에는 보통 15세 전후에 계례를 올리는데 서약을 하고 술 마시는 예절을 가르치는 초례를 올리며 머리를 올려 쪽을 찌고 비녀를 꽂은 뒤에 어른의 옷을 입힌 다음 어른스러워지기를 당부한다.

현대의 성년식은 매년 양력 5월 셋째 월요일을 '성년의 날'로 정하고 있으며 향수나 장미꽃을 선물로 준다.

3) 전통 혼례

전통 혼인을 살펴보면 혼(婚)은 남자가 장가든다는 뜻이며 인(姻) 은 여자가 시집간다는 뜻이다. 옛 어른들은 혼례를 중요하게 여겨 대례(大禮) 혹은 인륜지대사(人倫之大事)라고 하였다.

신라와 고려 초기에는 근친혼이 있었으나 고려 중기 이후에는 근친 간의 혼인을 금지하였으며 조선 시대에는 동성동본 불혼을 시행하였다.

전통 혼례의 절차는 다음과 같다.

(1) 의혼(議婚)

중매인에게 혼처를 부탁하고 양가에서 서로 부모의 성명, 가정의 품의(品儀), 생년월일, 외가, 처가의 가품(家品)을 문의한다. 서로 합당하다고 생각되면 남자 측의 어른(아버지)이 여자 측의 어른(아버지)에게 혼인하기를 청하는 청혼서를 보낸다.

(2) 납채(納采)

혼인하기로 합의가 된 뒤에는 정혼을 하는데 남자 측에서 신랑 될 사람의 생년월일 시를 적은 사주단자를 여자 측에 보낸다.

이때 청색과 홍색의 옷감을 보내는데 납채는 정혼, 즉 약혼의 절차이므로 양가 가족이 모인 자리에서 주고받는다.

사주단자는 백지를 다섯 칸으로 접어 중앙에 신랑의 생년월일 시를 쓴 다음 봉투에 넣어 청 · 홍색 보자기에 싸서 보내는 것이 보통이다.

전통 혼례의 모습(국립민속박물관)

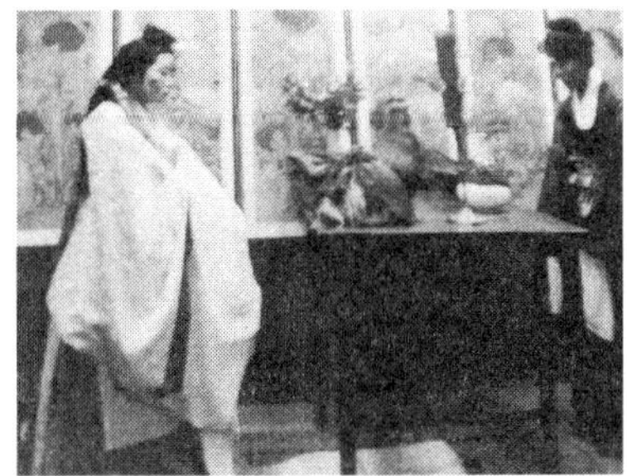

대례상(국립민속박물관)

(3) 납기(納期)

여자 측에서 혼인 날짜를 정하여 남자 측에 알리는 절차를 납기라 하는데 택일을 할 때 양가에 불길한 일이 있었던 날이나 양가 조상의 제삿날은 피하는 지역도 있다.

(4) 납폐(納幣)

납폐는 혼약이 이루어진 것에 대한 감사의 표시로 신랑집에서 신부집으로 예물을 보내는 것이다.

요즈음에는 가방을 많이 쓰지만 전에는 예물과 혼인지를 함에 넣어서 보냈기 때문에 지금도 '함 보낸다'는 말을 쓰고 있다.

납폐 예물은 신부의 옷감으로 하는데 이를 채단이라고 한다. 채단은 청색, 홍색의 비단으로 하며 함을 지고 가는 사람을 '함진아비'라고 부른다.

(5) 대례(혼인식)

대례는 사회자가 의식의 순서를 읽는 대로 하는 것이 보통인데 전안례, 교배례, 합근례가 있다.

전안례는 신랑이 신부집에 기러기(木雁)를 드리는 것을 말한다. 기러기는 새끼를 많이 낳고 짝을 잃더라도 짝을 구하지 않고 혼자 살다가 죽는 속성이 있는데 부부가 평생 같이 살라는 의미가 있다.

교배례는 신랑, 신부가 맞절을 하는 절차이다. 교배상은 지방에 따라 다르나 대개 촛대, 소나무와 대나무, 사철나무를 꽂은 화병, 밤, 대추, 쌀, 보자기에 싼 암탉, 수탉 등을 올려놓는다.

합근례는 신랑, 신부가 술잔에 술을 채우고 함께 마시는데 잔은 한 쌍으로 표주박 잔을 사용한다. 박은 다산의 식물을 상징하며, 술은 정화수를 의미한다.

보자기에 싼 암탉과 수탉 등을 올려놓는 것은 수탉은 처자를 잘 보호하며 먹이를 구해주고 생활권과 가족을 지키기 위해 이웃집 수탉과 용감히 싸우며, 때를 알아 울어주기 때문이다. 이러한 점은 처자식을 잘 보호하고 먹여 살리며 생활권과 명예를 지키기 위해 용감히 싸울 줄 알고 세상의 흐름을 잘 알아 바르게 행동하라는 뜻이며 암탉은 병아리를 잘 기르며 살림을 잘하라는 뜻이 있다.

합궁례(合宮禮)는 교배례와 합근례를 합쳐 초례라고 하는데 초례가 끝나면 신랑과 신부는 한 방에서 몸을 합치는 합궁례를 치른다. 이를 '신방' 또는 '첫날밤'이라고 하며 전에는 '신방 엿보기'가 있었는데 이것은 나이 어린 신랑이 신부를 사모하는 남자 또는 사귀(邪鬼)의 해를 입지 않도록 지킨다는 의미를 지니고 있다.

대례상(국립민속박물관)

(6) 우귀(于歸)

신부가 신랑을 따라 시댁으로 가서 며느리로서 치르는 절차인데 당일우귀와 삼일우귀가 있다.

당일우귀는 신부가 대례를 지낸 그날로 가는 경우를 말하고 삼일우귀는 사흘 동안 신부집에서 신방을 치르고 가는 것을 말한다.

시댁으로 간 신부는 준비해간 폐백을 드리고 새 며느리로 처음 시부모님을 뵙는 현구 고례를 드린 후 사당 참례를 한다. 요즘은 예식 후 예식장에서 바로 폐백을 드리고 신혼여행을 떠나는 경우가 많다.

폐백으로 드리는 대추는 붉은색으로 자손창성의 뜻이 있으며 밤은 西와 나무 木이 합해진 글자로 '서쪽', 어두움과 두려움을 뜻한다.

폐백상(국립민속박물관)

새 며느리가 현구 고례에서 대추

와 밤을 드리는 것은 '아침 일찍부터 두려운 마음으로 공경해 모시겠습니다'라는 다짐을 나타내는 것이다.

시부모가 새 며느리에게 대추를 던져주는 것은 자손 창성을 바라는 마음의 표시이다.

4) 회갑과 상례의식

환갑(還甲)은 사람이 태어나서 60년 만에 맞는 생일을 말하는데 회갑이라고도 하며 우리나라 나이로 61세 되는 해에 맞는 생일이다. 일반적으로 환갑상을 받는 것이 보통인데 환갑상에는 교자상에 밤, 대추, 곶감, 과자강정, 다식, 약과, 떡 등 여러 가지 음식을 차려 놓는다. 먼저 큰아들 내외가 술잔을 올리고 큰절을 하는데 이를 헌수(獻壽)라고 하며, 그다음에는 자손들이 연령 순과 항렬 순으로 각각 헌수한다.

자손들이 술잔을 드리며 만수무강을 기원하는 것은 제례(祭禮)에서 술잔을 올리고, 굿을 비롯한 각종 기원의식에서 정화수를 떠놓는 것과 같은 의미가 있다.

물이나 술은 생명의 근원이 되며 정화력(淨化力)과 파괴력을 지니고 있어 예로부터 신성시해 왔다. 환갑잔치에서 이러한 의미를 지닌 술을 드리는 것은 환갑을 맞는 노인의 건강과 장수를 기원하는 제의적 의미를 더욱 강화하는 것이라 할 수 있다.

상장례(喪葬禮)는 사람이 죽음을 맞아 절차에 맞게 처리하고 슬픔으로 근신하는 기간의 의식 절차를 정한 예절이다. 한국인의 영혼관과 내세관을 살펴보면 설화나 고소설에서 우리 조상들은 영육분리(靈肉分離)의 이원적 사고를 가지고 있다.

회갑상(국립민속박물관)

육신과 영혼이 결합되어 있는 상태가 삶이고 육신으로부터 영혼이 분리된 상태가 죽음이라는 사고이다.

사령(死靈)은 선령(善靈)과 악령(惡靈)으로 나눌 수 있다. 선령은 타고난 수명대로 순조롭게 살다가 죽은 사람의 영혼으로 내세에 가서 평안히 지내는데 가끔씩 세상에 나와서 산사람을 도와주기도 한다.

악령은 생전의 원한이 남아서 저승으로 돌아가지 못하고 떠돌아다니며 인간을 괴롭히는 것이다. 악령의 대표적인 예로 시집이나 장가를 가지 못하고 죽은 '처녀 귀신'이나 '몽달귀신'이 있으며 이들은 저승에도 가지 못하고 세상을 떠돌면서 인간을 해친다고 한다. 〈장화홍련전〉, 〈김인향전〉에서는 처녀 귀신이 시또 앞에 나타나 원한을 풀어 줄 것을 청원하는데, 이들은 시집도 못 가고 비명에 죽은 원한을 풀지 못하여 저승에도 가지 못하고 떠도는 영혼이다.

사혼(死婚)은 죽은 처녀와 총각을 짝지어 혼례식을 올리는 것으로 시집이나 장가를 가지 못하고 비명에 죽은 이들의 한을 풀어주고 저세상에 가서 평안히 거하라는 뜻에서 행해지는 의식이다.

상장례(喪葬禮)에서 임종 직후에 초혼(招魂)을 하고 사자상(死者)을 차리는 것은 한국인의 영혼관을 바탕으로 한 것이다. 한국인이 초기에 상정한 내세는 저승으로 지하에 있다고 믿었다. 그 후 도교, 불교의 내세관과 용궁사상이 뒤섞여 저승 외에 산중의 선계, 천상의 세계나 용궁을 상정하고 있다.

상장례(喪葬禮)의 절차를 살펴보면 다음과 같다.

사자상(국립민속박물관)

임종이 되면 머리를 동쪽으로 두게 하고 새 옷으로 갈아입힌다.

초혼은 임종 직후에 밖에 나가서 떠나는 영혼을 부르는 것이다. 죽은 사람의 웃옷을 가지고 지붕에 올라가 북쪽을 향해 망인의 이름을 부르는 것을 초혼 또는 고복이라고 한다.

저승사자에게 인정을 쓰는 뜻에서 사자상을 차려 대접하는데 육신을 벗어난 영혼은 저승사자의 호송을 받으며 저승으로 간다고 여긴다.

저승사자가 세 명이라는 생각에서 밥 세 그릇과 반찬, 돈, 짚신 세 켤레 등을 멍석이나 사기그릇 위에 올려놓기도 하며 또는 상 위에 올려놓기도 한다. 요즈음에는 종교가 없는 가정에서 대개 하고 있다.

시신이 굳기 전에 반듯이 놓고 간단하게 묶어 놓는 것을 수시(收屍) 또는 소렴(小殮)이라고 한다. 병풍 앞에 상을 놓고 혼백을 만들어 놓는 것은 시사전(始死奠)이다. 혼백은 백지를 접어 5색실로 묶어 상자에 넣어 만들었으나 요즈음에는 망인의 사진으로 대신하며 혼백이나 사진 앞에 주과포혜(酒果脯醯)를 차려 놓고 향불을 피운다.

친족들은 일을 분담하여 장례준비를 하는 한편 가까운 사람에게는 직접 사람을 보내 알리고 멀리 있는 친척이나 친구에게는 부고장을 보내는데 요즈음에는 전화나 전보, 문자 메일을 이용하거나 신문에 게재하여 알리기도 한다.

주검을 처리하는 방법으로 땅 위에 버리는 풍장이나, 묻거나 돌 등으로 덮는 매장, 불에 태우는 화장, 물속에 버리는 수장 등이 있다. 한국에서는 대개 매장을 하는데 차츰 화장을 하는 경향이 많아졌다.

치장이 끝난 뒤 길제(吉祭)까지의 제사가 있는데 초우제, 재우제, 삼우제가 있다.

제례(祭禮)에서 기제(忌祭)는 1년에 한 번씩 돌아가신 날에 지내는 제사를 말한다. 기제는 4대 봉사라 하여 부모에서 고조부모까지 지낸다.

지방(紙榜)은 임시로 만드는 위패이기 때문에 신주(神主)라 하지 않고, '신위'(神位)라고 쓴다.

일생의례의 전승과 변화를 살펴보면 임산부의 금기사항으로 태교의 의미를 지닌 것은 지금도 지켜지지만 주술성을 지닌 것은 거의 지켜지지 않고 있다.

백일잔치나 돌잔치는 주로 음식점에서 행해지며 돌잡이의 의미도 점점 약화되고 있다. 회갑연은 생략하고 여행을 가기도 하고 각자의 형편에 맞게 다양해지고 있다.

제례도 간소화되어 초저녁에 지내는 가정이 늘고 있으며 축문이나 지방도 국문으로 바꾸는 가정이 늘고 있다.

제3장 민간신앙

1) 특성

민간신앙은 민간층에서 전승되는 자연적인 종교를 말한다. 제도종교가 인위적인 종교라면 민간신앙은 자연적 종교이다. 민간신앙이라는 용어 이외에 민속신앙, 민속종교, 민중신앙, 민중종교라고도 말하며 민속이면서 또한 종교를 가리킨다. 민속이라는 전승문화를 바탕으로 하되 '종교'라는 문화현상임을 염두에 두고 있으며, 민속과 종교의 범주에서 함께 논의되어 왔다.

민간신앙의 특성으로 신앙행위가 세대와 세대를 거쳐 구전(口傳)되는, 즉 말을 매개로 입에서 입으로 전승되어 온 비조직성을 들 수 있다. 교리나 교조, 교단, 신도 등의 체계가 없다는 특징이 있다. 신앙의 대상이 되는 신이 유일신이 아니라 매우 다양한 다신신앙으로 신의 종류가 천신, 산신, 지신, 용왕신, 수신, 장군신, 해신 등 매우 많다.

계룡산신
(국립민속박물관)

두 번째로 현세 구복성(求福性)으로 구원동기가 현실의 구체적인 삶의 위기에서 비롯되며 본인의 내적 수련과 상관없이 일정한 절차에 의한 의례를 행하는 것이다. 신 또는 무언가 초월적인 힘에 의해 자동적으로 구제된다는 현세 구복적이며 이익적인 신앙을 말한다. 그것을 성취하기 위해 의례도 주술적인 것이 대부분이다.

다양한 신앙 형식이 복합되어 중층적인 신앙 현상을 이루고 있으며 오랜 역사적 과정을 거치면서 여러 신앙 형식들이 퇴적되거나 융합된 것이 민간신앙이다. 외래 종교와 상호 영향을 주고받기도 했는데 대표적인 것이 무불습합(巫佛習合)이라고 할 수 있다.

민간신앙은 의례 중심의 종교이며 교리나 교단이 중요한 것이 아니라 구체적인 신앙행위인 의례를 중시하며 구복적인 동기만 성취한다.

의례태도가 형식보다는 정성을 위주로 하고 있으며 민간신앙의 전승 주체는 대체로 지역공동체에 의해 취사선택되기 때문에 지역의 특성을 반영하고 있다. 이것은 민간신앙이 생활공동체의 신앙이라는 점과 관련되어 있다. 가정의 개별적인 신앙이나 마을 공동의 신앙이라도 어느 개인의 신앙에 그치지 않으며 개인이 병이 나서 굿을 하는 경우에도 집 전체나 가족 모두를 위한 굿을 한다.

2) 민간신앙의 종류

민간신앙의 종류에는 가신신앙, 마을신앙, 무속신앙, 점복신앙, 예조, 풍수신앙, 독경신앙, 영웅신앙, 자연물 신앙, 사귀신앙, 금기, 주부(呪符, 부적), 주술 등이 있다.

(1) 가신신앙

가택의 요소마다 신이 존재하면서 집안을 보살펴 준다고 믿고 정기적으로 또는 필요에 의해 의례를 행하는 것이다. 다른 말로 가택신앙, 집 신앙,

집안신앙, 가정신앙이라고도 한다.

가신으로는 집안의 으뜸 신으로 일컬어지는 성주를 비롯하여 조상, 삼신, 조왕, 터주, 업신, 용단지, 철륭, 칠성, 측간신, 문신, 우마신 등이 있다.

조왕신(부엌에 있는 신) 상차림
(국립민속박물관)

(2) 마을신앙

동신신앙이라고도 하는데 마을의 수호신을 마을 제당, 또는 마을 신당에 모셔놓고 제액초복을 위해 해마다 주기적으로 동민들이 합동으로 제의를 지내며 신앙하는 것이다. 이 제의를 동제 · 동신제 · 동고사라고 하며 마을굿이라고도 한다.

마을신을 대상으로 지내는 동제는 유교식 의례를 기준으로 지내거나 무당이 참여하여 당굿을 지내기도 한다.

마을의 수호신으로 모셔진 동신은 산신, 서낭신, 국수신, 장군신, 용신, 부군신, 수구매기, 장승과 솟대가 있는데 마을에 따라 둘이나 셋까지 모시는 경우도 있다.

마을신앙의 보편적인 형태로는 국수당과 산 중턱에 있는 산신당, 산신을 동구(洞口)에 모시는 서낭당이 있는데 여기에 장승과 솟대신앙이 추가로 구비되어 있다. 서낭당에서 흰색의 종이는 소원을 적어 매달아 놓은 것이다.

동제는 마을의 제액초복을 위한 것으로 마을에서 공동단위로 행하는 대표적인 고사를 말하는데 정월 초나 정월 대보름에 행하고 있다. 충남 서산의 경우 무당이 참여하는 풍어제가 정월 초하룻날 자정에 거행된다.

서해안 풍어제

돼지를 삼지창에 꽂아 세우는 장면

남부지역에서는 정월 대보름에 거행하며, 중부 이북지역에서는 주로 음력 10월에, 강원도 치악산 마을에서는 3월 삼짇날에 거행한다.

서울 용산구 용문동 소재 남이장군에는 무당이 주재하는 당굿으로 동제를 지내고 있다.

동제의 제의방식은 한 마을의 제액초복을 위한 것이므로 그 제의방식을 어떻게 하는가에 따라 내용도 다양하다. 유교식 의례를 행하면서 '마을굿' 형식을 수용할 경우 내용도 다양하고 각종 부대행사가 따른다. 동제를 전후하여 줄다리기 행사를 할 수 있고, 또는 풍물패가 마을을 돌면서 걸립을 하기도 한다. 강릉단오제는 현대 축제로 자리 잡고 있다.

동제의 목적은 농촌에서는 풍년 기원과 재해를 방지하기 위한 것이고 어촌에서는 풍어의 기원과 해상 사고의 방지에 있다. 화재와 질병 없이 마을 전체가 평안하여 마을 사람들이 잘살 수 있도록 빌면서 생업과 관련하여 시장 주변의 주민들이 잘되기 위해서 동제를 지낸다.

동제의 시기는 음력 정초에 택일하여 정월 초이틀이나 사흘에 하는 마을이 있고 대보름 첫 시간, 즉 자정에 하는 마을도 있으며 장군 등 인신을 동신으로 모시는 동신당에서는 해당 인물의 탄신일이나 기일에 제를 올리므로 시기가 다양하다.

(3) 무속신앙

무당을 주축으로 민간층에서 전승되고 있는 자연적 종교현상이 무속신앙이다.

『주자어류(朱子語類)』에 의하면 '무'는 신명을 다하여 춤추는 사람으로 춤을 통해 신을 접하기 때문에 하늘과 땅을 이어주는 공(工)자의 양측에 두 사람이 춤을 추는 형상을 취한 '무(巫)'자를 쓰게 되었다고 한다. 여기서 하늘은 신을 뜻하고 땅은 인간을 뜻한다.

무속신앙의 유형으로는 강신무와 세습무가 있다. 강신무는 신병 체험을 통해 신내림을 받은 무당으로 중부와 북부 지역에 분포되어 있으며 무당과 박수가 이에 해당된다. 세습무는 혈통에 따라 가계계승으로 된 무당으로, 남부에 집중되어 있다. 최초로 체험하는 신을 몸주신이라고 한다.

무당은 성격에 따라 무당형, 단골형, 심방형, 명두형 등의 유형으로 나뉜다. 무당형은 중부와 북부 지역에 분포되어 있는 무당과 박수, 신단, 가무, 정통굿 등을 주관한다. 단골형은 호남과 영남지역에 분포되어 있으며 호남에서는 단골, 영남에서는 무당이라고 한다. 심방형은 제주도에 분포되어 있는 무당으로 세습무이며, 명두형은 숨진 아이가 영이 된 사아령(死兒靈)의 강신이다. 즉 체험을 통해서 무당이 된 것으로 혈연관계가 있는 아이의 영(靈)이 강신이다.

무당이 되기까지의 성무(成巫)과정을 보면 강신무의 성무과정은 신병을 체험하며 시름시름 앓기 시작하여 신체의 질환으로부터 정신질환으로 옮겨간다. 신병은 종교성을 지니며 몸에 실린 신을 받아 내림굿을 해서 무당이 되어야 낫는다고 믿는다. 세습무의 성무과정은 조상 대대로 혈통을 따라서 사제권을 획득하는 것이다.

무당의 사회적 기능을 살펴보면 고대 부족국가에서 무(巫)는 제의를 주관하고 정치를 하는 군(君)의 기능을 발휘하였고 점차 사회가 분화되어 제정이 분리되면서 무는 사제의 구실만 담당하게 되었다. 무의 기능으로 사제, 치병, 예언, 유희적 기능이 있다.

그 밖에 점복신앙이 있는데 점복은 점(占)과 복(卜)의 합성어이다. 점치는 행위는 인간의 삶에 큰 영향을 끼쳤다. 옛사람들은 국가나 사회적 문제를 해결하고자 할 때 신령하다고 여겼던 거북이의 등껍질을 이용하여 점을 쳤던 것이다. 거북이의 등껍질을 불태우거나 구우면 열에 껍질이 갈라져 균열이 생기는데 이 갈라진 모양을 보고 신이나 하늘의 뜻을 해석하여 말하는 것이 점이다.

오늘날 점을 보는 상황은 개개인의 통과의례에서부터 이사나 승진, 취업 등 다양하다. 관상이나 손금 등도 있는데 정서적 불안 해소의 기능과 앞으로 닥칠 운명에 대한 제액초복의 기능도 있다.

> 질마재 마을의 단골 암무당은 두 손과 얼굴이 질마재 마을에서 제일 희고 부들부들했는데요. 그것은 남들과는 다른 쌀로 밥을 지어 먹고 살았기 때문이라고 했습니다. 남들은 농사지은 쌀로 그냥 밥을 짓지만 단골 암무당은 귀신이 먹다 남긴 쌀로만 다시 골라 밥을 먹으니까 그렇게 된다구요.
> 골머리 배앓이 종기 태기 등 허기진 귀신한테 뜯어 먹히우노라고 마을에 몸 아픈 사람이 생길 때마다, 암무당은 깨끗한 보자기에 그 집 쌀을 싸 가지고 「엇쇠 귀신아, 실컷 먹고 잠자거라」며 「하낫쇠, 돌쇠 셋쇠……」 하고 귀신을 잠재우는 그 잠밥이라는 걸 아픈 데에 연거푸 눌러 먹이는 것인데, 그런 쌀로만 골라다가 씻어서 밥을 지어 자시기 때

문이라 했습니다. 그리곤 자기도 역시 잠밥 먹은 귀신같이 방안에서 평안하게 늘 실컷 자고 놀며 손발과 얼굴을 깨끗하게 깨끗하게 씻고 문지르기 때문이라고 했습니다.

-서정주, 「단골 암무당의 밥과 얼굴」 전문

제4장 민속놀이

1) 민속놀이의 개념 및 특징

인간의 여러 행위와 놀이 중에서 민간에서 발생하여 민간에 전해 내려오고 있는 놀이가 민속놀이이다. 민속놀이는 일정 기간을 두고 주기적으로 반복하는 세시풍속과 밀접한 연관성을 지니며 풍요와 번영을 다짐하는 계기가 된다. 일반적으로 풍농과 풍어를 기원하거나 개인과 마을공동체의 번영을 기원하는 데 목적이 있다.

세시놀이는 특정 세시마다 이루어지는 놀이인데 1월 정월놀이와 1월 15일을 전후로 하는 대보름놀이, 3월 삼짇날 답청놀이, 사월 초파일놀이, 수릿날놀이(단오놀이), 한가위놀이 등이 있다.

연중놀이는 특정세시나 계절에 관계없이 놀이자의 의지에 따라 자유롭게 이루어지는 놀이이다.

계절을 반영하는 놀이를 보면 봄놀이에는 풀각시놀이, 호드기 불기가 있고 여름 놀이에는 꽈리불기, 방아깨비놀이, 풀무놀이(황해, 평안도), 풀싸움, 풍뎅이 돌리기(충남) 등이 있다. 겨울놀이에는 썰매타기, 자치기, 팽이치기 등이 있다. 자치기는 나무로 된 길고 짧은 2개의 막대기를 가지고 마당이나 골목 등에서 치며 노는 놀이이고 풀각시 놀이는 풀을 가지고 각시를 만들어 논다는 데에서 온 말로 일반적으로 각시놀이라고도 한다. 풀싸움은 풀잎을 뜯어다가 서로 비교하여 많이 뜯어온 아이가 이기는 놀이이다.

풍뎅이 돌리기는 방아깨비놀이와 함께 여름에 주로 행해졌던 놀이다. 풍뎅이는 6~7월에 참나무 진이나 활엽수의 잎을 먹고 사는 곤충으로 몸의 빛깔은 짙은 녹색 또는 곤색을 띠고 있다. 방법은 우연히 날아든 풍뎅이를 잡아서 목을 비튼 다음 거꾸로 뒤집어 놓으면 일어나려고 애를 쓰다가 날갯짓을 하면서 빙빙 돈다. 이때 손바닥으로 땅을 치면서 "앞마당 쓸어라 뒷마당 쓸어라" 하고 장단을 맞추어 주면 풍뎅이는 더욱 요란하게 날갯짓을 하며 바닥을 돈다. 내기를 할 때는 두 사람이 풍뎅이를 잡아다가 동시에 바닥에 놓고 돌려서 더 오래 돌게 하는 아이가 이긴다.

이처럼 민속놀이는 특정 지역을 중심으로 전승되고 지역성을 지니며 전승 지역의 역사와 문화를 배경으로 발생하고 전승되기 때문에 놀이의 전승 지역에 따라 민속놀이가 다르고 그 내용과 형식도 차이가 난다.

민속놀이 분류의 기준을 무엇으로 삼느냐에 따라 여러 유형이 있으며 놀이의 기능과 목적을 고려해야 한다. 연령이나 놀이 방식, 놀이 기구로 무엇을 사용했느냐와 놀이 지역에 따라 여러 유형이 있다.

민속놀이의 범주는 행위의 주체와 행위의 목적, 행위의 시기에 따라 범주가 달라진다. 놀이를 하는 행위자의 성별이나 나이에 따라 남자아이 놀이, 여자아이 놀이, 성인남자 놀이, 성인여자 놀이 등이 있다.

남자아이 놀이에는 말타기, 연 날리기, 원놀이가 있으며 여자아이 놀이에는 각시놀이, 꽈리불기, 실뜨기 등이 있다. 최근에는 남녀 간의 성별 차이가 무너지고 있으며 말타기와 같은 놀이에 여자아이의 참여가 늘고 공기놀이에 남자아이의 참여가 활발하다.

놀이자의 수에 따라 개인놀이, 상대놀이, 집단놀이가 있다.

개인놀이는 놀이자가 혼자인 경우나 혼자만으로도 가능한 놀이이며 그림자놀이, 마상재(馬上才), 방아깨비놀이, 팔랑개비 놀이 등이 있다.

상대놀이는 한 사람 이상이 패를 갈라 노는데 규모 면에서 집단놀이와 차이가 있다. 패를 갈라서 논다는 것은 경쟁과 승패를 겨루는 놀이임을 의미한다. 낫치기, 빈상여 놀이, 숨바꼭질, 씨름 등이 있다.

집단놀이는 상대놀이처럼 편을 갈라 경쟁의 원리가 작용하지만 함께 어울려 노는 대동성이 강화되기도 하며 놀이에 참여하는 놀이자의 규모에서 크게 차이 난다. 주로 마을 단위로 이루어지며 동쪽 마을과 서쪽 마을, 윗마을과 아랫마을 또는 남녀가 편을 갈라 논다. 경북 의성의 가마싸움, 관원놀이, 줄다리기, 석전, 횃불싸움 등이 있다.

가마싸움은 경북 의성 지방에서 시작된 민속놀이로 8월 추석에 서당의 아이들이 편을 갈라서 바퀴가 4개 달린 가마를 앞세우고 양편이 각기 상대편의 가마에 접근하여 먼저 가마를 빼앗거나 부수면 이기는 놀이다. 싸움에 이긴 편은 그해의 과거에 많이 급제한다고 하여, 풍악을 울리며 동네를 한 바퀴 돌면서 흥을 돋우었다.

2) 아이들 놀이

(1) 말타기 놀이(말뚝박기 놀이)

말을 탄다는 것은 출세를 의미하며 무엇을 탄다는 그 자체가 퍽 재미있는 행위이다. 이런 욕망을 놀이로 나타낸 것이 바로 말타기 놀이 또는 말뚝박기라고도 한다. 골목길이나 넓은 마당 모퉁이 또는 당산나무 아래에서 즐기던 말타기는 요즘에도 흔히 볼 수 있는 놀이로, 아이들에게 큰 말을 타고 다니는 것은 부러움의 대상이다.

말타기 놀이 방법은 한 편에 4-5명씩 두 편으로 나눈다. '가위 바위 보'를 해서 이긴 편이 말을 타는데 이긴 편이 말을 모두 탄 후 맨 앞 사람과 마부가 '가위 바위 보'를 하여 이기면 또 말을 탈 수 있고, 지면 서로 위치를 바꾸어 놀이를 한다. 마부는 요령 있게 말들을 움직여서 잘 타지 못하게 하고, 맨 끝의 말은 뒷발질을 하여 말을 못 타게 한다. 말이 무너지면 지기 때문에 힘 있게 버텨 서야 한다.

말타기 놀이의 효과는 서로 몸을 접촉하기 때문에 더욱 친밀감을 갖는 효과가 있으며 협동심을 기를 수 있다. 유의할 점은 허리와 머리를 다치지 않게 안전사고에 유의하며 말을 타는 시간을 정해 놓고 그 안에 탈 수 있게 해야 한다.

(2) 실뜨기

두 어린이가 마주 앉아 실테를 번갈아가며 손가락으로 걸어 떠서 실의 모양이 여러 가지로 바뀌는 과정을 즐기는 놀이이다.

(3) 독장수 놀이(경기, 충남)

농촌이나 산촌의 여자아이들이 많이 하는데 여럿이 모여 힘이 센 아이가 독장수가 되고 가위 바위 보를 하여 진 아이가 독이 된다. 독장수가 질그릇 독을 짊어지고 다니면서 파는 동작을 흉내 내어 한 아이가 다른 아이를 독으로 삼아 옆으로 짊어지고 다니면서 즐기는 놀이이다.

그 밖에 남녀, 어린이 모두 즐기는 놀이에는 꼬리잡기, 눈싸움, 독장수 놀이가 있다.

3) 어른 놀이

성인 남녀가 구분되지 않고 같이 어울려서 노는 놀이로 관등놀이, 북청사자놀이, 영감놀이, 줄다리기, 윷놀이 등이 있다.

영감놀이는 영감으로 분장한 수미들이 수심방의 부름에 따라 굿청으로 들어오는데 제주도에서 연극적으로 전개되는 굿의 한 가지이다. 도깨비 신을 대상으로 한 연희적 의례이다. 영감은 참봉, 야차라고도 하는데 모두 도깨비를 높여 부르는 말이다.

도깨비인 영감에 대해서 〈영감본풀이〉라는 신화가 있는데 집안에 수호신으로 모시기도 하며 질 대접하면 어부들이 고기를 잘 잡게 되며, 서민의 소원을 들어주고 병을 치료해 준다는 믿음이 있다.

관등놀이는 불교의 세시풍속으로 초파일에 신자가 아니라도 즐기고 있으며, 북청사자놀이는 정월 대보름에 하는 잡귀를 쫓기 위한 탈놀이이다.

4) 생업과 번창을 기원하는 놀이

농촌은 풍농을, 어촌은 풍어를 기원한다.

풍농을 기원하는 놀이에는 거북놀이, 놋다리밟기, 백중놀이(호미씻이), 고싸움 등이 있으며 풍어를 기원하는 놀이에는 강화시선뱃놀이, 제주도의 영등굿 놀이 등이 있는데 세시놀이가 주로 이에 해당된다.

거북놀이는 마을의 잡신을 몰아내고 마을 사람들의 무병장수를 기원하는 놀이로 추석에 주로 한다.

백중놀이(호미씻이)는 농군들이 김매기를 모두 마친 후에 택일하여 음식을 푸짐하게 장만하고 나누어 먹으며 노는 민속놀이다. 백중놀이는 1980년

백중놀이(국립민속박물관)

11월 17일 중요무형문화재 제68호로 지정되었다. 한국 중부 이남, 벼농사를 주로 하는 지방의 '호미씻이 놀이'의 일종으로, 밀양에서는 백중날에 논다 하여 백중놀이, 혹은 꼼배기 참놀이라고도 한다.

밀양에서는 음력 7월 보름(百中日)을 '머슴날'로 정하였다. 지주들은 이날 머슴들에게 휴가를 주고 '꼼배기참'이라고 하는 음식으로 머슴들을 대접한다. 머슴들은 각종 춤과 토속적인 놀이를 벌이며 하루를 즐긴다.

농군들이 김매기를 모두 마친 후에 택일하여 음식을 푸짐하게 장만하고 나누어 먹으며 노는 민속놀이이며 백중은 음력 7월 보름날을 뜻한다. 호미걸이, 호미씻이라고도 하는데, 특히 '호미씻이'라는 명칭으로 널리 알려져 있다. 호미씻이는 말 그대로 김매기를 끝낸 다음 '호미를 깨끗이 씻어 둔다'는 뜻으로서 김매기를 끝낸 기쁨을 동네 사람들과 함께 나누는 것이었다.

이 행사는 논농사를 많이 짓고 두레 풍습이 널리 보급된 지역에서 광범하게 전승되었다. 집집마다 음식을 장만해 가지고 나와 산이나 골짜기에 모여 함께 음식을 나누면서 노래하고 춤추며 하루를 즐겁게 보냈다. 이 날을 계기로 농민들은 호미를 깨끗이 씻어 광이나 허청간에 걸어두었다.

고싸움놀이는 놀이의 승패로 그해의 풍흉을 점치는 것이다. 차전놀이와 같은 대표적인 남성 집단놀이로 동부와 서부로 편을 갈라 그 승패로 그해 농사를 가늠하는 놀이다.

강화시선뱃놀이는 출항하기 전에는 동네 사람들과 함께 무사와 풍어를 비는 당굿을 한다. 승선을 한 뒤에는 노래와 함께 닻을 올리며, 돛을 달면서 바다로 나가 고기잡이배와 만나고, 그물 뽑는 노래를 한다.

제주도의 영등 굿놀이는 음력 2월에 바람의 신 '영등할망'이 제주에 오는 데서 음력 2월을 '영등달'이라고 한다. 음력 이월 초하루에 바람의 신 영등할망이 들어오고, 음력 열흘이 지나 보름이 될 때 영등할망이 제주섬을 떠난다. 그러므로 제주도에서는 영등 달에 바람의 신을 맞이하고 보내는 영등굿을 한다. 이월 초하루에는 영등신을 맞이하는 영등 환영제를 하며, 열흘이 지나 보름이 될 때까지 순망(旬望) 사이에 각 마을에서는 영등신을 보내는 영등 송별제를 한다.

영등굿에 대한 기록은 『신증동국여지승람』, 김상헌의 『남사록』, 이원진의 『탐라지』, 김석익의 『심재집』, 담수계의 『증보탐라지』 등 여러 문헌에 수록되어 있다.

5) 개인이나 마을공동체의 번영과 태평을 기원하는 놀이

개인의 번영을 위하는 놀이에는 다리밟기, 달맞이, 성돌이 등이 있으며 마을공동체 놀이에는 문호장굿, 소놀이굿, 은산별신제 등이 있다.

다리밟기는 다리를 밟아 건강을 기원하는 것이며 달맞이는 정월 대보름날 달이 솟아오르면 농부는 풍년을 기원한다. 처녀나 총각은 시집, 장가가기를 기원하며 소원을 빈다. 성돌이는 개인이 절에 가서 비는데 윤달의 세시풍속으로 사찰불공과 성돌이가 있다. 전국의 큰 사찰에서는 윤달이면 부녀자들이 불탑에 돈을 놓고 불공을 드렸다. 『동국세시기』에 의하면 "광주(廣州) 봉은사(奉恩寺)에는 윤달이 되면 서울 장안의 여인들이 다투어 와서 불공을 드리며 돈을 탑 위에 놓는다. 그리하여 그 윤달이 다 가도록 끊이지 않는다. 이렇게 하면 극락세계로 간다고 하여 사방의 노파들이 분주히 달려와 다투어 모인다. 서울과 외지의 여러 절에서도 대개 이런 풍속이 있다"라고 하였다.

또한 중부 이남 지방에서는 윤달에 마을 부녀자들이 성벽 위에 올라 열을 지어 성을 도는 풍습이 있었다. 이를 '성돌이', '성밟기' 또는 '답성(踏城)놀이'라고 하는데, 이 역시 불교 신앙의 '탑돌이'와 유사한 성격을 지닌 것으로 극락으로 가고자 하는 염원을 담고 있다. 특히 전라도 고창 지역에서는 윤달을 맞이하여 부녀자들이 모양산성(牟陽山城)이라고도 불리는 고창 읍성을 세 번 도는 풍습이 있었다. 이때 액을 물리치고 장수한다는 의미에서 돌을 머리에 이고 돌기도 하였다. 이러한 행위에는 한편으로는 성을 튼튼하게 보조하려는 실용적인 목적도 포함되어 있었다.

마을공동체 놀이는 대동성이 강조되며, 공동체를 결속시키는 원동력을 보여준다. 양주 소놀이굿은 우마숭배(牛馬崇拜)와 농경의례(農耕儀禮)인 소멕이 놀이에 기원을 두고 있다.

농경국가(農耕國家)인 소를 등장시켜 노는 놀이굿이며 제석거리와 더불

고성오광대탈춤

송파산대놀이

어 동네와 가정(家庭)의 악귀를 쫓고 농사(農事)나 사업(事業) 또는 자손(子孫)이 번창(繁昌)하기를 기원하는 굿이다. 단순한 농경의식이나 무속(巫俗)에서 벗어나 일종의 오락적 성격(娛樂的 性格)을 갖춘 연희(演戱)이다. 그 가사는 장편 서사시(長篇 敍事詩)로 연희뿐만 아니라 문학적(文學的) 측면에서도 의의가 있다.

남사당놀이(국립민속박물관)

소놀이굿은 소를 끌고 온 마부(馬夫)가 무당과 해학적인 재담(才談)을 하고 소의 각 부분의 치레를 소리로 하고 축원(祝願), 덕담(德談)을 하는 것으로 연희(演戱)적인 특성(特性)이 강하다.

영산쇠머리대기는 경남 창녕군 영산지방에서 전승되는 놀이로 중요무형문화제 제25호로 지정되었으며 풍년을 기원하는 마을공동제의 민속놀이이다.

그 밖에 놀이 자체를 중시하는 놀이로는 그네뛰기, 다리세기, 병신굿 놀이, 줄타기 등이 있으며 특정종교와 관련된 놀이 중에 불교의 경우에는 초파일 민속의 하나인 탑돌이와 관등놀이가 있다.

第5장 한국의 가족과 의·식·주와 마을 생활

1) 한국의 가족

가족은 사회의 기본적인 구성요소로서 친족을 형성하는 기초단위이다. 조선 시대에 반역죄를 범한 사람은 삼족을 멸한다고 규정했으며 삼족에는 친가, 처가, 외가를 포함시켰다.

한국의 가족은 서로 다른 성씨 간의 결합으로 이루어지며 본관과 파벌로 이루어지는 복잡한 구조로 되어 있다.

호주제는 일가(一家)의 장(長)으로 가족을 통솔하는 자이며 일가의 계통을 계승한 자로, 분가한 자 또는 기타 사유로 인하여 일가를 창립하거나 부흥한 자를 호주(戶主)라고 규정하고 있다. 한국에서는 주로 가장 나이가 많은 남성이 호주가 된다. 개정된 민법(1990년)에서는 여성도 호주가 될 수 있다고는 하나 호주 승계의 순서에서 남자를 1순위로 규정하고 있어 아직까지 가부장적인 전통이 남아 있다.

재산 상속은 한국의 경우, 대체적으로 18세기 이전에는 재산을 남녀 구분 없이 균등하게 나누어 주었으나 18세기를 고비로 장자(큰아들)에게 많이 주는 형태로 바뀌기 시작했다. 현재 법에는 이런 관행을 금지하고 남녀 균등하게 상속하는 법으로 다시 바뀌었다.

가족의 형태는 대가족과 핵가족으로 구성되는데 대가족은 3대 이상의 가족 구성원으로 이루어지는 한국의 전통적인 가족형태이다. 농업을 기반으로 한 한국의 전통사회에서는 풍부한 노동력을 이용하기 위해서 대가족제도가 필요했다.

핵가족은 가족의 가장 일반적인 모습이며 부부와 아직 혼인하지 않은 자식이 함께 거주하는 것이다. 직업의 다양화와 바쁜 현대의 일상으로 인해 거주지를 달리하는 경우가 많아졌다. 현대에 들어오면서 결손 가정이 증가하여 사회적인 문제로 등장하였고 현대인들의 개인주의적 경향이 가족을 우선하는 한국의 전통사고까지 변화시키고 있다.

성씨와 문중을 살펴보면 문중은 시조로부터 직계 5대조까지 포함하는 조상의 시제를 위하여 조직된 것이다. 시조로부터 5대조까지의 조상들 중에서 높은 벼슬을 하거나 유명한 학자와 같은 현조(顯祖) 또는 입향조를 파시조(派始祖)나 중시조로 삼아 이를 중심으로 문중이 조직되었다.

1486년에 편찬된 『동국여지승람』에는 277가지의 성이 수록되어 있다. 십대성은 김(金)·이(李)·박(朴)·최(崔)·정(鄭)·강(姜)·조(趙)·윤(尹)·장(張)·임(林)이며 본관별로 인구수가 많은 것을 들면 김해 김씨, 밀양 박씨, 전주 이씨, 경주 김씨, 경주 이씨, 진주 강씨, 경주 최씨, 광산 김씨, 파평 윤씨, 청주 한씨 등이 있다.

성씨와 파벌 간의 질서를 기록한 책이 족보인데 『삼국사기』의 연표와 『삼국유사』의 왕력에서 족보의 모습을 발견할 수 있다. 고구려, 신라의 건국신화를 통하여 살펴볼 때 성씨는 일찍부터 존재한 것으로 여겨진다. 초기에는 지배층만이 성을 가질 수 있었으며 조선 시대를 거치면서 보편화되기 시작한 성은 가문 간의 유대를 나타낸다.

문중은 성씨나 본관 또는 파를 같이하는 사람들의 조직이다. 문중에서 가장 우대받는 이는 장손이며 요즈음은 성씨 단위의 문중보다는 파 단위의 종친회가 발달하였다.

가족제도를 형성하는 데는 유교가 작용하였으며 유교의 이념에는 주자가례가 있다.

2010년 4월 17일에 개관한 대전광역시 중구 뿌리공원길 51호에 대전뿌리공원과 족보박물관이 있다. 박물관에는 성씨 유래와 조성 유래가 잘 전시되어 있는데 성과 본관은 가문을 나타내고 이름은 가문의 대수를 나타내는 항렬과 개인을 구별하는 자료로 이루어지며 한 집안의 뿌리를 족보에 담고 있다.

대전뿌리공원 입구

족보박물관 실외 성씨 조각상

뿌리공원은 모든 사람들에게 자신의 뿌리를 알게 하여 경로효친 사상을 함양시키고 한겨레의 자손임을 일깨우기 위하여 세계 최초로 성씨를 상징하는 조형물을 세운 총효의 산교육장이다.

2) 가족의 호칭

시가(남편 쪽 식구) 호칭에서 남편은 '여보'이며 어른들 앞에서는 '자기'라는 호칭을 쓰지 않는다. 시부모는 아버님, 어머님이고 남편의 형은 미혼이건 기혼이건 '아주버님'이다. 남편의 남동생은 미혼인 경우 '도련님'이고 기혼인 경우 '서방님'이라고 부른다.

남편의 누나는 형님이고 남편의 여동생은 '아가씨'이며 남편 형의 아내는 '형님'이라고 부른다. 남편 동생의 아내는 '동서'이다. 아랫동서의 나이가 자신보다 많을 경우에도 마찬가지이며 대신 존댓말을 쓴다. 남편 누나의 배우자는 '아주버님' 또는 '서방님'이고 남편 여동생의 배우자는 '서방님'인데 '서방님'은 손위나 손아래 시누이 남편을 두루 부르는 말이다.

처가(아내 쪽 식구) 호칭으로는 아내는 '여보', '○○엄마'로 부른다. 처부모는 '장인어른', '장모님', '아버님', '어머님'이고 아내의 오빠는 '형님' 또는 '처남'인데 아내의 오빠가 자신보다 나이가 어릴 경우에도 '처남'이라고 부른다. 처남과 매부 사이가 친형제만큼 가까울 경우 '형님'이라고 불러도 된다.

아내의 언니는 '처형'이고 아내의 여동생은 '처제'이다. 아내 오빠의 부인은 '아주머니'이고 아내 남동생의 부인은 '처남댁'이다. 아내 언니의 남편은 '형님' 또는 '동서'라고 하며 처형의 남편이 자신보다 나이가 적은 경우에도 '동서'라고 부른다.

아내 여동생의 남편은 '동서' 또는 '○서방'이라고 부른다. 사돈 간 호칭으로 양가 아버지 사이는 '사돈'이고 양가 어머니 사이는 '사부인'이다. 사돈의 미혼 아들은 '사돈도령'이고 사돈의 미혼 딸은 '사돈색시'라고 부른다.

3) 의생활

한국 복식의 특징은 사계절의 구분이 확연한 기후로 인해 추위와 더위를 막기 위한 저고리와 바지, 치마로 구성된 북방 호복(胡服) 계통이다. 백의(白衣)를 숭상하였으며, 여성 복식이나 관료 복식에 대한 지나친 규제로 인하여 복식문화 발달을 저해하기도 하였다.

고려 중기 이후에는 몽골의 풍속을 따르는 몽골풍인데 댕기나 동물의 털을 이용하여 만든 겨울모자인 조바위와 무늬 있는 비단으로 만든 두루마기가 있다. 몽골에서는 유부녀가 외출할 때 쓰는 모자인 족두리와 옷고름에 차는 은장도 등이 유행하였다.

고려 말에는 저고리의 길이가 더 짧아져 허리선까지 올라왔다. 길이가 짧아지면서 저고리의 띠가 없어지고 실용적인 고름이나 매듭단추가 생겼으며 저고리의 소매통도 좁아졌고 동정을 달아서 입게 되었다.

문익점에 의해 목면이 재배되어 무명이 의복의 재료가 되어 솜으로 된 누비옷이 등장하였다.

조선 시대에는 신분에 따라 옷을 규제하였는데 서민 여성은 황색, 자색, 홍색의 옷과 삼회장(三回裝) 옷을 입지 못하였다. 삼회장은 깃, 끝동, 고름, 겨드랑이에 다른 색 천으로 장식을 댄 여자용 저고리를 말한다. 치마는 무늬가 없는 민치마를 입어야 하며 천민은 폭이 좁고 속바지가 앞무릎까지 노출될 정도로 길이가 짧은 '두루치'를 입었다.

백정 여성은 치맛단에 검정색 천을 대어 신분을 나타나게 하였다.

양반여성은 치마는 폭이 넓고 길이도 땅에 닿을 정도로 길었으며 치마 아랫단에 금박을 찍거나 글자나 꽃무늬를 찍은 '스란' 단을 붙여 화려하게 입었다. 최하층을 제외한 모든 여성은 겉옷 대신 얼굴 가리개를 쓰고 다녔는데 신분에 따라 차이가 있다.

4) 식생활

기후가 온난한 남쪽평야는 도작(稻作)이 일찍부터 발달하였고, 높고 한랭한 관북 지방에는 귀리가 생산되었다. 황해도와 평안도는 밀이고, 조와 보리는 비교적 전국적으로 경작되었다.

식생활의 변천을 살펴보면 상고시대는 수렵을 하는 경제시대로 조개류, 해조류, 생선류를 원시적인 방법으로 잡고, 나무열매를 채집했다. 신석기 후반에는 무문토기인들이 북으로부터 이주해 오면서 농경이 시작되어 잡곡이 재배되고 기원전 7세기 전에 도작(稻作)이 시작되었다.

삼국시대에는 도작과 쌀밥이 보급되었고, 각종 가공법이 발달했으며, 어업이 발달하고 중국 문화가 유입되었다.

13세기에는 몽골 등 북방식품이 들어왔고 16세기에는 임진왜란을 계기로 남방식품이, 19세기에는 서구 음식물이 유입되었다.

5) 주생활

건축의례에는 날받이, 텃고사, 개공(開工)고사, 모탕고사, 성주운 보기, 상량고사, 집들이, 성주고사가 있다.

한국의 전통적 주거생활은 조상숭배의 생활이며 사당과 상청(喪廳), 벽감

(壁龕) 등을 만들어 조상을 숭배하였다.

벽감은 건축에서 조각이나 꽃병이나 성수반(聖水盤) 등의 물건을 진열하기 위해 벽에 움푹 파놓은 장식을 말한다. 그 외에도 여막방이나 가빈방을 두었는데 가빈방은 시신을 서너 달 모시는 공간을 말한다.

상청

사랑채가 중심인 남자의 공간(동쪽)과 안채가 중심인 여성의 공간(서쪽)으로 분할하여 남녀유별의 생활을 하였다. 사랑채의 경우에는 아버지의 방을 큰 사랑방으로, 아들의 방은 작은 사랑방으로, 안채의 경우에는 시어머니 방을 안방, 며느리 방을 건넌방이라 하였다.

상하 계층을 의식하여 하인들의 방은 복직이방, 수청방이라고 하였고 분가한 하인집은 가랍집, 호지집 등이라고 하였다.

안살림의 상징은 열쇠꾸러미이며, 바깥살림의 상징은 중요 문서로 땅이나 산 문서인데 이를 넘기면서 세대교체를 이루었다.

솟을대문은 대문이 설치되는 행랑채보다 한층 지붕을 높인 대문이다. 보통 3칸으로 만들어지기도 하며, 가운데 칸은 수레를 타고 드나들 수 있도록 높게 만들었다.

집의 유형에는 홑집 계통과 겹집 계통이 있는데 홑집 계통에는 평안도, 경기도, 충청도, 전라도, 경상도집이 해당되며 겹집 계통은 함경도, 강원도, 황해도집이 해당된다.

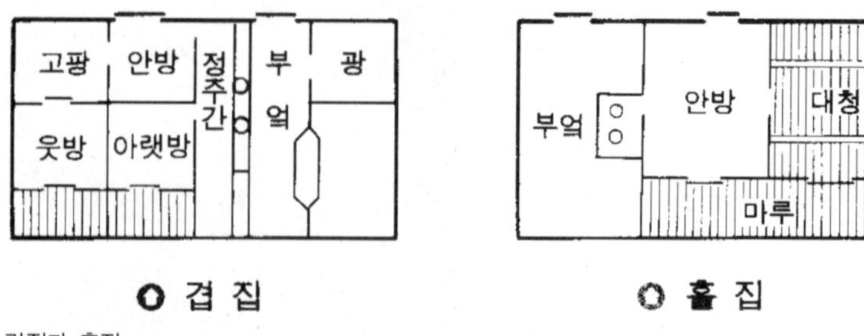

겹집과 홑집

제주도 평면형 집은 내부가 방의 구별이 없는 한 공간으로 구성되었다.

과거의 주거형태는 집에서 이루어지는 생활도 포함하여 사회제도, 신분계급, 각 지역의 환경 및 기후특성 등에 의하여 변화, 발전되었다. 과거의 주택에서 상류주택은 주택의 기능적인 면에서뿐만 아니라 예술적인 가치도 지녔다.

지형적, 기후적 여건, 지방의 경제상태 등에 따라 규모나 건물 배치방식이 달랐으며 특히 기후의 영향으로 지방마다 각기 다른 특색을 지닌다.

전통적인 주택의 구성요소를 살펴보면 안방은 여성의 가사노동 위주의 공간이며 직계 존비속 이외의 남자는 출입이 금지되었다.

건넌방은 주인의 일상 거처실이며 남성 위주의 기물들로 꾸며졌다. 사랑방은 바깥주인의 일상 거처실이자 응접실의 기능을 하였으며 외관으로는 내외의 구분이 뚜렷하였다.

전통가옥 창살

대청은 안방과 건넌방 사

이에 위치했으며 거실의 기능을 가진다. 집안의 큰일은 이 대청을 중심으로 치루었다.

사랑채는 집의 안채와 떨어져, 바깥주인이 거처하며 손님을 접대하는 곳이다. 부유한 집일 경우 사랑채가 독립된 건물로 있지만, 일반적인 농가에서는 행랑채를 겸하여 사용하였다.

현대의 주생활은 서구문명의 유입으로 의·식생활뿐만 아니라 전통 주거 형태도 서구식으로 바뀌었다.

현대식 주택으로는 아파트 , 주상복합, 전원주택, 별장, 공동주택 등이 있다. 아파트는 한 채의 건물 안에 독립된 여러 세대가 살 수 있게 구조한 5층 이상의 공동주택이다. 우리나라 아파트의 역사를 보면 1950년대에 도입되어 1970년대에는 10층 이상으로 고층화되기 시작하여 처음으로 단지의 개념이 도입된 2세대 아파트이다. 1980년과 1990년대에는 2세대 아파트가 지속적으로 건설되어 고층화, 고급화, 대형화되었는데 이것이 3세대 아파트이다.

도시화와 근대화로 인하여 안방이 담당하였던 복합적 기능들이 거실이나 부엌 등 특성화된 공간들로 분화되었다. 특히 안방은 부부 중심의 독립된 기능으로 특화되어 전통안방과 서양식 침실을 결합하는 경향을 보이기도 한다.

거실은 손님 접대와 가족이 모두 모여 쉬는 공간으로 이루어졌으며 전통적인 안방의 기능을 담당하였다.

발코니(베란다)는 전통적인 주거생활이 아파트로 옮겨 오면서 방의 기능들이 명확한 아파트 공간에 나머지의 기능도 포함하였고 남향을 선호하였다.

주상복합 아파트는 주거공간과 상업공간이 복합된 건물이며 구성요소로는 주민 공유시설, 로비 라운지, 입주민의 모임을 위한 공간, 스포츠를 위한 공간, 멀티미디어 룸, 유아놀이방, 독서실, 빨래방, 게스트룸 등을 포함한다. 전문관리자를 두고 있으며 첨단시설을 갖추고 있고 웰빙을 추구하며 개성을 중시하는 것이 현대 주택이다. 즐거운 삶, 윤택한 삶, 안전한 삶, 편리한 삶을 추구하는 원스톱 라이프를 추구하며 공유의식을 형성하려는 노력과 공유공간으로 커뮤니티를 형성하려는 의식이 있다.

전원주택은 도시 근교나 교외에서 도시의 편안함과 전원생활의 휴식을 함께 누릴 수 있다는 점에서 착안한 주택이다. 개별 외부공간인 마당이 있으며 공유 외부공간으로 담장이 있다. 처음에는 별장 개념의 주말농장이었는데 90년대에 전원주택을 도시민이 사는 집으로 구분하여 현대의 전원주택 개념을 형성하였다. 고향의 향수를 달래며 합리적이고 실용적인 관점으로 재테크와 주거의 욕구를 충족시키고 있으며 전통 한옥으로 짓는 경우도 늘어나고 있다.

공동주택으로 코하우징이 있는데 개인의 프라이버시와 공동생활의 이익 추구를 혼합한 주택이다. 예를 들면 덴마크의 Tinggarden과 Det Kreative Seniorbo, 일본의 U-court, 한국의 초록마을을 들 수 있다.

	과거	현재
의	-계절의 영향을 많이 받음(특히 여름, 겨울) -계층(신분)의 차이, 나이의 차이(옷차림과 머리 모양) -주로 한복을 입었으며 단순기능이며 기후변화로부터 신체 보호	-서구에서 들어온 옷들로 많이 바뀜 -사회적 기능으로 우월 표시, 개성 및 품격을 나타냄
식	-계절의 영향(계절음식) -지역의 영향(예: 김치) -전통음식	-패스트푸드 등 외부 식생활문화의 유입으로 식생활에 큰 변화가 생김 -한국의 특징인 절인 음식문화는 그대로 남아 있음(김치, 된장, 간장, 젓갈 등)
주	-지역의 영향을 많이 받음 -성별에 따른 차이 반영 -종교적 요소 반영(가신신앙) -전통주택, 온돌문화	-주거형태와 양식이 서구식으로 바뀜 -현대식주택, 아파트 -난방문화(온돌문화)는 그대로이나 기술의 발달로 연료의 변화가 있음

구성요소로는 개인적 공간과 반개인적 공간, 그리고 공유공간이 있다. 개인의 요구와 개성을 중요시하며 이웃과 단절된 현대의 주거형태를 보완하였다. 또한 직업과 육아를 성공적으로 결합하여 노후의 활기차고 의미 있는 삶을 누리도록 하였다.

시대적 변천이나 문화 유입에 따라서 물질민속도 변화하고 있는데 서구문명의 도입과 서구식 가치관의 도입으로 많은 변화를 보이고 있다.

6) 마을 생활

마을은 사람들이 살아가는 기본적인 공동체이며 마을을 단위로 이루어져 왔다. 마을의 기본적인 구분은 자연마을과 행정마을이다.

자연마을은 마을의 생긴 모습을 기준으로 한 것으로 두 가옥 이상이면 마을이 형성되었다. 효율성을 높이기 위하여 몇몇 자연마을을 하나의 이름 아래 묶을 필요성이 제기되었는데 이것이 행정마을이다.

마을의 경제기반에 따라 농촌, 어촌, 산촌으로 분류되며 마을의 입지조건에 따라 평야촌, 산촌, 하곡촌, 강촌, 해촌(해안에 있는 것)으로 구분한다.

마을에서 장승제를 지내는 모습

마을의 기능을 고려하여 교통의 요지가 된 역촌과 군사 요충지인 진촌이 있다.

절의 예속을 받는 사하촌(寺下村)이 있으며 사람들이 자신의 신을 모시기 위해 모여 형성된 신앙촌도 있다.

가옥의 밀집 형태에 따라 집촌(集村), 산촌(山村), 가촌(街村)이 있으며 마을의 크기에 따라 대촌(大村: 150호 이상), 중촌(中村: 60-150호), 소촌(小村: 60호 미만) 등이 있다.

마을의 명칭으로 서원이 있는 마을로는 교동(校洞), 교촌(校村) 등이 있으며 큰 바위가 있는 마을로는 입석(立石)리, 선돌마을 등이 있다. 산업과 관련된 마을로는 마장(馬場)동, 어촌(漁村)리 등이 있으며 경치와 관련된 마을로는 선유(仙遊)리, 우이(牛耳)동이 있다.

마을의 조직으로는 행정조직과 자치조직, 노동조직이 있으며 행정조직에는 동 · 이장, 통 · 반장, 개발위원회, 새마을지도자 등이 있다. 이장은 주민들에 의해 직접 선출되고 면장의 임명을 받으며 면에서 일정 보수를 받고 각 반장을 임명할 수도 있다.

자치조직에는 대동계가 있는데 마을의 대소사를 결정하는 중심 자치조직으로서, 계원은 각 호주들로 구성된다. 가입 시 일정 금액이나 물품(술이나 떡)을 내야 하며 탈퇴 시에는 이를 돌려받는다. 계는 주로 12월 말에 주로 열리며 이때는 한 해 결산과 이장 · 반장의 선출 등을 하게 된다.

노인회는 65세 이상의 노인들로 구성되며 남성노인회와 여성노인회로 구분된다. 노인정을 중심으로 마을의 대소사에 있어서 자문 역할을 담당하게 된다.

청년회는 40대 이하 기혼 가구주들로 구성되며 부녀회는 20대 이상 50대 사이의 부인들로 구성된다.

노동조직은 농촌의 경우에 두레가 있는데 도작(稻作) 지역의 대표적인 공동노동조직으로 일정한 위계질서를 가지고 있으며 김매기를 위해 주로 결성되었다. 품앗이는 개인 대 개인이 노동을 교환하는 방식으로 '소겨리' 역시 품앗이의 한 형태이다.

두레는 농촌에서 농사일을 공동으로 하기 위하여 마을의 부락 단위로 둔 조직이다. 어원은 '모인다', '뭉친다'는 의미를 나타내는 순수한 말로 '두르다'에서 유래된 것이며 집단, 단체라는 뜻이다. 나중에 작업 인원과 작업량, 작업 일수와 경작지의 크기 등에 따라 품삯을 계산하였다.

황두는 신라 화랑제도에서 출발한 향도(香徒)의 잔존형태로서, 북쪽 서북지방(청천강 유역) 지역에 존재했던 공동노동조직이다. 평안도 일대의 건답(乾畓) 지역에서 20-30명의 농민들이 한 작업단위가 되어 김매기 작업만을 수행한 공동노동조직이다. 품앗이와 소겨리보다 작은 규모의 임의적 노동조직인 것에 비해 황두는 강력한 조직을 구성하여 공동노동을 행한다는 차이가 있다.

황두는 김매기를 제철에 끝내기 위한 목적에서 조직되어 한 동네에 1개 또는 2개씩 조직하였다. 황두는 김매기를 위한 공동조직이었던 것인 만큼 운영기간은 보통 하지(6월 중순)부터 김매기 일이 끝날 때까지만 유지하였다.

소겨리는 소를 이용하여 공동노동을 하던 풍습으로 소 있는 집과 소 없는 집 몇 집으로 조직하는 관행을 보통 '소겨리' 또는 '겨리'라고 한다. 소겨리는 한 마을 내에서도 여러 개가 있었고 구성원은 대체로 4, 5호의 처지가 같은 빈농들로 이루어졌으며 인근에 사는 친척들 상호 간의 조직이다. 노동과정에서 개개인의 이해타산을 그다지 내세우지 않았으며 대가를 받거나 주는 일이 드물었다. 소가 없는 집은 노동력을 더 내야 했다.

마을에서 행하는 상호부조 조직을 살펴보면 상포계(상여계)는 초상이 났을 때 서로 도와주기 위해 조직된 것이며 쌀계는 살림을 불리거나 농지를 구입하기 위해 조직하는 것이다.

친목계는 가까운 이웃이나 친구들이 조직했으며 그 외에 동갑계, 반지계, 혼인계, 자녀계, 돈계, 향우회 등이 있다. 계는 마을 사람들이 돈을 추렴하여 함께 먹고 마시며 서로가 언약하는 모임으로서 마을의 공동재산을 조성하고 생업을 권장하며 교육진흥, 상부상조사업, 복지사업 등을 수행하는 조직이다.

4-H 마크

4H클럽은 지(智 · Head), 덕(德 · Heart), 노(勞 · Hands), 체(體 · Health) 또는 두뇌(head), 손(hand), 마음(heart), 건강(health)의 약자를 따서 만든 조직으로 10대 청소년들로 구성되었으나 요즈음은 거의 사라지고 있다.

4H클럽은 국가의 장래를 이끌어갈 청소년들로 구성된 "4-H회"를 통한 실천적 단체활동이다. 4-H 이념을 생활화하여 창의적인 사고와 과학적인 행동양식을 갖추고 친환경적인 체험으로 건전한 미래세대로 키우는 동시에 지역사회와 국가발전 기여를 목적으로 한 실천적 청소년 사회교육운동인 것이다.

협동조합은 경제적으로나 사회적으로 열악한 위치에 처해 있는 사람들이 자신들의 이익을 도모하기 위하여 스스로 상부상조의 정신으로 만든 자생적 조직체이다. 자본주의 체제 안에서 자본주의의 모순을 가장 슬기롭게 극복할 수 있는 대안으로 평가되고 있다.

NAVER | 메일 | 카페 홈 | 블로그
내 블로그 ▼카페 지름길------- 로그인
품앗이 육아정보 나눔터
카페매니저 : 은우맘 카페설립일 : 2004.02.17 카페멤버 : 528 명
카페 프로필 | 초대 | 채팅
전체보기
품앗이 모임 만들어요
공지사항
인사 나눠요
자유 게시판
재밌는 자료
생활/육아 정보
공짜 할인 / 이벤트
공연 전시 나들이
책 비디오 교재 교구
알뜰장터 아나바다
요리 / 이유식
한글 놀이
영어 놀이
중국어 놀이
음악 미술 놀이
과학 수학 놀이
생활속 놀이
블로그형 앨범형 게시판형
은비 재택부업, 제가 도와드릴께요..*^^*
승현엄마 [정보] 언어발달 놀이 : 25~30개월, 31~36개월, 3~4세
승현엄마 [정보] 두뇌 계발 이색 제안
승현엄마 [정보] 텔레비젼보는 시간이용
승현엄마 [정보] 영양제 먹이기
승현엄마 [정보] 유아기(幼兒期) 아이들의 바른 식습관 지도하기
승현엄마 은우맘님~~ 부탁이요~~
현이 3%로의 마음으로 전합니다^^*
시인 안녕하세요,,,
현이 하루에서서~
현이 유아동 쇼핑몰입니다..쌉니다
은비 주부님이기에 더 잘할수 있는일
진서맘 로라애슐리쓰리피스 14,900원^^
7soon5 여러분의 작은 관심이 필요합니다..^^*
가을맘 조심합시다!!!(펌)
2 3 4 5 6 7 8 9 10 다음 ›
전체글 검색
제목+내용 작성자
새로운 멤버 ... more
- 9isin(9isin)
- diva0121(diva0121)
- pandi(pandi)
- 시인(jun081901)
- 오엔오(5n5)

현대식 품앗이

월송리 [상조회칙]

• 제1조(명칭)

본 계는 월송리 상계라 칭한다.

• 제2조(목적)

계원 상호 간 상부상조하고 계원 상호 간 계원의 존비속 중 상을 당하였을 시 장례절차에 따라 계원 전원 참석하여 장례 종결 시까지 봉사로서 작업을 완료하고 계장이나 총무가 호명을 한 후에 해산한다.

• 제3조(계원의 자격)

월송리 거주하는 사람으로 하되 계에 가입한 사람은 입회금을 20만 원으로 결정함. 단, 물가변동에 따라 재조정한다.

• 제4조(규칙 및 회비)

① 회비는 연 10,000원으로 한다.

② 계원 직계 존비속 중 상을 당하였을 시 버크린 1일 사용료에 해당하는 금액을 계금에서 지급한다.

• 제5조(임원)

본계 임원은 다음과 같이 둔다.

계장 1인, 부계장 2인

총무 1인, 감사 2인, 유사 2인

임원 임기는 2년으로 하고 유사는 1년으로 한다.

• 제6조(벌칙)

다음 사유에 해당하는 사유

1. 사유 없이 불참할 시
2. 장례 종결 전 도중 귀가할 시
3. 총회에 사유 없이 불참할 시
4. 계금을 납부하지 않을 시

*별첨내용

① 위 사항을 연 3회 위반할 시 계원의 자격을 자동상실한다.

② 본 계칙은 1992년 11월 30일부터 시행한다.

본 계칙 이외에 발생하는 사항은 총회결의에 의해 시행한다.

월송리 상계칙부과

• 제7조

계원 중 장례가 났을 시 나오지 않을 때 벌금을 30,000원으로 정하되 다음 총회까지 납입하지 않을 시 자동탈락한다.

• 제8조

계내의 상사 시 자기 친척 간의(친가 · 처가 · 외가 · 이종 · 고종) 상사 시에는 불참이 인정되므로 벌금을 부과하지 않는다. 대신 부고장 또는 청첩장을 지참해서 총무에게 전달하여야 한다.

• 제9조

계원 중자 또는 가족이 불의에 사고로 다쳤을 시 인정되므로 벌과금을 부과하지 않는다. 위 사항을 계원이 인정하여야만 벌과금을 부과하지 않고 인정하지 않을 시 벌과금을 내야 한다.

• 제10조

장인 · 장모의 경우는 자손이 없고 일정기간 이상 동거하였을 때 회칙의 적용을 받는다.

〈회원 명단〉: 김정규(월송1리) 외 64명

제6장 민속예술과 축제

인간은 입고 먹고 마시는 생활로만 살 수가 없고 예술을 즐기면서 문화적 욕구를 충족시키면서 살아간다. 예술은 생활에 활력을 주며 보다 풍요롭게 만들어 준다. 민속예술의 종류에는 미술, 음악, 무용, 연희, 공예 등이 있으며 민속예술의 생산자로 참여하거나 감상자로 참여할 수 있다.

1) 민속미술

한 민족이나 개인이 생활 습속에 따라 만들어오며 즐겨온 것이 민속미술이다. 민속미술의 종류는 민화, 무신도, 춘화 등 다양하며 이 중 민화가 대표적이다. 민속미술은 생활의 필요에 따라 발전되어 왔으며 실용성이 주된 목적이다.

민속미술의 특징은 대부분이 작가 미상이며 지배층에서 도화원을 중심으로 자신들의 미술을 발전시켰다. 그러나 도화원에 들어가지 못한 화공들을 중심으로 민속미술이 발전되어 왔는데 자신들의 이름을 드러내지 않아 작자 미상이 많다.

두 번째 특징은 벽사진경이 주된 주제인데 현세의 평안을 비는 것이 주된 내용이다. 세 번째 특징은 솔직하고 소박한 그림세계를 보여주며 실생활에 도움이 될 수 있도록 미술을 사용하여 생활에 편리하도록 제작하였다. 한국인의 세계관이 그대로 드러나 있으며 익살과 흥겨운 느낌을 주는 것이 민속미술이다. 대표적인 민속미술인 민화는 신석기 시대의 암벽화에서 민화의 단초를 발견하여서 오랜 역사를 가지고 있다.

『삼국유사』에 전하는 처용설화에서 신라 사람들이 처용의 얼굴을 문에 붙여서 역신을 쫓았다는 기록도 있으며 국가에서는 '도화청'이라는 관청을 설치해 그림을 장려하였다.

(1) 민화

민화의 종류에는 장생도, 십장생, 십이지신상, 호랑이 그림, 신선도, 장군도, 지옥도, 무신도 등 민간신앙적인 그림이 많다.

장생도(長生圖)는 행복하게 오래 살기를 바라는 마음을 자연과 동식물에 비유하여 상징적으로 그린 그림이다. 십장생은 무병장수하는 마음을 그린 것으로 행복하게 오래 살기를 바라는 마음을 자연과 동식물에 비유하여 상징적으로 그린 그림이다. 장생불사를 상징하는 해, 구름, 산, 물, 대나무, 소나무, 불로초, 거북, 학, 사슴 등을 그렸다. 장수를 뜻하는 열 가지를 장엄하고 웅장하게 화선지 위에 그려 상류계층들은 장수를 기원하며 벽에 걸어두고 중요시하였다.

십이지신상도 그림은 쥐, 소, 호랑이, 토끼, 용, 뱀, 말, 양, 원숭이, 닭, 개, 돼지(子丑寅卯辰巳午未申酉戌亥) 등 12가지 동물을 상징하는 상을 그린 그림이다. 신선도는 신선을 그린 것이고 지옥도는 지옥의 정경을 그린 것이다.

유교계통의 민화로는 행실도, 문자도, 평생도, 명당도 등이 있는데 행실도는 효자와 열녀의 행실을 다룬 것이고 문자도는 유교의 기본 덕목인 인의

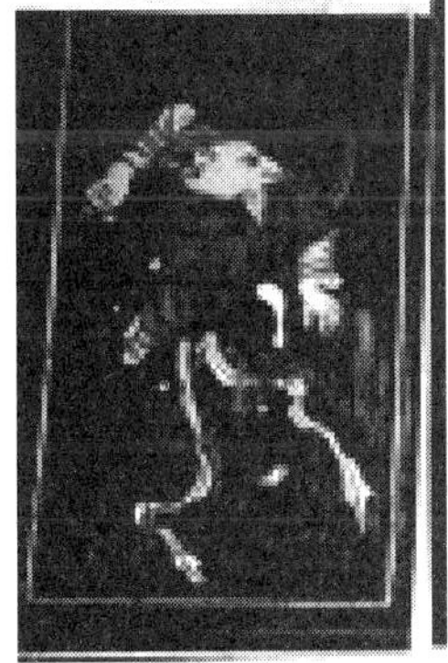

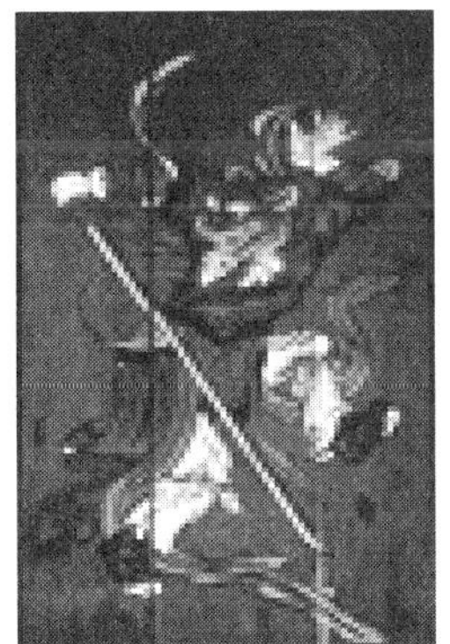

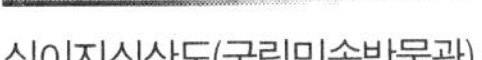

십이지신상도(국립민속박물관)

평생도(국립중앙박물관)

신선도(국립중앙박물관)

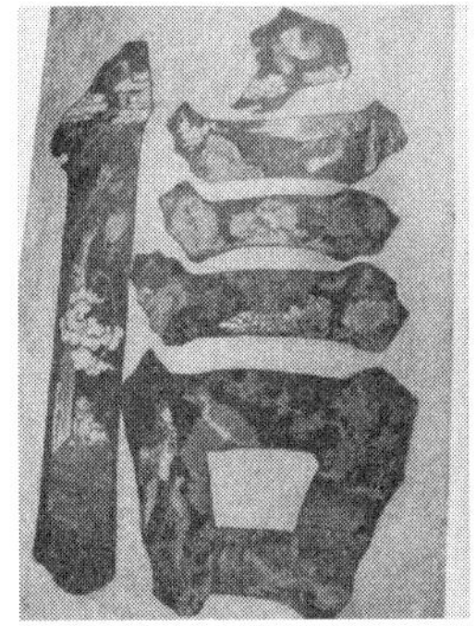

문자도(信)(국립중앙박물관)

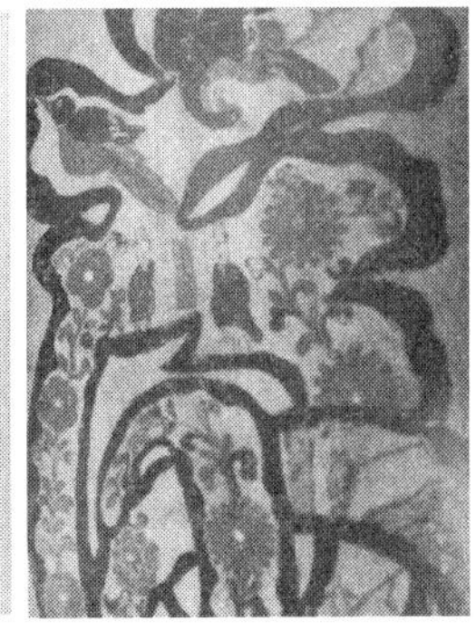

문자도(염)(국립중앙박물관)

김홍도 '산수화'(국립중앙박물관)

화조도(국립중앙박물관)

신윤복 '단오풍경'(국립중앙박물관)

풍속도(김홍도 '씨름')(국립중앙박물관)

예지와 같은 글자를 추상화하여 그린 그림이다. 평생도는 선비들의 평생을 그린 것이고 명당도는 조상숭배의 사상을 담은 것이다.

불교 계통의 민화 중 사찰과 밀접하며 대표적인 것이 심우도이다. 심우도(尋牛圖)는 인간의 본성을 찾아 깨달음에 이르는 과정을 목동이 소를 찾는 것에 비유해 묘사한 것으로 사찰이나 암자 등에 있다.

장식용으로 제작된 그림으로는 산수도, 화훼조충도, 인물도, 풍속도, 문방사우 등이 있다. 김홍도의 산수도는 자연의 아름다운 경치를 그린 것이며 인물도에는 신윤복의 미인도가 있다. 풍속도는 사람들의 생활을 있는 그대로 그린 것으로 신윤복, 김홍도 그림이 대표적이다. 화훼조충도는 꽃이나 새 등 여러 곤충이나 동물을 그린 것이다.

(2) 무신도

무신도는 무당이 섬기는 신의 모습을 그린 화상(畵像)이다. 신앙의 대상으로 무당을 통해 그려진 그림으로 종교적인 색깔이 강하다. 서울대 규장각에 소장되어 온 19세기에 제작된 〈무당내력〉이 무속화의 대표적 그림이다. 무당의 굿거리를 그린 책자로 서울굿의 각 거리를 그림으로 그려 설명한 책자이다.

공(工) 자에 두 사람이 들어가 있는 것이 무(巫) 자이다. 즉 무(巫)는 두 사람이 춤을 추는 형상이라고 할 수 있다. 하늘과 땅을 연결해 주는 사람들이 춤을 추는 형상으로 하늘이 원하는 바를 몸짓으로 표현하였는데 지금의 굿으로 발선하였다고 볼 수 있다.

일월성신(국립중앙박물관)

단군시대에 공공(共工)이라는 벼슬이 있었다. 공공(共工)은 하늘에 제를 지내고 하늘의 뜻을 전하는 일을 맡아 하는 단군왕검의 일을 대신 맡아서 잘 처리하는 사람이라는 뜻이다.

무신도는 명주나 섬세한 무명에 신의 그림을 그려서 족자 형태로 벽에 걸 수 있도록 만든 것인데 요즈음은 대량생산이 가능해 액자에 넣어 벽에 거는 것이 일반적이다. 적색, 청색, 황색 등 원색이 기본이며 백색, 녹색 등이 보조적인 색으로 사용되고 있다. 주신만을 크게 그리고 주신을 따르는 시종은 작게 그린다.

무신도는 신격을 기준으로 해서 나눌 수 있는데 자연신 계통의 무신으로는 산신, 일월성신, 요미성수가 있고 도교신 계통으로 옥황상제가 있다. 불교신 계통으로는 서산대사, 삼불제석이 있고 실존인물을 무신으로 하는 임장군이 있다.

(3) 춘화

남녀의 직접적인 성 풍속을 그린 것으로 중국의 영향을 받아서 중국의 춘화가 그대로 전래되었다. 본격적인 춘화의 수입은 숙종 때 춘화가 그려진 춘희자의 대량 전래와 명청대(明淸代)의 호색문화가 전래되는 조선 후기를 통해 이루어졌다.

김홍도, 신윤복 등의 풍속화의 영향을 강하게 받았으며 남녀가 밀회하는 장면을 그린 것이 대부분이다.

2) 민속음악

민중들의 생활과 밀접한 관련을 맺으며 민중이 아래에서 향유하며 전승시킨 음악이 민속음악이다. 지배층의 음악이 주로 격식을 따지거나 궁중의례에 사용된 반면에, 민속음악은 삶과 밀접한 관련을 맺으며 발전해 왔다.

민중들은 혼인식에 참가하여 신명나게 풍물을 울리며 혼인식을 축하하거나 사람이 죽어서 상여가 나갈 때는 구슬픈 상여소리에 발을 맞추어 죽음에 대하여 생각하였다.

노동을 할 때도 노래를 부르거나 풍물을 울리며 두레패가 노동의 현장에 나갈 때도 풍물을 쳤고 마을신에게 제사를 올릴 때도 풍물을 하였다.

민속음악의 특징은 집단의식을 반영하였으며, 생활과 밀접한 관련이 있다. 작가가 정해져 있지 않은 것이 대부분으로 민중음악인 잡가와 민요가 그대로 수용되었다. 민요는 농사와 관련성이 있는데 파종부터 탈곡에 이르기까지 노동을 하면서 노래가 이루어졌으며 상례(喪禮)에서는 만가(輓歌)가 불렸다.

민속음악의 종류에는 판소리, 민요, 풍물, 무악(巫樂) 등이 있다.

(1) 판소리

판소리의 음악어법은 성음, 길, 장단이다. 성음(聲音)은 발성법에 따른 음의 색깔인데 우조성음은 호기 있고 씩씩한 느낌이며, 평조성음은 평온하고 한가한 느낌을 말한다. 계면성음은 애처롭고 슬픈 느낌이며 ,경드름 성음은 쾌활하고 활발한 느낌을 주는 음이다.

길은 음계와 유사한 개념으로 우조길(솔음계), 평조길(레음계), 계면길(미음계) 등이 있으며 판소리의 내용과 밀접한 관련이 있다. 판소리 〈심청가〉에서 우조길은 화초타령과 천자 앞에 심청이 나타나는 장면에 사용되고 평조길은 장승타령이나 범피종류에 사용하며 계면길은 방아타령이나 이별가에 사용된다.

장단에는 진양조, 중모리, 중중모리, 자진모리, 휘모리, 엇모리, 엇중모리 등 7가지가 있다.

(2) 민요

민요는 지역적으로 다양하게 나타나는데 경토리는 서울, 경기도 지역에서 나타나며 수심가토리는 서도 지방에서 나타난다.

메나리토리는 강원도와 경상도 지방이고 육자배기토리는 전라도 지방이다.

(3) 무악

무악은 지역에 따라 상당한 차이가 있는데 경토리 무가권은 서울, 경기도이고 서도토리 무가권은 황해도와 평안도 지방이다. 메나리토리 무가권은 함경도, 강원도, 경상도 지방이고 육자배기토리 무가권은 전라도 지방이다. 제주토리 무가권은 제주도 지역이다.

각 지역에서 굿을 할 때 사용하는 악기의 종류는 서울 지방에서는 피리, 대금, 해금, 장구, 바라, 징, 방울이고 경기도 지방은 피리, 대금, 해금, 장구, 꽹과리, 징, 북 등이 사용된다. 황해도 지방에서는 피리, 대금, 해금, 장구, 쾡쇠, 갱정, 방울 등이 사용된다. 동해안 지방은 꽹과리, 장구, 새납, 징 등이 사용되고 진도 지방은 피리, 대금, 아쟁, 장구, 북, 징 등을 사용한다. 제주도 지방은 장구, 북, 징, 울쇠, 바라, 방울 등을 사용한다.

무당의 유형에 따라 굿 음악이 다른데 강신무는 타악기 중심의 격렬한 리듬으로 진행하며 세습무는 가락악기까지 첨가하여 예술성이 높다.

강릉 단오굿을 살펴보면 굿판에서 무당이 함부로 움직이거나 노래하는 것이 아니라 악사들의 악기에 맞추어 가며 진행한다. 굿이 진행될수록 음악의 리듬도 빨라지게 되고 무당의 춤도 점차 속도를 더해 가며 동작이 음악을 따라갈 수 없을 정도가 되면 무당은 그냥 서서 몸을 떨기 시작하여 절정에 도달한다. 굿판에서는 모든 것이 음악 위주로 진행되며 무당들은 음악에 맞추어 무가를 구송하거나 춤을 추어 굿판의 질서를 잡을 수 있다.

(4) 풍물

풍물은 꽹과리, 징, 장구, 북과 같은 타악기, 그리고 태평소를 연주하면서 노동과 놀이를 함께하는 종합예술이며 풍물, 풍장이라고도 한다.

풍물은 지역에 따라 다양한 모습을 보여주는데 마을 사람들을 하나로 묶어주는 구실을 한다. 마을 주민들이 모두 참가하여 함께 즐기는 풍물은 마을에 중요한 행사가 있을 때마다 항상 연주되어 온 음악이다. 마을 주민들의 안녕을 기원하는 지신밟기와, 농사일과 밀접한 관련이 있는 두레굿 등에서 풍물은 모든 것의 기본이 된다.

풍물의 다양성을 살펴보면 경기도 지역은 꽹과리 가락이 다채롭고, 평택은 걸립풍물이고 이천은 마을 풍물이 대표적이다. 충청지역은 무동들의 단체 무용과 설장구 춤이 뛰어나며 부여에서는 추양리 마을 풍물이 유명하고 대전은 웃다리 풍물이 대표적이다.

강릉은 홍제의 걸립풍물이고 호남지역 중에 만경, 나주평야는 우도 풍물이고 남원 금지 평야, 섬진강 유역은 좌도 풍물이다. 우도 풍물은 리듬이 다채롭고 장구가락이 발달했으며 느린 가락이고 좌도 풍물은 기교가 덜하고 빠른 가락이다.

사물놀이로는 1978년 창단한 김덕수의 놀이패가 있다.

3) 민속연희와 무용

(1) 민속연희의 개념

민속연희는 민간에서 전승되는 연극이며 대개 가면극 또는 탈춤을 가리키는 말이다. 즉 탈춤, 인형극, 발탈, 무당굿놀이, 무당춤, 남사당을 모두 포괄하는 말로 사용되고 있다. 발탈은 발에 탈을 씌워서 노는 탈놀이이며 중요

무형문화재 제79호로 지정되었다.

공주민속극박물관

(2) 탈춤

탈춤은 가면극, 탈놀이 등으로 불리는 것으로 얼굴에 가면을 쓰고 연희하는 예술이다.

기원설에는 여러 주장이 있는데 산대희 기원설은 산대도감극이 생겨나고 산대극이 지방에 분산되면서 각 지방에 탈춤이 형성되었다는 주장이다. 기악 기원설은 백제 사람 미마지가 중국의 남조(南朝) 오(吳)에서 배워 일본에 전했다는 기악에서 탈춤의 유래를 찾는 것이다. 농경제 기원설은 마을굿에서 탈춤이 유래되었다고 보는 것이다.

마을굿은 지금도 전국에서 행해지고 있다. 풍물굿패나 무당, 제관이 주관하며 현재의 탈춤과 모습이 다른 양상을 보이는데 풍물패가 주관하는 마을굿에서 탈춤이 유래되었을 가능성이 많다.

『동국세시기』에 "고성에서는 가면을 만들어 당집에 넣었다가 신이 하강하면 마을 사람들이 그 가면을 쓰고 논다"라는 기록이 있다. 초기의 탈춤은 이러한 마을 풍물굿에서 유래된 것으로 보이며 지금도 하회별신굿탈놀이를 하기 전에 마을 사람들이 풍물패와 함께 서낭당에 가서 제사를 드린 후 신이 내리면 가면을 쓴 광대들이 탈춤을 연기한다.

오광대의 유래담 중에 궤짝이 떠내려 왔는데 그 궤짝 속의 가면을 쓰고 놀이를 하자 전염병이 사라졌다는 데에서 탈춤과 제의와의 관련성이 확인된 것이다.

신을 위하는 굿에서 마을 사람들이 참가하는 극으로 바뀐 것이 오늘날의 탈춤이며 탈춤이 발달한 지역은 처음에는 농촌 지역이었다.

농경의례에서 마을의 평안과 풍년을 기원하는 의식이 주로 농촌을 중심으로 행해졌기 때문이다. 농촌 탈춤으로는 하회별신굿탈놀이와 강릉관노가면극 등이 있다.

본격적인 탈춤이 도시를 중심으로 나타나기 시작했는데 그 지역은 주로 조선 시대에 상업이 발달했던 지역들이다. 해서 탈춤이 발달한 황주, 해주, 봉산 등은 모두 서울에서 평양 가는 길목에 위치하고 있으며 오광대가 발달한 통영, 고성은 상업이 발달한 지역이다.

송파와 양주는 서울 근교에 위치하고 있어 상업이 발달할 수 있는 입지조건으로 충분하다. 경제

하회별신굿 탈춤

강릉 관노가면극

강령탈춤(중요무형문화재 제34호)

적인 능력을 가진 상인들은 자신들의 경제적인 능력을 바탕으로 지배층인 양반에 대한 반감을 나타낼 수 있다.

도시탈춤이라 불리는 탈춤이 전국에서 공연되고 있으며 현재 전승되고 있는 많은 탈춤이 조선 후기에 이루어진 도시탈춤이라고 할 수 있다. 농촌탈춤에서 보이지 않는 영노가 등장하여 양반을 잡아먹는 장면도 도시탈춤에서는 가능하다. 도시탈춤은 민중적인 성격을 가지고 있다.

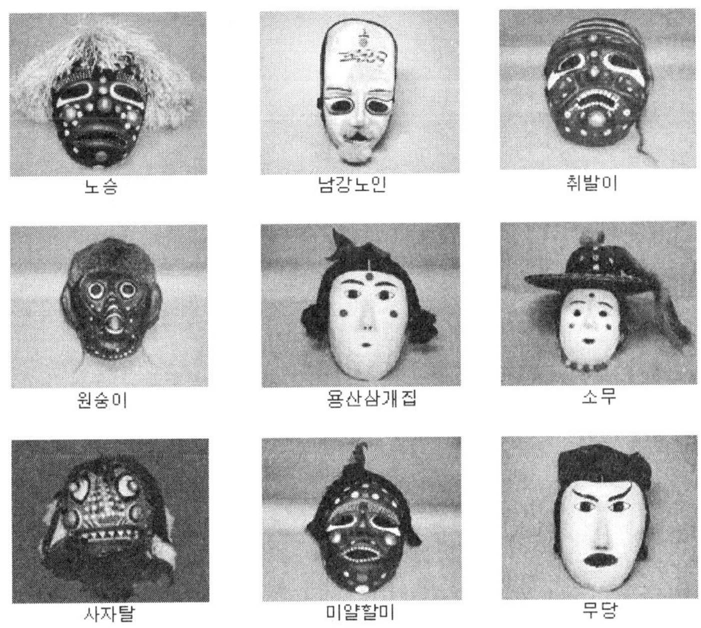

강령탈춤에서 쓰이는 탈

현재 전승되고 있는 탈춤 종류로는 해서지방에는 봉산탈춤과 강령탈춤이 있고 서울 근교는 송파산대놀이, 양주별산대놀이가 있다. 낙동강 동쪽으로는 동래들놀음과 수영들놀음이 있고 낙동강 서쪽으로는 고성오광대놀이, 통영오광대놀이가 있다.

별신굿탈춤에는 안동 별신굿 탈놀이와 강릉 관노놀이가 있으며, 남사당 탈춤에는 남사당 덧뵈기 등이 있다.

지역적인 특징을 살펴보면 서울 근교에는 산대놀이, 해서지방에는 탈춤, 낙동강 동쪽에는 들놀음, 낙동강 서쪽에는 오광대가 발달한 것이다.

탈춤은 공연 장소에 제약이 없고 특별한 배경장치가 필요 없으며 공연장소가 곧 극중 장소이다. 무대와 관객의 구분이 없어서 현장감을 느낄 수 있으며 관객이 둥글게 둘러앉아서 관람한다. 마당에서 행해졌기 때문에 마당놀이라고도 하며 재담과 춤이 반복되면서 흥미를 북돋운다. 민중의식이 반영되어 지배층에 대한 풍자와 비판으로 진행되는 경우가 있다.

꼭두각시놀음은 남사당패가 공연하는 것으로 일명 덜미라고 하는 우리나라 유일의 인형극이다. 전통적인 인형극으로 만석중놀이, 영등희가 있었다고 기록에 남아 있으나 전승되지 않고 있다. 꼭두각시놀음에는 막대기 인형과 손인형의 복합형, 손인형, 줄타기 인형 등이 사용된다.

꼭두각시놀음은 고정된 대본이 없이 전승되어 온 것으로 상당히 가변적인 양상을 보인다. 무형문화재 제3호로 지정되었으며 공주민속극 박물관을 중심으로 활발하게 전승되고 있다.

(3) 발탈

발바닥에 가면을 씌어서 노는 연희이며 사람이 직접 출현하는 탈춤과 인형이 나오는 인형극의 중간 형태라고 볼 수 있다.

놀이꾼은 포장 안에서 비스듬히 침대에 누워 베개를 베고 발에 탈을 씌운 후 발받침에 발을 받친 후 공연하는데 탈과 주인, 여자 등 3인이 극을 이끌어 가는 주된 인물이다.

발탈은 중요무형문화재 제79호로 지정되었다.

발탈

(4) 무극

굿판에서 무당들이 연희하는 연극으로 굿놀이, 희곡무가라고도 하는데 동해안 지역에 다양하게 전승되고 있다.

별신굿에서 행해지는 거리굿이 대표적이며 이외에도 원님놀이, 탈굿, 호탈굿, 말놀이, 중도둑잡이놀이, 맹인놀이 등이 있다.

(5) 호탈굿

동해안 별신굿이 끝나고 거리굿을 하기 전에 연행되는 굿놀이다. 무당 한 사람이 호랑이로 분장하고 호랑이탈을 쓰고서 먹이를 잡아먹는 시늉을 한다. 이때 포수가 총을 들고 나와서 호랑이를 잡아 죽이고 가죽을 벗겨 이웃 사람들에게 파는 것으로 놀이는 끝난다. 호랑이가 아이들을 물어 가는 수가 있기 때문에 이를 미리 경계하고 예방하는 의미와 호랑이에게 죽은 총각과 처녀들의 넋을 달래는 뜻을 가진 굿놀이라 할 수 있다.

(6) 남사당 연희

남자들로 구성된 우리나라 유랑예인 집단이며 전국을 다니며 숙식만 제공되면 마을의 큰 마당이나 장터에서 밤새워 하는 놀이판이다.

대략 50여 명 정도로 구성된다.

(7) 민속무용

처용무(국립민속박물관)

민간생활 속에서 민속놀이와 함께 전승된 일반 민속무용, 전문 예능인을 중심으로 전승된 전문 민속무용, 무속을 중심으로 전승된 무당춤, 탈판에서 전승되어 온 탈춤으로 나뉜다. 일반 민속무용에는 강강술래, 놋다리밟기 등이 있고 전문 민속무용에는 살풀이, 승무, 한량무, 노장무가 있다.

살풀이는 무형문화재 제97호로 지정되었고, 승무는 제27호, 승전무는 제21호, 진주검무는 제12호, 처용무는 제39호, 학춤은 제40호로 지정되었다.

무무(巫舞)는 무당이 굿을 할 때 추는 춤으로 무당의 유형에 따라 달라진다. 무당들이 춤을 출 때는 방울이나 부채, 칼 등을 들고 추는데 세습무는 춤을 출 때 무복을 거의 갈아입지 않으나 강신무는 춤 동작에 따라 무복을 계속 갈아입는 것이 특징이다. 신과 인간의 의사를 서로 전달해 주는 구실을 한다.

(8) 축제

인간이 문명생활을 시작한 이래로 축제는 동서고금을 막론하고 필수불가결한 것이었고 앞으로도 계속될 것이다. 축제는 인간에게는 본질적이고 항상성과 지속성을 가지고 있으며 인간은 문화적인 존재이기도 하다 .

축제에 대한 비슷한 용어로 제전(祭典), 축전, 잔치가 있는데 잔치는 축제보다는 소규모의 행사를 일컬을 때 사용한다. 잔치의 사전적인 해석은 기쁜 일이 있을 때 음식을 차리고 손님을 청하여 즐기는 것이다. 생일잔치, 혼인잔치, 회갑잔치 등 사적인 행사에 사용하는데 최근에는 큰 공동의 행사에도 잔치라는 말을 종종 사용한다.

서양에서 축제라는 용어에 해당하는 외래어는 페스티벌(Festival)인데 원래 종교적 축하행사를 의미한다. 오늘날에는 다른 모습으로 바뀌었고 다양하게 보는 관점도 생기게 되었다. 오늘의 축제가 본래의 종교적 기능을 상실하고 유희를 위주로 하여 세속에 정착을 한 것이라면, 반대로 종교성을 위주로 하여 지속된 것은 종교의례이다. 우리나라의 많은 민속축제가 여기에 해당된다. 예를 들면 동제와 굿이 있다. 우리나라의 경우에는 서구처럼 축제와 의례가 서로 명확하게 구분되어 있지 않다.

우리나라의 축제는 아직까지도 종교적 축하행사로서의 개념이며 서양의 경우는 이와 달리 축제 Fest와 의례 Ritus가 문화적 장치로 분명하게 구분되어 있다. 오늘날 한국의 축제와 서양의 축제는 서로 다른 내용을 가지고 있다.

카니발(Carnival)은 원래 이탈리아어 카르네발에서 시작되었으며 어떤 특정의 정해진 풍습, 즉 연희, 주연, 승마경기, 동물희생제 등이 치러지고 있는 것을 뜻한다.

한국의 민속축제는 아직까지 제의적 의미가 살아 있는데 이것을 살리고 현대적 감각에 맞는 변형을 할 필요가 있다. 문화는 변하는 것이며 뿌리 없는 변화는 위험할 수 있다.

민속축제는 주기적인 행사로 축제를 통해 인간의 삶에 주기성을 설정해

준다. 주기성과 유사한 것으로 세시풍속이 있는데 설날과 추석, 단오, 백중, 동제 등의 날을 정해 주기적으로 행사를 반복하는 것이다. 이런 주기적인 반복을 통해 인간은 자신의 우주적인 존재를 확인하고 우주적 주기성에 동화하는 삶의 리듬을 만들어 간다. 앞으로의 축제는 소비적이고 일회적인 것이 아니라 생산적이고 반복적인 것이 되어야 한다.

과거의 축제와 오늘의 축제를 살펴보면 한국 축제의 기원은 제천 의례에서 찾을 수 있다. 이는 국가적 행사인 공의와 민간적 행사인 마을굿으로 나뉘어 전승되었다. 과거의 축제는 인간의 가치관을 정립해 주던 종교적 배경을 기반으로 하였지만 오늘날은 그렇지 않다.

우리의 축제는 외부로부터의 영향과 무비판적인 문화 수용으로 인해 무조건적으로 받아들였기 때문에 혼란을 초래하였는데 과거와 오늘의 큰 변화 중 가장 먼저 고려해야 할 것은 가치관과 우주관이 바뀌었다는 점이다. 그러나 궁극적으로 축제는 인간에게 즐거움을 주어야 한다.

축제의 종류는 민속축제와 향토축제(지역축제), 종합축제와 예술축제 등으로 나눌 수 있다. 그리고 시대적 분류와 지역적 분류로 나뉘며 지역적 구분은 시골과 도시로 분류할 수 있다.

민속이나 전통, 향토의 축제가 꼭 시골에서만 행해지는 것이 아니고, 새로운 형태의 축제가 도시에서만 이루어지는 것도 아니다. 예를 들면 서울 '남이장군대제'가 서울에서 열려도 민속축제이므로 이것을 내용과 지역으로 구분할 필요가 생긴다.

민속축제는 가장 고유한 의미의 한국적 축제이지만 이것이 가장 좋은 것이라는 의미는 아니며 향토와 지역의 의미를 같이 가지고 있다. 민속축제는 그 안에 종교적 제의성과 축제적 놀이성이 조화를 잘 갖추고 있는 전통축제 혹은 전통문화축제라는 용어로 사용되고 있다.

향토(지역)축제는 도시화되고 산업화된 곳을 제외한 순수한 민속축제가 이루어지는 시골을 가리키는 것으로 민속축제의 개념과 지역성을 함께하는 개념이다.

종합축제는 민속축제가 아닌 여타의 축제로 어느 지역에서든 이루어지고 있는 것을 의미한다. 예술축제는 축제의 프로그램이 음악, 미술, 무용, 연극 등 서구적 문화 갈래나 전시예술 및 공연예술 위주인 축제를 가리키며 현대 축제라고 할 수 있다.

기타 축제는 체육행사나 학술행사, 추모행사 등의 간헐적이고 일시적인 축제를 지칭하는 것으로 관광 축제, 주민 화합 축제, 산업축제 등 특수한 목적을 위주로 하는 축제를 말한다.

한국 축제의 개선점은 전통적인 것과 현대적인 것을 모두 수용하는 축제가 되어야 하며 마을 축제도 재미가 있어야 하고 지역민속축제도 도시의 축제로 거듭나야 한다는 것이다. 축제와 예술제를 담당하는 전문 직업단이 필요하며 일본같이 축제 이벤트 전문학원이나 전문교육기관이 필요하다.

마을단위의 축제도 민속적인 것만 고집하지 말고 현대적인 감각을 살린 새로운 문화의 정립이 필요하며 관과 민의 협력관계가 절대적으로 필요하다. 볼거리를 많이 제공하고 참가자의 취향을 고려하는 구체적인 실천방안을 마련하며 축제의 관광화, 상품화 등 어른 위주의 축제에서 가족 위주의 축제를 고려해 볼 수 있다

대표적인 민속축제로는 부여 은산별신제, 여주 얼 답교놀이, 당진 기지시 줄다리기, 고싸움 축제, 진도 영등제, 지리산 약수제, 서해안 풍어제, 안동 민속축제, 밀양 아리랑제, 강릉단오제, 삼척 죽서 문화제, 남원 삼동굿놀이, 우륵 문화제, 강서 농자놀이, 모양성제, 제주 영등굿, 남이장군대제 등이 있다.

남원 삼동굿은 무병장수, 마을의 풍년과 무사안녕을 기원하는 지네밟기를 한다.

모양성제는 전라북도 고창군 고창읍에서 매년 음력 9월 9일에 열리는 향토축제이다. 모양성을 밟으며 복을 비는 답성 놀이가 주축을 이루며, 판소리 경연, 오거리 당산놀이, 궁술 대회, 민요 자랑, 농악놀이, 줄다리기 따위의 행사를 벌인다. 성을 밟으면 무병장수하고 극락승천한다는 전설 때문에 해마다 이어지고 있다.

은산별신제(恩山別神祭)는 충청남도 부여군 은산면 은산리에서 전승되어 오는 별신제이며 1966년 중요 무형문화재 제9호로 지정되었다.

별신당에서 매년 지내는 제는 산제(山祭)라 부르며, 3년에 1번씩 특별히 지내는 제를 별신제라 부른다. 신격은 산신(山神), 복신장군(福信將軍), 토진대사(土進大師)를 모신다. 복신은 백제 30대 무왕의 조카인 귀실복신(鬼室福信)일 것이며 토진대사는 도침대사(道琛大師)를 잘못 표기한 듯하다. 이 두 인물은 백제 재건을 위하여 임존성(任存城)을 근거로 일본에 있던 왕자 풍(豊)을 불러 실지회복을 꾸몄던 인물이다. 복신장군과 토진대사를 모시게 된 것은 백제 유민의 한을 풀어주기 위한 것이었다고 한다. 특히 무주고혼(無主孤魂)의 병사들의 넋을 기리는 진혼굿의 의미를 지니며 이들의 영혼을 달래줌으로써 마을이 편안하고 무병하게 된다고 믿고 있다.

별신제의 진행순서는 먼저 별신제를 진행하는 기성회(期成會)를 조직한다. 그 후 제일(祭日)이 결정되면 1일은 진대(陳大)베기로 장승에 쓰일 나무를 베러 가고, 2일은 휴식을 취하고, 3일은 별신꽃을 받는 꽃받기, 4일은 휴식, 5일은 별신올리기를 한다. 6-9일은 행군과 축원, 10-11일은 별신내리기로 하당굿이라 부르며, 12일은 화주만의 독산제(獨山祭), 13일은 장승제로 이루어진다. 제물은 산제가 일반적으로 날것을 사용하듯이 별신제물도

날것을 올린다. 별신제 축문은 별신축문과 산신축문 2가지가 있다. 제사는 대개 밤에 행한다. 당굿을 마친 후에 제관에 의해 강신(降神) · 참신(參神) · 삼헌향(三獻響)과 독축(讀祝)이 이루어지며 소지를 올리고 밤새 여흥이 계속된다.

별신제(別神祭)는 전국 어디에서나 여러 유형으로 있는 향토신에 대한 제사이다. 별신제(別神祭)는 토속신앙이 바탕이 되는 제전에 군대의 의식이 가미된 장군제적 성격이 짙은 의식행사로서 특이한 것일뿐더러 그 규모 또한 전에는 '진대베기'에서 시작하여 '장승제'까지 20일에 걸쳐 행사한다. 그러나 지금은 간소화해서 격년제로 대 · 소제(大 · 小祭)를 실시하며 대제시에는 6일간 실시한다. 부여 은산별신제(恩山別神祭)의 유래에 대해서는 다음과 같은 전설이 전해져 내려오고 있다.

아득한 옛날에 이 은산 지방에 지독한 괴질이 크게 퍼졌다. 백약이 무효로서 날마다 죽어 갔다. 이대로 가다가는 이 골 안에 사람의 그림자가 없어질 것만 같은 상황이었다. 이때 그 골 안에 사는 90이 넘는 노인이 낮잠을 자다가 꿈을 꾸었다. 이 꿈 속에 금빛 번쩍이는 투구를 쓰고 철갑옷을 입은 한 장군이 백마를 타고 나타나더니 "나는 백제를 지키던 장군이었다. 이곳은 우리가 나라 광복을 위하여 죽음을 맹세하고 싸운 자리다. 그러므로 내 부하였던 많은 애국 장병들의 원한 맺힌 시체가 어지럽게 묻혀 있다. 그러니 네가 나서서 이 유골들을 수습하여 양지 바른 곳에 묻어 주기 바란다. 그러면 그 보답으로 지금 퍼지고 있는 괴질을 말끔히 물리쳐 주겠노라"고 말하였다.

노인은 얼른 그러겠노라고 대답했다. 그러자 "고맙소, 노인 부탁하리다." 하고 장군은 그 많은 부하 장병들이 묻혀 있는 곳을 자세히 가르쳐 주며 또 3년에 한 번씩 제사를 올려 줄 것을 부탁한 뒤 "이제 부하들도 편히 눈감고 쉬게 되었고 나도 또한 마음 놓이게 되었소." 하더니 도로 백마에 올라타고 어디론가 홀연히 떠나갔다.

다음날 노인은 고을 젊은이들을 모아놓고 이 말을 전하고 협력을 얻어 백제 광복군 유골 수습에 나섰다. 신기하게도 노인이 파 보라고 한 곳을 젊은이들이 파면 틀림없이 유골이 나타났다. 이리하여 그처럼 무섭게 기승을 부리던 괴질도 불과 수일 만에 꺼지는 불처럼 이 고을에서 사라지고 말았다.

이때부터 은산 지방에서는 꿈에 나타난 현몽한 장군과 약속을 저버리지 않고 꾸준히 제사를 지내면서 오늘날까지 계속하고 있는 것이다. 일제 강점기에 일본 관헌들이 미신과 비경제적이란 이유로 이 은산별신제(恩山別神祭)를 못하게 막자 이해에 전염병이 발생한 일이 있었다고 노인들은 지금도 그 사실을 회고하기도 한다.

은산별신제(恩山別神祭)가 행해지던 해가 마침 윤이월이었으므로 윤달이 뜨는 이월 중순이나 하순에 택일하여 일주일간 행해지고 있는데 이에 앞서 부락에서는 집회를 가져 장수(대장), 중군, 영장 등 임원과 부서를, 그리고 제주이며 총책임자가 될 화주를 결정짓는다. 여기서 선출된 사람은 신성한

은산별신제(恩山別神祭)

사당 옆을 흐르는 맑은 은산천 물에 목욕재계하고 불결, 부정한 것을 보거나 범하지 않았다. 특히 환자가 있는 집 또는 사람이 죽은 상가는 절대 출입하지 않고, 부부생활을 하지 않았으며, 생선이나 육류 등 살생한 음식을 일체 취하지 않았다. 또 이 기간 중 타인과 일체 시비 언쟁을 하지 않는다는 등의 금기조항을 엄격히 지킨다. 특히 부락 사람 중에서 가장 깨끗하고 덕망 있는 인사로 선출된 화주의 금기는 엄중하여서 제사가 시작되는 7일 전부터 목욕재계를 하루도 빠뜨리지 않고 행한다.

별신제의 첫날은 영기(令旗), 별신 사령기(別神 司令旗) 등 수많은 깃대와 백마를 탄 대장, 그리고 무장한 장병들이 악사의 주악리에 총출동 행진하는 '진대베기' 행사로부터 막이 오른다. 이 행사는 산에서 신목(神木)을 베어오는 의식이다.

나흘째에는 제사술(조라술)을 비롯하여 온갖 정성을 들여 만든 음식을 별신당에 운반하고 제사를 올리는 행사가 이루어진다. 이날에 사용되는 제수(祭需)는 얼마나 깨끗이, 그리고 성성 들여 만들어지는지 보누가 수건으로

은산별신당

입을 막고 음식을 다룬다.

다음날 하루 휴식을 취한 별신제는 삼일 째를 맞아 '꽃받기' 행사에 들어간다. 꽃은 '화등방'이라는 곳에서 만든 작약, 목단, 국화 등인데 이 꽃다발을 악사들의 주악 속에 받아 모으는 행사이다.

별신제가 끝나면 이 꽃은 앞으로 3년간의 제액을 막아주는 것으로서 각 가정에 나눠준다.

제7장 민속문학

말로 존재하고 말로 전달되고 말로 전승되는 원형 그대로의 보존은 불가능하므로 구연(口演)되는 문학이 민속문학(民俗文學)이다. 즉 말로 전해 오는 문학이며 구비(口碑)문학, 구전(口傳), 민간문예라고도 한다.

민속문학의 종류로는 설화, 신화, 전설, 민담, 민요, 무가, 판소리, 민속극, 가면극, 인형극, 속담, 수수께끼 등이 있다.

1) 설화

일정한 구조를 가진 꾸며낸 이야기이며 개인의 창작물이 아니라 민족적 집단의 공동생활 속에서 공동의 심성에 의하여 자연발생적으로 형성된 구전문학이다.

민족의 역사, 신앙, 관습, 세계관, 꿈과 낭만, 웃음과 재치 등 역경을 이겨낸 슬기와 용기를 보여준다.

(1) 신화

설화는 신화, 전설, 민담으로 구분된다. 신화는 신성시되는 이야기로 태초의 일로 특별한 신성장소를 무대로 삼는다. 예를 들면 단군신화의 태백산 아사달과 그리스 신화의 올림포스산, 구약성경 창세기의 에덴동산이 그것이다.

신화의는 인간 활동의 모범적 모델을 고정시켜 주는 기능을 하며 사회 통제의 기능과 시간 통제의 기능이 있다. 예를 들면 구약성경에 기록된 내용이 오늘날 기독교인들의 행위의 모범과 가치판단의 기준이 되었다. 주몽신화는 고구려 사람들에게 행위의 모범이었고 가치의 기준이 되었으며 단군신화에 나오는 홍익인간은 한국교육의 이념이 되었다.

신화는 신성성이 인정되는 범위에 따라 건국신화와 시조 신화, 동신신화로 분류할 수 있다. 건국신화는 단군신화, 주몽신화, 박혁거세 신화, 수로왕 신화 등 국가 창건의 군주에 관한 신화를 말한다. 시조 신화는 성씨(姓氏)의 범위에서 신성성이 인정되는 신화로 『삼국유사』에 실려 있는 김알지와 석탈해 신화 등이 있다. 구전되거나 족보에 전해오는 파평 윤씨와 하음 봉씨, 김해 김씨, 경주 박씨 등이 이에 해당된다.

동신신화(당신화)는 자연마을의 범위에서 신성성이 인정되는 신화이며 마을 신당에 관한 신화를 말한다. 예를 들면 개성의 덕적산에 있는 사당에 모셔진 최영 장군 이야기나 서해안 당집에 어업신으로 모셔진 임경업 장군 이야기, 강원도 삼척군 원덕읍 갈남리 신남마을 해신당과 경북 문경군 산북면 소야리 마을의 당신 이야기 등이 있다.

무속신화는 무속신앙을 가진 사람들 사이에서 신성성이 인정되는 신화이며 무속신의 본풀이인 서사무가가 이에 해당된다.

무속신화에는 〈바리공주〉, 〈당곰애기〉, 〈칠성님과 옥녀부인〉, 〈감은장애기〉, 〈저승사자〉, 〈세민황제〉, 〈치원대와 양산복〉 등이 있다.

기타 신화에는 신성성을 인정하는 범위가 일정치 않은 신화가 있으며 〈대

해신당

홍수와 남매〉, 〈개산과 소탄산〉 등이 있다.

신화는 전승방식에 따라 구전 신화, 문헌 신화로 분류된다.

구전 신화는 구비전승되어 오는 신화로 〈서사무가〉, 〈대홍수와 남매〉, 〈대홍수와 목도령〉, 〈선문대할망〉 등이 있다.

문헌 신화는 문헌에 수록되어 전해 오는 신화이며 한국 신화를 수록한 문헌에는 『삼국사기』, 『삼국유사』, 『제왕운기』, 『고려사』, 『세종실록』, 『동국여지승람』, 『동명왕편』 등이 있다. 이들 문헌에 수록된 신화를 살펴보면 단군 신화, 금와왕, 동명왕과 유리태자, 김수로왕과 허황옥, 박혁거세와 알영, 탈해왕, 탐라국의 세 여인, 연오랑과 세오녀, 처용, 고려개국 신화 등이 있다.

(2) 전설

전설은 전승자가 진실하다고 믿고 실제로 있었다고 주장하며 구체적인 시간과 장소가 제시되고 특정의 개별적 증거물을 갖는 이야기를 말한다. 지역적인 범위가 있으며, 일정한 지역을 위주로 그 지역 주민들에게 지역적인 유대감과 애향심을 갖게 한다.

전설의 분류로는 전승 장소에 따라 지역적 전설과 이주(移住)적 전설이 있다. 지역적 전설은 한 지역의 특징, 명칭과 유래, 습관의 기원 등을 이야기하며 이주(移住)적 전설은 어떤 특정 지역에 고착되어 있다고는 하지만 똑같은 줄거리를 가진 전설이 도처에 있는 전설이다. 예를 들면 세계적 분포를 보이는 〈장자못 전설〉이나 전국적 분포를 보이고 있는 〈오누이 힘내기 전설〉 등이 있다.

발생목적에 따라 자연이 어떻게 이루어졌고, 사물들이 어떻게 생겨나게 되었는지 설명할 목적으로 만들어낸 설명적 전설이 있다. 지리상의 특징, 자연 현상, 특수한 습관, 어느 지역 동식물의 특수한 형상, 산이나 바위의 생김새 등을 설명한다.

역사적 전설은 어떤 역사적 사물로부터 성립하고 성장한 전설이며 야담, 야사(野史), 패사(稗史) 등이 여기에 속한다.

증시물(證示物)의 수에 따라서 단일증시와 연쇄 증시 전설이 있는데 단일증시는 전설의 내용을 증시하는 증시물이 하나뿐인 전설을 말하며 연쇄 증시 전설은 한 전설에 연결되는 증시물이 여럿인 전설을 말한다.

전설의 내용이 미치는 시간성에 따라 설명적 전설과 예언적 전설이 있는데 설명적 전설은 이미 과거에 있었던 사실에 관한 전설이며 대부분의 전설이 여기에 속한다.

예언적 전설은 다분히 신앙적인 예언성을 가진 전설이며 왕도(王都), 풍수에 관한 전설이 이에 해당된다.

전설의 내용을 살펴보면 송지호와 며느리 바위가 있는데 강원도 고성군 죽왕면 오호리에 있는 송지호는 〈장자못 전설〉, 〈소돔과 고모라〉와 유사하다.

<장자못 전설>

옛날 전북 옥구군 미면(米面), 지금의 미제지(米堤池)에 큰 부자가 살고 있었는데, 그는 욕심이 많고 포악한 사람이었다. 하루는 중이 와서 시주를 권하자 그는 심술궂게 시주 대신 소의 똥을 잔뜩 자루에 담아주었다. 때마침 그 광경을 보던 부인이 몰래 중을 불러 쌀을 주면서 남편의 잘못을 용서해 달라고 빌었다. 중은 그 부인에게 부처님의 심부름으로 남편을 벌주기 위해서 왔다고 하고 내일 아침 그 집을 피해 뒷산으로 달아나되 무슨 소리가 나도 뒤돌아보지 말라고 당부하였다. 이튿날 부인은 어린아이를 업고 뒷산으로 올라가던 중, 천지가 진동하는 소리가 나므로 금기(禁忌)를 어기고 뒤를 돌아보았다. 그러자 조금 전까지 있던 집은 간 곳이 없고 그곳에 물이 괴어 있었다. 여인은 놀란 나머지 소리를 지르려는 순간 어린아이와 함께 돌로 화하고 말았다고 한다. 이후로부터 큰 부잣집은 큰 연못이 되어버렸다.

<오누이 힘내기>

옛날 홀어머니가 힘이 장사인 아들과 딸을 데리고 살고 있었다. 하루는 오빠와 누이가 한 집에서 같이 살 수 없으니, 지는 사람이 죽기로 하는 목 베기 내기를 하였다. 즉 오빠는 하루 만에 굽이 3자 3치나 되는 쇠나막신을 신고 서울까지 갔다 오기 또는 성 쌓기였으며, 누이는 치마로 돌을 날라다가 성을 쌓는 내기였다. 그런데 누이가 이기게 될 것 같으므로 어머니는 아들을 살리기 위하여 딸에게 뜨거운 팥죽을 가져다주어 그것을 먹느라고 일이 늦어지게 되었다. 한편, 어머니는 아들에게는 찰밥을 주었다. 그동안 오빠는 서울까지 갔다가 돌아왔으므로 마침내 누이가 내기에 져서 죽게 되었다. 그 뒤 오빠는 자기가 비겁하게 이긴 것을 알아차리고 자신도 죽고 말았다. 한꺼번에 아들과 딸을 모두 잃은 어머니마저 자신의 어리석음을 한탄하고는 자결하였다. 그런데 지금도 딸이 쌓다가 만 성이 남아 있으며, 아들이 죽은 흔적도 남아 있다.

〈오수의 의견비〉는 전북 임실군 오수면 원동산에 있으며 전라북도 민속자료 제1호로 지정되어 있다. 이 의견비는 고려 때 최자가 쓴 『보한집』에서 유래했으며 전북 익산, 김제, 신태인, 고창, 경북 선산, 월성, 경남 하동, 충남 홍성, 연기, 천안 등 20여 곳에서도 전해온다.

〈손돌목과 손돌바람〉은 강화도와 동쪽에 있는 김포군 사이에 좁은 바다인 김포군 대곶면 신안리에 위치해 있다. 억울한 누명을 쓰고 죽은 뱃사공 손돌의 원한이 서려 있다는 전설이며 조선 후기에 쓰인 홍석모의 『동국세시기』와 김매순의 『열양세시기』에도 적혀 있다.

〈철마산과 금마총〉은 충남 홍성군 금마면 죽림리에 있는 철마산과 금마면 장성리에 있는 금마총에 있는 전설로 고려 말 최영 장군의 무술 연마와 관련된 전설이다.

〈달래강〉은 충청북도 충주에 있는 달래강 전설인데 이와 비슷한 이야기가 충남 홍성의 '달라지 고개'와 강원도 철원의 '달래산', 경북 경주의 '달래나 보지 고개', 경남 마산의 '말이나 해보지 고개', 평북 정주의 '달래강'에도 전해온다.

(3) 민담

민간에 전승되는 이야기로 특정 장소나 시대, 인물이 지적되지 않고 필연성이 전제되지 않는 흥미 본위의 허구적인 이야기를 말한다.

민담을 수록한 고려 말의 문헌으로 『파한집』, 『보한집』, 『역옹패설』이 있고 조선 시대에 나온 문헌으로는 『고금소총』, 『대동야승』, 『계서야담』, 『청구야담』, 『동야휘집』 등이 있다.

민담의 특징은 흥미 위주로 꾸며낸 이야기이며 시간과 공간 등 증거물이 제시되지 않는다. 민담의 주인공은 일상적인 사람이며 난관을 극복하고 운명을 개척한다. 신화나 전설처럼 신성성이나 진실성이 문제되지 않고 시간과 공간의 제약을 받지 않으며 흥미 본위로 꾸며진다.

민담의 기능은 수용자에게 즐거움과 삶의 교훈을 제공해준다. 현실로부터 해방감과 보상적 만족을 주며 인간관계를 돈독하게 해준다. 화자와 청자의 대면을 통한 전달과정으로 서로 교감을 주며 상상력을 준다.

민담의 분류는 민담에 대한 정의와 분류 방법, 입장의 차이 등으로 다양한데 동물담, 본격담, 소화(笑話)의 3종류로 나뉜다. 동물담은 동물 유래담과 본격 동물담으로 나눌 수 있다. 동물 유래담은 동물의 생김새, 동물의 습성, 동물의 명칭 등을 설명하는 것이고 본격 동물담은 동물에게 인간적 속성을 부여하여 의인화시킨다. 의인화의 예로 〈꾀쟁이 토끼〉, 〈미련한 곰〉, 〈교활한 여우〉, 〈어리석은 호랑이〉 등이 있다. 동물 우화는 동물에게 일정한 유형을 부여하고 인간의 행동을 동물의 행동으로 바꾸어 그 속에 도덕적, 교훈적 내용을 담는다.

본격담은 배경, 등장인물, 초자연력 유무에 따라 현실담과 공상담이 있다. 현실담은 현실적 인물이 등장하여 지혜와 용기로 사건을 처리하는 것이고 공상담은 초현실계에 초자연적 인간이 등장해 초자연적인 힘을 사용하여 난관을 극복하고 행복한 결말을 맺는다.

소화(笑話, funny story)는 웃음을 유발하는 것이 목표이며 민담의 다른 하위 갈래들과 구분된다. 여기서는 교훈성이 고려되지 않는다.

민담의 형식은 서두와 결말의 형식으로 이루어진다. '서두'에는 옛날에, 옛날옛날 오랜 옛날에, 옛날 옛적 갓날 갓적 호랑이 담배 먹던 시절에 등이 나온다. '결말'은 끝났음을 나타내는 말이며 행복한 결말이나 해학적으로 이끄는 말로 표현한다.

<구렁덩덩 신선비>

어떤 여인이 아이를 갖게 해달라고 빌었어요. 할머니가 될 때까지요. 그런 할머니의 말에 신선이 부탁을 들어줬는데요. 할머니는 아기를 낳고 보니까 구렁이를 낳은 거였죠, 구렁이를 장독에 키우며 살고 구렁이가 장가가려고 하는데 옆집 딸 중 한 명이랑 결혼하고 밤엔 사람 낮엔 구렁이로 살았죠. 구렁덩덩이랑 색시랑 결혼하고 약속을 하는데 언니들이 뜻도 모르고 약속의 징표를 없앴어요. 그걸로 덩덩이는 딴데로 갔고 색시는 덩덩이를 찾아서 행복하게 사는 내용이에요.

<해와 달이 된 오누이>

옛날에 한 어머니가 삼 남매를 집에 두고 품팔이 나갔다가 돌아오는 길에 호랑이를 만났다. 호랑이는 어머니의 떡과 팔·발·몸을 차례로 먹어 버리고는 어머니로 가장하여 삼 남매가 사는 집으로 찾아갔다. 아이들은 호랑이의 목소리와 손바닥이 어머니와 다르다고 문을 열어주지 않았으나, 호랑이는 갖은 꾀를 써서 마침내 방 안으로 들어가 막내를 잡아먹었다.

이를 본 두 남매는 겨우 도망하여 우물가 큰 나무 위로 피신하였다. 이들을 쫓아온 호랑이는 처음에는 오라비 말대로 참기름을 바르고 나무에 오르려다 실패하고, 그다음에는 누이가 일러준 대로 도끼로 나무를 찍으며 올라갔다. 남매는 하늘에 동아줄을 내려 달라고 기원하여 드디어 하늘로 올라갔는데, 호랑이에게는 썩은 줄이 내려와 그것을 잡고 오르던 호랑이는 떨어져 죽고, 호랑이의 피가 수숫대에 묻어 붉게 되었다. 하늘에 오른 남매는 해와 달이 되었는데, 누이가 밤이 무섭다 하여 오라비와 바꾸어 해가 되었다. 해가 된 누이는 사람들이 쳐다보는 것이 부끄러워 빛을 발하여 자기를 바로 쳐다보지 못하게 하였다.

신화, 전설, 민담 비교

항목	신화(Myth)	전설(Legend)	민담(Folktale)
전승자의 태도	진실되고 신성한 것으로 인식 일상적 경험을 넘어서 존재	신성하다고 생각지 않으나 실세로 있있던 이야기라고 믿음 사실로서의 근거는 증거물	신성성과 진실성을 인식하시 않고 오식 흥미를 주기 위해 구연
시간과 장소	아득한 태초에 일어난 일이고 특정한 신성장소를 무대로 삼는 것이 보통 단군신화의 태백산과 아사달은 신성장소의 좋은 예	구체적으로 제한된 시간과 장소를 지니고 있고 전설이 가지는 진실성 내지는 사실성을 입증하는 구실을 함	뚜렷한 시간 및 장소가 없는 것이 보통
증거물	매우 포괄적 증거물 예: 천지창조신화에서는 천지가 증거. 건국신화에서는 국가가 증거물	특정의 개별적인 증거물 신이나 바위에 관한 전설은 산, 바위 일반을 증거물로 삼을 수 없고 어떤 모양의 산, 바위만이 증거물 예: 자연물, 인공물, 인물	증거물이 없거나 아주 포괄적인 증거물 이야기의 흥미를 돋우기 위해 더러 증거물 첨부
주인공	신(神) 중심 신이 지닌 능력을 발휘	시대, 지역의 제한을 받는 구체적, 역사적 인물루 신화나 민담의 주인공보다 왜소하며 때로는 사물이 중심이 된 전설도 있음	일상적인 인간, 난관에 봉착하여도 극복 바보, 효자 등 일정한 유형성을 띠는 인간적인 행동을 하는 동물도 있음
주인공의 행위	신적 능력 발휘	예기치 못한 사태에 좌절	인간적인 행동, 그러나 예기치 않던 사태에 이르러서는 초월자의 도움으로 운명 개척
세계관	주인공이 신적 능력을 발휘함으로써 종교적인 숭고함 지향	주인공이 예기치 않았던 사태로 좌절하기에 운명론적 비극성에 도달	주인공이 인간적인 행동을 하나 예기치 않았던 사태에 이르러 초월자의 도움으로 운명을 개척 결말이 희극적이고 낙천적인 경향
전승의 범위	민족적인 범위에서 전승 씨족적, 부족적 범위로 국한되기도 함	지역적 범위, 지역적인 유대감을 고취시켜 사회적 통합기능을 함	한정되지 않고 개인적으로 이루어지며 분포는 범세계적, 범민족적

2) 민요

민요는 민중들이 일상적인 삶을 통해 불러온 노래이며 생활 속에서 스스로 즐기고 만족하기 위해 부른 노래이다. 일을 하면서, 의식을 치르면서, 놀이를 하면서 혼자 부르기도 하고 여럿이 함께 부르는 것으로 지역적, 민족적으로 고유성이 강하게 유지되는 노래이다.

민요의 역사와 자료를 살펴보면 신라 향가 중에서 〈풍요〉, 〈서동요〉가 있으며 『삼국사기』에 전하는 〈계림요〉, 『삼국유사』에 전하는 〈완산요〉, 『고려사』의 〈악지〉, 이제현의 〈소악부〉와 〈청구영언〉, 〈해동가요〉, 〈가곡원류〉 등이 있다.

최근에 수록된 자료집으로는 임동권의 『한국민요집』 7권과 이소라의 『한국의 농요』 5권과 문화방송에서 CD 음반과 함께 펴낸 『한국민요대전』 등이 있다.

민요의 기능에 의한 종류에는 노동요와 의식요, 유희요, 비기능요가 있다. 노동요는 노동을 하면서 박자에 맞게 부르는 노래인데 노동요를 부르는 이유는 노동을 즐겁게 하기 위해서 부르거나 공통 노동을 하는 경우에는 행동 통일을 유지하기 위해서 부르게 된다. 노동요의 가사는 노동의 진행상 필요한 말이나 그 내용을 나타내는 구절이며 주로 노동의 일반적인 내용이나 그 과정을 나타내는 구절로 표현한다. 또는 노동과는 직접 관련되지 않으나 노동하는 사람의 감정이나 의식을 나타내는 구절로 나타내기도 한다.

노동요의 종류로는 농산 노동요가 있다. 논 가는 소리, 모 찌는 소리, 모 심는 소리, 논매는 소리, 벼 베는 소리, 볏단 옮기는 소리, 밭 일구는 소리, 밭 가는 소리, 밭 밟는 소리, 밭 매는 소리 등 농사요가 있다.

그 외에 타작요에는 벼 터는 소리, 도리깨질하는 소리, 나비질하는 소리(키를 들고 천천히 흔들며 바닥에 쏟아 내리는 키내림, 키질하는 것) 등이 있다.

<모 심는 소리>

모심는 소리-느진 상사소리
어허어 허여루 상사뒤여 어여여루 상사뒤여
여보 농부(農夫)야 말을 듣소 어라 농부(農夫)야 말을 듣게
이 농사(農事)를 어서 바삐 지어 가지고 나래봉양을 하여 보세
에헤허어 허어루 상사뒤여
상사소리는 어디를 갔다가 철만 찾아서 돌아온가
에에허어 허어루 상사뒤여
싱사로다 싱사로세 님을 그리워 싱사(相思)로세
에에허어 허어루

모 심는 소리-자진 상사소리
헤에여루 상사뒤여
에헤여루 상사뒤여
아나 농부(農夫)야 말 듣거라 아나 농부(農夫)야 말 들어
충청도(忠淸道) 용복숭은 주지가지가 열렸고
강남 때 강대추는 아그대 열렸구나
헤에여루 상사뒤여
달 떠온다 달 떠온다 님의 방애가 달 떠온다
헤에여루 상사뒤여
떠들어온다 점심(點心) 바구니 떠들어온다
헤에여루 상사뒤여
-채록기: 1991년 8월 15일 전남 해남군 우수영, 메 : 박덕신(남, 49세) 제공, 임석재 조사
-출처: 임석재 저, 『한국구연민요 자료편』, 집문당

수산 노동요에는 고기잡이요와 해물 채취요가 있다. 즉 그물 싣는 소리, 닻 감는 소리, 노 젓는 소리, 그물 내리는 소리, 그물 당기는 소리, 고기 낚는 소리, 고기 푸는 소리, 돛대질하는 소리, 고기 터는 소리, 귀항하는 소리, 배 올리는 소리, 배 내리는 소리 , 노 젓는 소리, 미역 싣는 소리 등이 있다.

<그물 당기는 소리>

어여라 당겨라 어야디야
잘못 당기면 어야디야
춘풍 세월 어야디야
바람 때밀려 어야디야
이 조기를 어야디야
다 놓친다네 어야디야

–어야디야소리: 그물 당기는 소리, 『민요대전』, 충남: 204

축산 노동요에는 소사육요가 있는데 꼴 베는 소리, 소떼 모는 소리 등 주로 제주도에 분포한다. 말사육요에는 꼴 베는 소리, 말떼 모는 소리가 있는데 이것도 제주도에 분포한다. 양계요에는 모이 주는 소리가 있는데 전국적으로 분포되고 있다.

임산 노동요에는 목재 생산요가 있는데 나무 베는 소리, 나무 내리는 소리, 나무 끄는 소리, 목도하는 소리 등이 있으며 임산물 채취요에는 나무 하는 소리, 지게 지는 소리, 나무 쪼개는 소리, 풀 베는 소리, 나무 내리는 소리, 풀 써는 소리, 뒤풀이하는 소리, 나물 뜯는 소리 등이 있다.

<목도하는 소리>

허어여허여 허영차허여

잘두나하네 허여어허여
허영차하자 허영차하자
소리맞춰허여 허영차허여
잘두나하네 허기경허여

-『민요대전』, 강원: 214

<나무하는 소리>
어허 허야 에야
목은 말라 컬컬하고 배는 고파 등에 붙고
이내 팔자 어찌 되여 이런 꼴로 되었던고 에헤이여
산천 초목 나타나마 동남풍만 불아주소 어허야
어떤 사람 팔자 좋아 고대광실 높은 집에 에헤이
양모에 핑경 달아 이히히 동남풍불면 땡그랑 땡그랑하네
양쪽 처마끝, 풍경 이후후후

-어사용: 나무하는 소리, 『민요대전』, 경북: 680

공산 노동요에는 제분정미요가 있는데 절구방아 찧는 소리, 디딜방아 찧는 소리, 연자방아 찧는 소리, 맷돌질하는 소리 등이 있다. 길쌈요에는 삼 삼는 소리, 물레질하는 소리, 베 짜는 소리 등이 있고 야장요에는 풀무질하는 소리, 흙덩이 부수는 소리 등이 있다.

관망제조요에는 망건 뜨는 소리, 양태 뜨는 소리 등이 있으며 삭망제조요에는 줄 꼬는 소리, 그물 뜨는 소리, 갈방아 찧는 소리가 있다.

토건 노동요에는 토목요가 있는데 말뚝 박는 소리, 목도하는 소리, 흙 가래질하는 소리 등이 있다.

건축요에는 땅 다지는 소리, 목도하는 소리, 흙 이기는 소리, 흙뭉치 올리는 소리, 집줄 놓는 소리, 벽 바르는 소리, 상량하는 소리 등이 있다.

<땅 다지는 소리>

좌청룡이 흘러들고 에얼싸 지경이요
우백호 감돌았으니 에얼싸 지경이요
과연 여기가 명당일세 에얼싸 지경이요
요터에다 집을 지면 에얼싸 지경이요
아들 낳으면 효자 되고 에얼싸 지경이요
딸을 낳으면 열녀 되고 에얼싸 지경이요

–지경이요소리: 땅 다지는 소리, 『민요대전』, 강원: 410

운수 노동요에는 수운요가 있는데 떼 타는 소리, 떼 꺼내는 소리, 강 배 젓는 소리, 강 배 끄는 소리 등이 있다.

육운요에는 마소 모는 소리, 연자 맷돌 옮기는 소리 등이 있고 하역요에는 가마니 메어주는 소리가 있다.

가사 노동요에는 살림요가 있는데 바느질하는 소리, 다듬이질하는 소리가 있으며 양육요에는 아기 어르는 소리, 아기 재우는 소리가 있다.

<아기 어르는 소리>

둥게둥게 둥게야 둥둥 둥게야
나라님께는 충신동이 부모님께는 효자동이
동기간에는 우애뒹이 일가친척 화목뒹이
친구간에는 유신뒹이 동네방네 인심뒹이

–둥게소리: 아기 어르는 소리, 『민요대전』, 강원: 293

〈시집살이 노래〉

형님 온다 형님 온다
(분)고개로 형님 온다.

형님 마중 누가 갈까
형님 동생(同生) 내가 가지.
형님 형님 사촌(四寸) 형님
시집살이 어떕데까?
이애 이애 그 말 마라
시집살이 개집살이.
앞밭에는 당추 심고
뒷밭에는 고추 심어,
고추 당추 맵다 해도
시집살이 더 맵더라.
둥글둥글 수박 식기(食器)
밥 담기도 어렵더라.
도리 도리도리 소반(小盤)
수저 놓기 더 어렵더라.
오리(五里) 물을 길어다가
십리(十里) 방이 찧어디기,
아홉 솥에 불을 때고
열두 방(房)에 자리 걷고,
외나무다리 어렵대야
시아버니같이 어려우랴?
나뭇잎이 푸르대야
시어머니보다 더 푸르랴?
시아버니 호랑새요
시어머니 꾸중새요,
동세 하나 할림새요
시누 하나 뾰족새요,
시아지비 뾰중새요

남편(男便) 하나 미련새요,
자식(子息) 하난 우는 새요
나 하나만 썩는 샐세.
귀먹어서 三年이요
눈 어두워 三年이요,
말 못해서 三年이요
석 三年을 살고 나니,
배꽃 같던 요내 얼굴
호박꽃이 다 되었네.

삼단 같던 요내 머리
비사리춤이 다되었네.
백옥(白玉) 같던 요내 손길
오리발이 다 되었네.
열새무명반물치마
눈물 씻기 다 젖었네.
두 폭 붙이 행주치마
콧물 받기 다 젖었네.
울었던가 말았던가
베개 머리 소(沼) 이겼네.
그것도 소이라고
거위 한 쌍(雙) 오리 한 쌍(雙)
쌍쌍이 때 들어오네.

―경북(慶北) 경산(慶山) 지방 민요

민요는 기능에 따라서 의식요와 유희요, 비기능요로 분류할 수 있다. 의식요는 민중들이 의식을 치르는 과정에서 부르는 민요이며 기원 의식요와 일생 의례요, 벽사 의식요가 있다. 유희요에는 동작유희요, 도구유희요, 언어유희요, 놀림 유희요, 자연물 대상 유희요가 있다. 비기능요는 일정한 생활상의 기능은 없으나 노래 자체의 즐거움 때문에 불리는 민요이며 아리랑, 창부타령, 도라지 타령, 양상도 등이 있다.

한국 민요의 특징은 민중들의 공감에 의해서 불러졌기 때문에 다듬지도 못해 세련되지 못하고 소박하다. 평화를 누리는 지혜가 있고 해학성이 풍부하다. 형식 면에서 후렴과 반복음을 자주 사용하며 4.4조와 반복하는 특징이 있다.

3) 판소리

판소리는 창(唱)자와 고수 두 사람이 공연하는 문학, 음악, 연극의 요소가 복합된 종합예술이다.

판소리 12바탕에는 〈춘향가〉, 〈심청가〉, 〈흥부가〉, 〈수궁가〉, 〈저벽가〉, 〈가루지기타령〉, 〈배비장전〉, 〈장끼타령〉, 〈옹고집타령〉, 〈매화타령〉, 〈왈자타령〉, 〈가짜신선타령〉 등이 있다.

그러나 지금까지 불리고 있는 것은 〈춘향가〉, 〈심청가〉, 〈흥부가〉, 〈수궁가〉, 〈적벽가〉 5가지뿐이다. 1933년 조선성악연구회에서 〈춘향가〉, 〈심청가〉, 〈흥부가〉, 〈수궁가〉, 〈배비장가〉 외에 고소설『장화홍련전』,『숙영낭자전』,『유충렬전』등을 창극으로 불렀으며 근래에는 〈안중근 의사전〉, 〈이순신 장군전〉 등과 〈판소리 예수전〉 등이 판소리로 불리기도 했다.

판소리는 소리꾼, 창, 고수, 청중 등으로 이루어진다. 소리꾼은 소리판에서 소리판을 이끌어가는 주체이며 창자 또는 광대라고도 하는데 광대 중에서 판소리를 하는 소리꾼이 가장 높은 대접을 받았다. 소리꾼은 오른손에 부채를 들고, 창과 아니리, 너름새, 발림을 섞어가며 소리를 한다.

창은 판소리에서 노래로 부르는 부분을 가리킨다. 판소리는 창과 아니리를 번갈아 부르는데 창은 어떤 장면을 확대 부연하여 정서적 긴장과 감흥을 유발시키는 구실을 한다.

고수는 창자의 소리에 장단을 짚어주는 것으로 소리판의 주체가 된다. 소리판의 북 반주뿐만 아니라 산조와 같은 독주 기악곡, 시나위 같은 협주곡에서도 장구 반주는 음악을 만들어 가는 주도적 기능을 한다. 고수는 연출가인 동시에 지휘자이기도 하다. 북 반주는 명창의 소리를 살리기도 하고 죽이기도 한다. 물론 고수는 소리판이라는 예술의 무대에서 창자와 청중이 제대로 만나게 해주는 기능을 하는 조연의 역할을 한다.

소리판은 청중이 있어야 완성되는데 청중과 소리꾼, 고수들 사이에 공감대를 형성하며 소리판을 이끌어 나간다. 판소리는 특별한 무대 설치 없이 고수는 앉아서 장단을 치고 창자는 서서 부른다. 고수는 북으로 장단을 치면서 추임새로 흥을 돋운다.

창자는 먼저 허두가(목 푸는 소리)를 불러 성대를 조절하고 청중의 관심을 집중시킨다. 허두가는 가사풍의 딴 노래, 즉 작품의 주요 내용과 관련이 없는 부분을 부른다.

판소리의 특징은 비속과 익살스러운 표현으로, 풍자와 해학이 있는 희극미가 있다. 판소리에는 동편제와 서편제가 있는데 동편제는 전라도 동부 지역에서 전승된 것으로 발성이 무겁고 시김새가 정대하며 끝음을 짧게 끊고 장단이 빠르다. 서편제는 전라도 서남지역에서 전승된 것으로 발성이 가볍고 시김새가 정교하며 끝음을 길게 빼고 장단이 느리다.

제1부 참고문헌

최운식 외, 『한국 민속학 개론』, 민속원, 2002.

김태곤, 『한국민속학 원론』, 시인사, 1984.

박계홍, 『한국민속학 개설』, 형설출판사, 1994.

이두현, 『한국민속학 논고』, 학연사, 1988.

임동권, 『한국민속학 논고』, 집문당, 1987.

제2부 한국 현대시의 민속적 상상력

제1장 1910년대 시의 민속적 상상력

1910년대는 일제가 식민지 통치체계의 기반을 구축하던 시기이다. 일본은 1910년 한일합방 후 통감부를 총독부로 개편하고 3 · 1운동이 일어난 1919년까지 무단정치를 감행하였다. 경제적으로도 동양척식회사를 설립하여 조선의 농토와 자원 및 경제력의 수탈에 박차를 가하였다. 따라서 경제적 궁핍이 극에 달해 농민들은 화전민이나 도시빈민이 되었으며, 그마저도 불가능했던 사람들은 유민이 되어야만 했다.

1910년대의 문학에서는 이상주의적 경향과 낭만주의적 경향이 주된 흐름을 형성하고 있었다. 이상주의적 경향은 일제 강점으로 인한 국권 상실이라는 현실 속에서 계몽의 이상을 관념적으로 선취한 형태의 시적 표현이었으며, 낭만주의적 경향은 일제강점 후 해외로 망명한 애국계몽운동가들과 일제의 탄압으로부터 상대적으로 자유로웠던 일본 유학생에 의해 시작되었다. 이러한 과정과 거의 동시적으로 민속 수용의 경향이 등장했는데, 이는 애국계몽운동의 전통을 자기화하려는 의식을 가졌던 시인들이 일제의 무단정치에 대한 저항의 일환으로 민속을 수용한 것으로 보인다. 그 대표적인 경우가 최남선과 이능화이다.

최남선은 「단군론」(동아일보, 1926), 「아시조선(兒時朝鮮)」(조선일보,

1926), 「삼국유사해제」(계명 18호, 1927), 「살만교차기(薩滿敎箚記)」(계명 19호, 1927)를 발표하고 이능화는 「조선불교통사」(1918), 「조선무속고」(1927), 「조선여속고(朝鮮女俗考)」(1918), 「조선신교원류고(朝鮮神敎源流考)」(1922) 등을 발표함으로써 한국 민속학의 선구적 업적을 쌓았다. 특히 최남선의 「살만교차기」는 이전에 볼 수 없었던 본격적인 민속학 논문이라는 점에서 이 논문이 발표된 1927년을 한국민속학의 출발연도로 설정하기도 한다. 최남선과 이능화의 민속학 연구가 역사문헌학적 민속학을 탈피하지 못하였고, 민속학을 독립과학으로 파악하지 못했던 것은 사실이나 그들이 민속학의 학문적 정립에 공을 세운 것[1] 또한 부인할 수 없는 사실이다.

최남선은 주체성 탐구로서의 민속사 연구와 민족의식으로서 민속을 자신의 저서에 등장시키고 있다. 특히 그는 우리 민족의 문화와 전통에 많은 관심을 기울였는데, 그 구체적인 표현이 『동아일보』에 연재된 「단군론」이다. 우리 민족사의 시발점을 단군으로 파악하고 있는 이 글은 일반인이 이해하기 쉽게 저술되었는데, 그 근본적인 문제의식은 민족적 자아 탐구에의 의지라고 보인다. 또한 그는 민요와 전설, 속담 등의 구비전승을 수집하고 소개하며 활발한 저술을 하였는데, 『조선상식문답』이나 『속상식문답』 등이 바로 그것이다. 세시풍속과 유희, 잡가, 민요 등을 소개하고 있는 이 책들에서 육당의 민족의식을 읽을 수 있다. 최남선은 민족의식 고취의 일환으로 국토를 순례하는데, 단군굴(檀君窟, 묘향산)에서 시작된 국토 순례는 강서삼묘(江西三墓)를 거쳐 석굴암(石窟庵), 만월대(滿月臺), 천왕봉(天王峯, 지리산), 금강산, 압록강, 대동강, 한강, 웅진(공주), 금강, 낙동강에 이른다. 이 순례에 등장하는 지명들은 국토의 오지이면서 동시에 한민족의 정토(淨土)

---

1) 박계홍, 『한국민속학 개론』(형설출판사, 1994), p. 37.

이기도 하다.

아득한 어느 제에 님이 여기 나립신고
벋어난 한가지에 나도 열림 생각하면
이 자리 안 찾으리까 멀다 높다 하리까

긋업시 터진 앞이 바다 저리 닿았다네
그 새에 올망졸망 뫼도 독도 많건만은
엎대어 나볏들 하다 고개 들놈 없고나

몇몇번 비바람이 아랫녘에 지냈는고
언제고 님의 댁엔 맑은 하늘 밝은 해를
들어나 환하시려면 구름 슬쩍 걷혀라

－최남선, 「단군굴(檀君窟)」 부분

인용시는 육당이 묘향산 단군굴을 참배하고 쓴 작품이다. 이 시는 단군을 우리 겨레의 시조로 생각하는 면이 나타나고 있어 특히 주목된다. 이러한 민족의식은 한국사와 상고사 연구에서도 동일하게 나타난다.

> 檀君神話는 太白山으로써 그 舞臺를 삼고 있으나 이 太白山이란 容易치 않은 古文化闡明上 중요한 山이 되고 있는 것이다. 檀君을 實在的 人物로서 생각할 경우 이 太白山을 지금의 白頭山 或은 妙香山이 이에 比疑되여 아직도 定說을 보지 못하고 있는 상태이나 檀君의 民俗學的 硏究의 결과는 구태여 太白山에 그 客觀的인 比對를 요구치 않으며 또한 반드시 定着的인 決定을 필요로 하지 않는다고 본다.
>
> －최남선, 「불함문화론(不咸文化論)」 부분[2)]

육당은 태백산을 건국신화의 거점으로 보고 '태백'을 '하놀'의 대지라 하여 민족적 상징의 산으로 생각하고 있다. 그는 이 문화가 구체적으로 우리 역사에 나타난 실체가 단군과 부루(夫婁)라고 이해한다.

보내는해맛는해 다를것업네
날달이나해이나 한도막한참
일움에갓가워짐 깃버나하지

나먹을쌔짜라서 리력이차고
이팔과이다리에 힘더오르니
두려움더욱줄고 미듬더나데
큰발자국쎄면서 다만합흐로!
－최남선, 「새해」 부분

창가 형식의 이 시에서 새해 송가는 보내는 해와 새로 맞이하는 해가 다를 것이 없으나 나이를 먹을수록 팔과 다리에 힘이 오르고, 두려움이 줄고, 믿음이 솟아나는 감회를 확신에 찬 어조로 노래하고 있다. 계몽적인 구호와 같은 강한 어조가 그것을 증명한다.

새해에 관련된 민속은 여러 가지이다. 설날에 남녀가 모두 새 옷으로 갈아입는 것을 세장(歲粧)이라 하고, 친척이나 어른들을 찾아가 절하는 것을 세배(歲拜)라 하며, 오는 손님들에게 음식을 대접하는 것을 세찬(歲饌)이라 하고, 그때에 내놓는 술을 세주(歲酒)라 한다. 이것은 새 봄을 맞이한다는 뜻[3]이 있는 것이다. 설날에 부인들끼리 잘 차린 어린 계집종을 서로 각 집

2) 조연현 외, 『현대시인론』(형설출판사, 1985), p. 24.
3) 최대림 역, 『동국세시기』(홍신문화사), p. 20.

에 보내어 덕담으로 새해 문안을 하는 것이 문안비(問安婢)이다. 또 세화(歲畵)라 하여 수성(壽星), 선녀(仙女), 직일신장(直日神將)의 그림을 그리고 서로 선물을 하거나 붉은 도포와 까만 사모를 쓴 화상을 그려서 궁전의 대문에 붙이기도 하고, 역귀와 악귀를 쫓는다는 종규(鐘馗)가 악귀[4]를 잡는 상을 그려서 문에 붙이기도 한다. 귀신의 머리를 그려서 문설주에 붙이면 재앙과 나쁜 병을 물리칠 수 있다고 믿는데, 벽에다 닭과 호랑이의 그림을 그려 붙이는 것도 재앙과 액운이 물러가기를 비는 마음에서 행해진 세시풍속이다. 속설에 의하면 하늘에 야광(夜光)이라는 귀신이 있는데 이 귀신이 한밤중에 인가에 내려와서 아이들의 신을 신어보고 발에 맞는 것이 있으면 신고 가버린다고 한다. 이때 신을 야광귀에게 도둑맞은 사람은 1년 동안 불길[5]하므로 아이들은 설날 밤이면 신을 감추고 일찍 잠을 잔다. 그리고 체를 마루 벽이나 뜰에 걸어두는데, 이는 야광귀가 와서 체의 구멍을 세느라고 아이들의 신을 훔칠 생각을 잊어버리게 하기 위해서이다. 닭이 울면 야광귀가 도망가 버리기를 바라는 마음에서 등장한 것이다.

주요한은 이원적 삶의 시적 대응으로서 민속을 수용하고 있다. 주요한의 시적 업적은 자유시인데, 그의 자유시는 프랑스 자유시 운동의 영향으로만 이루어진 것이 아니라 국민적 정조를 나타낸 민요와 동요를 개발하여 민중과 의식적으로 더 가까이 다가가려고[6] 한 투철한 역사의식에서 나온 것이라 할 수 있다. 민중에게 가까이 가려는 주요한의 자유시는 개념적 민중시와는 달리 거기 담긴 사상과 정서와 말이 민중의 마음과 같이 울리는 것이라야 한다는 것을 분명히 인식한 후에 쓰이는 시이다. 따라서 주요한의 시적 탐구는

4) 위의 책, p. 23.
5) 위의 책, p. 27.
6) 김윤식 · 김현, 『한국문학사』(민음사, 1984), p. 131.

퇴폐시적인 것이 아니라 밝고 건강한 쪽[7]에 기울어져 있다. 이처럼 민중시를 지향했다는 주장은 종래의 시적 형태를 새로운 것만으로 대치시키려고 하지 않고 온건한 반성을 통해 극복하려 한 것을 나타내 주며, 또한 한국어의 본질이 무엇인가를 탐구하겠다는 열의를 보여주는 것이다. 그는 상징주의의 말기 현상인 퇴폐시를 통해 자유시에 도달하지만, 김억이나 황석우 등과 다르게 정열적으로 잃어버린 조국을 찾으려는 열의를 보인다.

> 아아, 날이 저문다 西便 하늘에, 외로운 江물우에, 스러저가는 분홍빗 놀…… 아아, 해가 저물면, 날마다 살구나무 그늘에 혼자 우는 밤이 또 오건마는, 오늘은 四月이라 패일날 큰길을 물밀어가는 사람소리는 듯기만 하여도 흥성시러운 거슬 웨 나만 혼자 가슴에 눈물을 참을수 업는고?
>
> 아아, 춤을 춘다 싯벌건 불덩이가, 춤을 춘다 잠잠한 城門우에서 나려다 보니, 물냄새 모랫냄새, 밤을 쌔물고 하늘을 쌔무는 횃불이 그래도 무엇이 不足하야 제몸까지 물고 뜨들째, 혼자서 어두운 가슴품은 절믄 사람은 과거의 퍼런 숨을 찬江물우에 내여던지나 無情한 물결이 그 기름자를 멈출 리가 잇스랴?…… 아아, 썩거서 시들지안은 쏫도업것마는, 가신님 생각에 사라도죽은 이마음이야, 에라 모르겟다, 저불길로 이가슴 태와버릴가, 이서름 살라버릴가, 어제도 아픈발 쓸어서 무덤에 가보았더니 겨울에는 말랏던 쏫이 어느듯 피엇더라마는 사랑의 봄은 쏘다시 안도라오는가 찰하리 속시언이 오늘밤 이물속에…… 그러면 행여나 불상히 녀겨줄이나 이슬가…… 할적에 퉁, 탕, 불씌를 날리면서 튀여나는 매화포, 펄덕 精神을 차리니 우구구 쎠든는 구경군의 소리가 저를 비웃는 듯, 꾸짓는 듯. 아아, 좀더 强烈한 熱情

---

7) 위의 글.

에 살고 십다 저긔 저 횃불처럼 엉긔는 煙氣, 숨맥히는 불쏫의 苦痛속에서라도 더욱 뜨거운 삶 살고십다고 뜻밧게 가슴 두근거리는 거슨 나의 마음……

四月달 다스한 바람이 江을 넘으면, 淸流碧, 모란봉 노픈 언덕우에 허어 혀케흐늑이는 삶쩨, 바람이 와서 불적마다 불비체 물든 물결이 미친 우슴을 우스니, 겁많은 물고기는 모래미테 드러백이고, 물결치는 뱃슭에는 조름오는 '니즘'의 形像이 오락가락…… 얼린거리는 기름자 닐어나는 우슴 소리, 달아논 등불미테서 목청껏 길게 빼는 어린기생의 노래, 뜻밧게 情慾을 잇그는 불구경도 인제는 겹고, 한잔한잔 쏘한잔 씃업는 술도 인제는 실혀, 즈저분한 뱃미창에 맥업시 누으면 까닭모르는 눈물은 눈을 데우며, 간단업슨 쟝고소리에 겨운 男子들은 쌔쌔로 불니는 慾心에 못견듸어 번득이는 눈으로 뱃가에 뛰어나가면, 뒤에남은 죽어가는 촉불은 우그러진 치미깃우에 조을쌔, 뜻잇는드시 씨걱거리는 배젓개 소리는 더욱 가슴을 누른다……
아아, 강물이 웃는다, 웃는다, 怪상한, 우슴이다 차듸찬 강물이 썸썸한 하늘을 보고 웃는우슴이다 아아 배가 올나온다 배가 오른다 바람이 불 적마다 슬프게 삐걱거리는 배가 오른다……

저어라, 배를 멀리서 잠자는 綾羅島까지, 물살빠른 大洞江을 저어오르라 거긔 너의 愛人이 맨발로 서서 기다리는 언덕으로 곳추 너의 뱃머리를 돌니라 물결끗테서 니러나는 추운바람도 무오시리오 怪異한 우슴소리도 무어시리요 사랑일흔 靑年의 어두운 가슴속도 너의게야 무어시리오 기름자업시는 '발금'도 이슬수업는 거슬…… 오오 다만 네 確實한 오늘을 노치지말라 오오 사로라! 사로라! 너의 발간 횃불을, 발간 입셜을, 눈동자를, 쏘한 너의 너의 발간 눈물을……

—주요한, 「불노리」 전문

위의 시는 1919년 『창조』 2월호에 발표한 작품으로 불놀이를 소재로 하여 쓰인 작품이다. 즉 4월 초파일에 행해지는 불교민속의 하나인 관등놀이를 배경으로 하고 있는데, '오늘은 사월(四月)이라 패일날 큰길을 물밀어가는 사람소리'라고 표현하고 있다. 「불놀이」의 시어는 율동적이며 고유어를 사용하려는 노력이 엿보인다. 형식상으로는 5연으로 된 산문시인 이 시에서 삶과 죽음, 밝음과 어두움, 기쁨과 슬픔, 현재와 과거는 등으로 표상되고 있다. 1연에서 강물 위에 낙조가 드리운 밤이라는 시적 공간이 화자의 슬픔을 강조하고 있다. 4월 초파일 연등제 행사가 벌어지는 가운데 화자의 슬픔이 '홍성시러운 사람들'과 대조되어 외롭고 서글픈 화자의 모습을 형상화하고 있다. 불놀이를 즐기는 사람들과 멀리 떨어져 있는 화자는 쓸쓸하고 외로운 상황에 처해 있다.

불놀이 행사는 아름답게 장식한 여러 모양의 등을 매다는 것과 낙화희라 하여 등간에 매달린 등줄의 사이사이에 숯과 사기 파편가루를 섞어 넣은 주머니를 매달고 여기에 불을 붙여 터트려 찬란한 불꽃을 즐기는 것이다.[8] 불놀이 행사가 시작된 것은 신라 때부터이다. 신라인들은 불교의 전래에 따라 정월 대보름, 고려 중엽부터는 일 년에 두 번 불놀이 행사를 가졌는데, 이는 속설로 석가탄신일이 4월 8일이라 하여 이날도 연등을 했기 때문이다. 그 후 조선왕조는 공적으로 연등행사를 금지했다. 그러나 민간인들 사이에서는 초파일 연등행사가 더욱 유명해져 일제 침략 이전까지 중요한 민속명절[9]의 하나로 정착되었다.

2연에서는 불놀이의 흥겨운 장면이 제시되고 있다. '싯벌건 불덩이가, 춤을 춘다'에서처럼 화자는 성문 위에서 벌어지는 횃불의 광경을 보고 과거의

8) 장덕순, 『한국의 풍속지』(을유문화사, 1974), p. 53.
9) 위의 글.

아름다운 추억을 회상하고 있다. '과거의 퍼런 꿈을 찬江물우에 내여던지나 무정(無情)한 물결이 그 기름자를 멈출 리가 잇스랴?'에서는 과거의 추억을 떨쳐내지 못하는 화자의 모습이, 그리고 '밤을 쌔물고 하늘을 쌔무는 홰불이'에서는 자신의 몸까지도 물어뜯는 것 같은 착시 현상이 나타난다. 떠나간 임을 생각하는 화자는 저 불길로 이 가슴을 태워버리고 싶은 충동으로 치닫고 있다. 그리고 임은 죽어서 돌아올 수 없는 대상이라며 아픈 발을 이끌고 무덤을 찾아간다. 겨울 내내 말랐던 꽃도 봄이 되면 피지만 화자가 느끼는 사랑의 봄은 돌아올 수 없는 비극적 순간으로 끝나고 만다. 그러나 그는 '매화포'의 폭음소리에 깨어나 '가슴 두근거리는' 젊음의 정열로 돌아온다.

3연은 불놀이를 즐기는 배 안의 모습을 형상화하고 있다. 여기에서는 성문(城門) 위에서 강(江)으로 향했던 화자의 시선이 배 안에서 모란봉을 바라보고 있다. 등불 밑 어린 기생들의 노랫소리와 정욕을 이끄는 불구경과 끝없이 마시는 술도 싫어져서 화자는 배 밑창에 맥없이 누워 까닭 없는 눈물을 흘린다. '쟈고 소리에 겨운 남자(男子)들'이 '불니는 욕심(慾心)에' 뛰쳐나가고 뒤에 남은 촛불이 치마깃 위에 졸고 있는 허탈감과 함께 현실에 대한 회의로 슬픈 자아를 표현하고 있다. 4연에서 강물의 괴상한 웃음은 슬픈 화자의 내면을 그대로 보여준다. '바람이 불 적마다 슬프게 삐걱거리는'에서 강물을 거슬러 오르는 배의 삐걱거리는 소리 역시 화자의 슬픔을 촉발시키는 대상이다. 5연에서는 '너의 애인(愛人)이 맨발로 서서 기다리는 언덕으로 곳추 너의 뱃머리를 돌니라'처럼 현실의 슬픔을 극복하려는 의지가 나타나고 있다. '너의 발간 횃불을, 발간 입셜을, 눈동자를, 쏘한 너의 너의 발간 눈물'까지도 태워 버리라는 구절에서는 사랑을 잃고 고뇌하는 청년의 가슴과 그것을 극복하려는 의지가 형상화되고 있다. 이러한 감정의 충돌 현상은 유교적 가치관으로부터의 탈출과 새로운 인간관인 서구 근대주의 수용이라는 당대의 이념을 함축적으로 표현[10]하고 있으며, 두 개의 가치관이 혼란을 겪고 있는 시대적 갈등의 표현이기도 하다.

이처럼 주요한은 민중 사상과 자연의 아름다운 정서를 정열적으로 노래하고 있다. 나라를 잃은 고뇌와 슬픔이 광복을 갈망하는 것으로 나타나며, 자유를 기다리며 배를 타는 상징성은 총체적으로 표현된 민중 지향성이라고 할 수 있다. 특히 주요한의 시는 순수한 우리말과 자유시 고유의 율격인 내재율로 내면의 그리움과 고뇌를 표출하고 있다. 그러나 이 시는 그러한 감정을 애국이라는 강렬한 투쟁으로 밀고 나가지 못하고 과거 지향적 감정인 탄식과 그리움에 머물고 만다.

최남선의 시는 주체성 탐구로서의 민속사 연구와 민족의식으로서 민속을 수용하고 있다. 그가 우리 민족사의 거점을 단군 시대로 파악한 것은 민족적 자아 탐구를 인식했음을 의미한다. 또한 그는 민요와 전설, 속담 등 구비전승을 수집하고 소개하며 세시풍속, 유희, 잡가, 민요 등을 연구함으로써 민족의식의 고취에도 힘쓰고 있다. 반면 주요한은 이원적 삶의 시적 대응으로서 민속을 수용하고 있다. 즉 그는 국민적 정조를 나타낸 민요와 동요를 개발하여 민중에게 가까이 가려는 것이다. 그가 민중시를 지향했다는 주장은 종래의 시적 형태를 새로운 것만으로 대치시키려고 하지 않고 온건한 반성을 통해 극복하려 한 것을 나타내 준다. 뿐만 아니라 그것은 한국어의 본질이 무엇인가를 탐구하겠다는 열의를 보여주는 것이기도 하다. 그는 상징주의의 말기 현상인 퇴폐시를 통해 자유시에 도달하려 했지만, 김억이나 황석우 등과는 다르게 정열적으로 잃어버린 조국을 찾으려는 열의를 보였다.

10) 오세영, 『한국현대시 분석적 읽기』(고려대출판부, 2001), p. 17.

제2장 1920년대 시의 민속적 상상력

1920년대는 식민지 치하의 불합리한 인습과 문화적 후진성에 근거한 작품들이 주를 이루었는데, 여기에서는 주로 피상적이고 감상적인 향수가 전면화되고 있다. 20년대 전반기에는 자연주의와 낭만주의의 물결이 팽배하였고, 후반기에는 민족주의 문학과 카프 문학의 대립이 주를 이루었다. 특히 3·1운동의 실패로 인해 퇴폐적 정서가 시 속에 만연되어 나타났다. 퇴폐적 정서와 감상적인 향수는 감정의 무절제한 발산으로 치단기도 했지만, 형식의 구애를 받지 않고 주관적인 감정을 표현함으로써 자유시가 뿌리를 내리는 계기를 마련하기도 하였다. 퇴폐적 정서와 감상적 향수 속에서는 기존 인습에의 거부와 개인의 자유를 구속하는 사회와의 갈등, 문화적인 후진성 등이 개인적인 고뇌와 더불어 감상적인 차원을 형성하였다. 이는 부정적인 현실에 대한 구체적인 방안에는 이르지 못했으며, 그 결과 역사의식의 부재 속에서 관념적 도피로 안착하고 말았다.

그러면 1920년대 초기 시의 제 양상과 낭만적 상상력의 구조를 낳은 역사적 기초 및 그 성격은 무엇인가? 요점부터 지적한다면 그것은 역사적 주체로서의 역할이 소거된 식민지 중산층 지식인들의 방황과 무력감, 그리고 고독한 개인주의의 자기표현이다.[1] 이러한 견해는 당대의 문학을 담당했던 계층이 대부분 중산층이며 일본 유학을 했다는 점에서 기인한다. 당시 서구의 상징주의가 활발히 진행되면서 한편에서는 민족의식을 고취시키고자 국문 사용과 조선혼의 고취, 국어 연구 등으로 민족교육의 필요성이 강조되었다. 그것이 구체적인 형식으로 나타난 것이 조선어학회이다. 조선어학회는 민족문화를 알리는 데 힘을 쏟아 『한글』을 발간하고 사전 편찬과 맞춤법 제정, 한글날 제정 등으로 민족의 혼을 지키고자 노력하였다. 조선혼에 대한 문제의식은 1920년대 문학의 양상과 밀접한 관련을 가진다. 조선혼에 대한 문제의식은 시조 부흥론과 민요에의 탐구, 민요적 시의 창작 등으로 이어졌다. 시조와 민요의 탐구가 활발한 가운데 서구의 상징주의가 들어오면서 외래소(外來素)와 전통소(傳統素)의 갈등[2] 속에서 서구 문예에 대한 일방적인 추종을 거부하고 우리 것을 지키려는 운동이 자생적으로 생겨났다. 그 대표적인 인물이 김억이다.

김억은 예술지상주의와 시적 대응, 민요시와 관념적 현실인식을 시로 형상화했는데, 1914년 『학지광』 8월호에 「이별」을 발표하면서 본격적인 시작(詩作)에 나섰다. 그는 주로 외국시를 소개하여 번역하였는데, 1923년에 발간된 창작 시집인 『해파리의 노래』에는 정형률의 시형과 민요성이 나타난다. 민요조 서정시[3]의 형태를 지닌 이 시집은 3·1운동 이후의 좌절감과 허무, 실의를 반영하고 있다. 김억은 1925년 무렵부터 민요시로 방향 전환[4]을 한 것이다. 그의 민요시에로의 전환은 문단 조류에서 쉽게 찾아낼 수 있다.

『태서문예신보(泰西文藝新報)』를 통해 서구적 상징시를 도입한 우리나라

1) 김흥규, 「1920년대 초기 시의 낭만적 상상력과 그 역사적 성격」, 『문학과 역사적 인간』(창작과 비평사, 1980), p. 261.
2) 김은철, 『한국근대시 연구』(국학자료원, 2001), p. 103.
3) 서정주 외, 『현대시인론』(형설출판사, 1985), p. 53.
4) 조병춘, 『한국현대시사』(집문당, 1981), p. 89.

근대시는 1920년대에 들어서 한편으로는 민요에 관심을 보이기 시작한다. 월탄(月灘)의 「러시아의 민요」(백조(白潮) 1호, 1922), 이광수의 「민요 소고(小考)」(조선문단(朝鮮文壇) 3호, 1924), 양주동의 「문단(文壇)전망」(조선문단(朝鮮文壇) 4호, 1924), 양명(梁明)의 「문학상으로 본 민요 동요와 그 채집」(조선문단(朝鮮文壇) 11호), 이은상의 「청상민요(靑孀民謠) 소고」(동광 7호, 1927), 양주동의 「병인문단(丙寅文壇) 개관」(동광 12호, 1927), 요한의 「신시(新詩)운동」(동광 12호, 1927), 홍사용의 「조선(朝鮮)은 메나리나라」(별신곤 12-13호, 1928) 같은 일련의 평문(評文)이 이에 속하는 것들이다. 우리는 여기서 민요의 가치라든가 민족문학으로서의 민요의 위치가 강조되고 있음을 볼 수 있다.[5)]

당시의 시단에서 프로 문학파의 계급주의적 시가 기세를 올리게 되자, 그에 대적할 수 있는 민족문학으로서 민요시가 절실히 요구되었다. 3·1운동을 계기로 지식층 사이에서 민중의식이 크게 대두했던 이유도 여기에 있다. 김억은 『태서문예신보』 14호에 「시형의 운율과 호흡」이라는 글을 발표하여 민요시에 대한 소박한 견해를 피력하고 있다.

> 한데 朝鮮 사람으로는 어떠한 音律이 가장 잘 表現된 곳이 있겠나요. 朝鮮 말로의 어떠한 詩形이 適合한 것을 먼저 살펴야 합니다. 一般으로 共通되는 呼吸과 鼓動은 어떠한 鼓動을 잡게 할까요. 아직까지 어떠한 詩形이 適合한 것을 發見치 못한 朝鮮詩文에는 作者 個人의 主觀에 맏길 수밖에 없읍니다.[6)]

당시 문단이 서구 근대시의 소용돌이에 휩싸이고 있었음을 감안한다면

---

5) 박호영, 「한국 근대 민요시의 위상」, 『조선일보』(1979. 1. 9).
6) 김억, 「詩形의 韻律과 呼吸」, 『태서문예신보』(1919. 1. 13).

조선 사람으로서 우리 민족의 목소리를 가져야 한다는 위의 주장은 매우 의미가 깊다. 김억은 민족에 따라서 정신과 심령이 같지 않다는 판단하에 제 나름대로의 시를 만들어내기 위해서는 자신의 정신과 심령에 알맞은 시형과 운율의 창조가 필요하다고 역설하였다. 즉 그 민족만이 가지고 있는 정신적 특성을 시형에 반영해야 한다는 것이다.

여러분, 살음의 즐거움을 맛보랴거든
「道德」의 禮服과 「法律」의 갓을 妙하게 쓰고
다 이곳으로 들어옵시요, 이곳은
人生의 「利己」 탈춤會場입니다.
춤을 잘 추어야합니다 설들어넘어지면
運命이라는놈의 陷穽에 들어갑니다.
하면 「幸福의 名簿」에서는 이름을 어이며
다시는 入場券을 엇지못합니다.
人生은 짤고 춤추는時間은 깁니다.
한分만 잃으면, 한分만큼한 幸福의 춤이업서지게 됩니다.
그러니 善은 쌀니해야합니다.
자 그럼춤을 쌀니 춥시다. 좃타 좃타 얼시구…….

—김억, 「탈춤」 전문

이 시에서 화자는 탈춤이 인생의 다양한 모습이라고 설득하고 있다. 화자는 삶의 즐거움을 느끼려면 탈춤을 잘 추어야 하며, 잘못 추면 '운명이라는 놈의 함정'으로 들어간다고 충고한다. 그리고 인생은 짧으니 행복의 춤을 얻기 위해서 탈춤을 추자고 권유하고 있다. 다시 말하면 탈춤을 통해서 삶의 즐거움과 행복을 느낄 수 있다는 것이다. 일반적으로 가장(假裝)한 연희자가 사건이나 이야기를 집약적으로 구성하여 말과 몸짓과 노래와 춤으로써 극적으로 표현한 것을 민속극[7]이라 한다. 다시 말하면 민속극이란 민중이 생활상의 필요에 의해서 공동적으로 전승하고 공연하는, 문자 기록에 의하지 않고 구비전승하는 희곡을 가진 연극[8]이라 할 수 있다. 탈춤과 박첨지놀음과 발탈은 민속극 범주에 들어간다. 현재 전승되고 있거나 재현되고 있는 탈춤의 지역적 분포는[9] 다음과 같다.

> ① 경상도: 낙동강 상류 지역－별신굿탈놀음, 하회별신굿탈놀이
> 낙동강 동쪽 지역－들놀음, 수영들놀음, 동래들놀음
> 낙동강 서쪽 지역－오광대, 통영오광대, 고성오광대, 가신오광대
> ② 서울 및 경기도: 산대놀이, 양주별산대놀이, 송파산대놀이
> ③ 황해도: 해서탈춤, 봉산탈춤, 강령탈춤, 은률탈춤
> ④ 강원도: 단오굿탈놀음, 강릉관노탈놀이
> ⑤ 함경도: 사자탈놀음, 북청사자탈놀이

탈춤의 기원은 가무(歌舞) 오신(娛神)하는 주술적, 종교적인 제의[10]이다. 고구려의 무악(巫樂)과 신라의 오기(五伎) 또는 산악백희(散樂百戲)의 영향 속에서 조선조 후기에 산대도감 계통의 무극이 형성[11]된 것이라 볼 수 있는데, 신라 가무백희는 탈춤의 구체적인 실례를 보여준다. 『경도잡지』에는 다음과 같은 구절이 있다.

> 연극에는 산희(山戲)와, 야희(野戲)의 양부(兩部)가 있는데 나례도

7) 민속학회, 『한국민속학의 이해』(문학아카데미, 1994), p. 358.
8) 위의 글.
9) 위의 책, p. 359.
10) 위의 책, p. 101.
11) 위의 글.

> 감에 예속되었다. 산희는 시렁을 매고 포장을 치고, 사호(獅虎), 만석(曼碩), 승무(僧舞)를 상연한다. 야희는 당녀(唐女), 소매(小梅)로 분장하고서 춤을 춘다. 만석(曼碩)은 고려 때 중의 이름. 당녀는 고려 때 예성강(禮成江)가에 와서 살았던 중국 창녀(娼女)의 이름. 소매(小梅)도 옛날 미녀의 이름이다.[12)]

여기서 말하는 산희는 산대희이고, 야희는 탈춤이다. 탈춤에는 유랑 탈춤과 농촌 탈춤, 도시 탈춤이 있다. 유랑 탈춤은 정착하지 않고 여러 곳을 돌아다니는 직업적인 광대가 공연하는 것으로, 사당패의 탈춤이 대표적이다. 농촌 탈춤은 농촌 마을에서 굿을 거행하면서 굿의 일부로 행해온 탈춤이며, 놀이하는 사람은 직업적인 광대가 아니고 농악대이다. 농사가 잘되기를 기원하는 굿의 일부로서 공연되었으며 일 년에 한 번씩 자기 마을에서 공연한다. 도시 탈춤은 조선 후기에 상업도시에서 생겨난 탈춤으로, 주인인 상인과 이속(吏屬)이 농촌 탈춤을 받아들여 새로운 사회적 환경에 맞게 발전시킨 것이다. 탈춤에서 표현되는 갈등은 양반과 농민의 갈등으로 양반을 희화화하고 비속화하는 것이 가장 보편적인 주제이다. 이처럼 탈춤은 차츰 오락성을 띠면서 동시에 예술적인 면을 갖추게 된다.

탈춤은 놀이꾼과 구경꾼이 함께 판을 짜는 대동놀음이다. 즉 연희자와 관중이 공동으로 참여하는 집단 연희이므로 연희자와 관중의 관계가 특히 밀접하다. 이는 여러 사람이 갖가지 가면을 쓰고 나와 춤도 추고 노래도 하고 우스운 이야기도 하는 민속예술이다. 생겨난 곳에 따라 오광대놀이니 봉산탈춤이니 하는 이름이 붙여지며, 극의 줄거리나 탈의 생김새가 조금씩 다르다. 탈은 주로 바가지나 종이로 만드는데, 등장인물의 생김새를 과장되게

---

12) 유득공 외, 이석호 역, 『조선세시기』(동문선, 1991), p. 191.

표현하는 것을 특징으로 한다. 대표적인 탈춤인 봉산탈춤에서 말뚝이라는 하인은 거들먹거리는 양반을 놀려먹는 역할을 하며, 취발이는 술 잘 먹는 세속적인 중으로 등장한다. 이런 탈놀이는 조선 시대 후기에 들어서면서 사회의 문제점들을 비판하고 양반을 골탕먹임으로써 억눌린 서민들을 위안해 주는 역할을 하게 된다. 탈춤은 또 다른 가면 무극과 마찬가지로 춤이 주가 되며 여기에 묵극적인 몸짓, 동작과 사설, 노래가 곁들여진다. 내용은 남녀 간의 갈등과 양반에 대한 풍자와 모욕, 서민생활의 빈곤상 등 당시의 현실 폭로와 특권 계급에 대한 반항정신을 구체적으로 표출하고 있다. 따라서 대사는 민중의 일상생활에서 전승되는 구어를 그대로 쓰고 사투리, 비속어, 외설어, 신소리와 말재롱, 속담, 관용적 표현, 전고(典故)의 인용들이 자주 사용된다. 즉 탈춤은 관념적 허위, 신분적 특권, 남성의 횡포[13]와 같은 제도를 비판하고 현실적인 백성의 삶을 긍정적으로 표현하는 극적 형상의 춤이다.

탈놀음의 주제는 벽사의 의식무, 파계승에 대한 풍자, 양반계급에 대한 모욕, 일대 처첩의 삼각관계와 서민생활의 곤궁상[14]이 가장 빈번하다. 실눈을 하고 웃는 표정을 짓고 있는 양반, 이매, 중, 부네, 백정탈 등은 비교적 여유를 가지고 낙관적인 삶을 살아가는 인물을 묘사한 것이며, 툭 불거진 동그란 눈을 하고 못마땅한 표정을 짓고 있는 초랭이, 선비, 할미탈 등은 현실에 대한 불만 때문에 저항적인 삶을 살아가는 인물을 묘사한 것이다. 이처럼 탈은 개성 있는 한 인물로 살아나게 된다. 탈놀음에 나타나는 민중의식은 사회풍자적 희극을 통해 사회적 불평등으로 빚어지는 현실적인 문제들을 비판적으로 제시한다. 등장인물의 명칭에서부터 각 마당에서 다루고자 하는 주제를 암시한다. 노장, 소무, 신장수, 양반, 말뚝이, 영감, 할미 등 신분이나

---

13) 조동일, 『탈춤의 역사와 원리』(홍성사, 1979), p. 222.
14) 한국민속학회, 『한국민속학의 이해』(문학아카데미, 1994), p. 375.

부류를 나타내는 명칭이 대부분이고, 구체적인 개인의 이름은 드물다. 명칭을 통하여 탈놀음에서 다루는 것이 등장인물 개인의 문제가 아니라 신분이나 계층, 부류 사이의 문제임을 알 수 있다.[15] 그러나 탈놀음은 이러한 문제들을 풍자하며 갈등을 조장하는 것이 본질이 아니라 현실의 문제를 객관적으로 제시하여 해결하고 화합을 조성하려는 성격이 강하다. 이러한 사실은 명절날, 즉 대부분 정월 대보름이나 오월 단오제에 거행되었기 때문에 명절날 서로의 갈등을 해소하고 단결과 화합을 도모하고자 하는 측면과 깊은 관련을 지닌다.

탈춤은 북부지방의 북청사자놀음과 해서 지방의 봉산탈춤, 강령탈춤, 은율탈춤이 있다. 중부지방에는 양주별산대와 송파산대가 있고, 남부지방에는 오광대 계열의 고성오광대와 통영오광대, 가산오광대, 야류계의 동래야류와 수영야류, 그리고 강릉의 관노탈놀이, 화회별신굿[16] 등이 있다.

닙픠고 쏫열니랴는 쌔가 되거든
쏫의서울 歡樂의平壤을 닛지말아라
잔한大洞江우에는 써노는 기러기
綾羅島에는 새엄을 돗치는 실버드나무의

보아라, 牧丹峰가의 소나무아레에는
삼가는듯시 소군거리는 牧丹쏫갓흔말이
愛人과愛人의 입살로 숨여 헤매지안는가.

오늘은 三月에도 첫삼진날

15) 위의 책, p. 365.
16) 정병호, 「민속예술-무용」, 『한국민속의 세계』 6(고대민족문화연구소, 2001), p. 98.

江南의 제비도 넷깃을 안닛고 오는날
愛人의 첫삼질은 人世뿐만이 안이여
(보아라, 空中에도 써도는 愛人의 첫삼질!).
－김억, 「三月에도 삼질날」 전문

위의 인용시는 사랑의 노래로서 떠나는 임을 기다리는 정서를 표현하고 있다. 인용시에 등장하는 삼질날('삼짇날'의 평북 방언)은 3의 양(陽)이 겹치는 봄철의 시작을 알리는 명절이다. 강남 갔던 제비가 돌아오고 뱀이 나오기 시작하는 날이다. 이날 뱀을 보면 좋지 않다고 꺼리며 흰나비를 보면 그해에 상복을 입게 되어 좋지 않다고 여기며 노랑나비와 범나비를 보면 당년 운수가 좋다[17]고 여긴다. 진천 풍속에는 여자들이 3월 3일부터 4월 8일까지 무당을 데리고 우담(牛潭)의 동서 용왕당(龍王堂)과 삼신당(三神堂)에 가서 아들을 낳게 해달라고 비는 풍속[18]이 있다.

한편 1929년에 민요시가 등장했는데, 민요시는 민요를 지향하면서 쓰인 개인 창작시라고 정의될 수 있다. 이러한 정의는 민요시가 지닌 양면성을 단적으로 함축한다. 이는 민요를 지향한다는 점에서 민요와 공통된 특질을 간직한 반면, 개인 창작시라는 점에서 민요와 다른 차이점을 내포하고 있음을 뜻한다.[19] 민요시에는 민족혼과 조선심, 조선혼 등이 담겨 있으며 소재로는 향토성과 자연 친근성을 추구한다. 이는 향유자가 민속적 민중[20]이기 때문이다. 민요시의 정서는 원시적 정서, 민족 고유의 정서, 민중생활 감정을 특징으로 한다. 민요시의 등장은 일제의 문화정치 표방과 국권 상실에 의해 지

17) 임동권, 「세시풍속－봄」, 『한국민속의 세계』 5(고려대출판부, 2001), p. 85.
18) 최대림 역, 앞의 책, p. 68.
19) 오세영, 『한국낭만주의시연구』(일지사, 1980), p. 38.
20) 김혜니, 『한국근대시문학사연구』(국학자료원, 2002), p. 130.

식인들이 문학에서 우리의 전통적이고 고유한 정신유산에 관심을 갖게 되었기 때문이다. 대표적인 시인이 바로 김소월이다. 김소월은 식민지 근대적 삶의 보편적 정서로 승화되는 서정구조를 창조하여 거기에 정형률의 변형을 추가하고 있다.

김소월은 민족주의를 교훈으로 내세운 오산학교에서 민족적 긍지를 배웠으며, 이러한 정신이 문학 속에 흡수되어 한국적 정서의 전통을 형성하는 바탕이 되었다. 그의 민요시적 특질은 향토적이며 자연 친화적인 정조와 민족적 정서인 한(恨), 시어 및 어법의 민요적 정감, 민담을 소재로 한 민요적 분위기, 전통적 율조 등[21]에서 살펴볼 수 있다. 이처럼 그의 시에서는 개인적 정한의 세계로 공동체 의식을 내면화하여 사랑과 존재를 탐구하려는 의지가 엿보인다. 그가 스승인 김억의 음률에 영향을 받았다는 것은 다음과 같은 글에서 추측할 수 있다.

> 그 내적 생명력이 약한 岸曙의 시는 자연히 內在的 리듬을 살리지 못한 채 주로 형태로서 연명되는 外在律만 남게 되고 끝내는 定型律의 舊轂만을 지키는 결과가 되고 만 것이다. 이러한 岸曙의 음률 의식이 자기 구제는 못했지만, 생동하는 생명으로 자라나는 제자 素月의 시에 음률의 세례를 줄 수 있었던 것이며, 그리하여 전통적인 民謠律에서 출발한 素月의 시로 하여금 고정된 定型律에서 굳지 않고 생동하는 한국적 음률을 재생하는 데 크게 작용한 것이다.[22]

김소월의 시는 대부분 민요적이며, 전통시에 나타난 그리움이나 정감을 향토적인 풍물이나 향토적인 언어로 구사하여 정한의 율조를 형상화하고 있

21) 위의 책, p. 133.
22) 정한모, 「近代民謠詩와 두 詩人」, 『문학 사상』(1973년 5월호), p. 45.

다. 민요라는 말이 이미 전래하는 민족정서를 담은 노래라는 뜻을 담고 있으며, 그는 시에 이러한 전래적 요소를 끊임없이 끌어들이고 있다. 김소월은 한국의 전통적 율조(律調)를 근대시에 부활시킨 공로자이다. 한국의 근대시가 1920년 이후로 급격히 개화되기 시작했다면, 그 시기는 모든 풍조가 가장 열정적으로 서구적인 것을 모방해 갔던 때이기도 하다. 한국의 초기 근대시도 이러한 경향에서 벗어날 수는 없었다. 오히려 서구의 근대시를 가장 열정적으로 모방해 간 것이 그 당시 문단의 주조였다. 김억도 그러한 서구 모방자의 선봉이었다. 그러나 그는 곧 시에 있어서의 압운을 주창하고 민요적인 정형률을 실천에 옮겼다. 이것은 한국의 근대시가 서구화되어 가는 전성시대에 있어서 전통적인 율조를 부활시키고자 한 그의 노력이라고 볼 수 있다. 이러한 그의 노력은 자신의 시와 그 문학적 지향을 같이하는 김소월을 통해서 서구화해 가는 한국의 근대시를 전통적인 지반 위에 자리 잡게 하는 데 중대한 영향을 끼쳤던 것이다. 이것은 김억이 남긴 중요한 선구적 공적 중 하나이다.[23)]

이처럼 스승인 김억은 김소월에게 민요적 리듬을 육성시켰다. 김소월은 시적 소재나 내용 면에서 민요의 율조와 정서의 보편성을 체득했다. 그는 민족정서의 기조인 정한과 탄식을 통해 부재하는 임에 대한 설움과 한탄, 원망과 체념 등을 표현하고 있다. 이러한 보편적인 정감을 7·5조를 바탕으로 모국어와 전통적인 음률을 가락에 담아 폭넓게 전달하고 있다. 이것은 대중적인 리듬으로서, 민속의 수용으로 그를 이끌었다. 그는 민족과 시대를 배경으로 역경을 전통과 민족성의 가락으로 승화시켰다. 또한 외래 사조의 유입에도 동요하지 않고 민족의 정한을 전통적 정서로 표현했다. 그러므로 전통

---

23) 조연현, 『한국현대문학사』(성문각, 1972), p. 431.

적인 시작법을 활용한 그의 시는 독자에게 심리적 안정감[24]을 가져다준다. 그리고 원형적인 사랑의 정감과 전원 심상, 민중적인 정감의 가락 등은 향토적인 소재나 민담적인 배경 등과 어울림으로써 더욱 민족적 · 민중적인 호소력을 유발한다. 이 점에서 소월은 민족시인이자 민중시인[25]이라고 할 수 있다.

김소월의 시는 영혼의 환생과 구원으로서의 무속성을 바탕으로 죽음 의식을 형상화하거나 전통적인 시간 의식을 보여주고 있다. 죽음 의식을 형상화한 시에는 「무덤」, 「비난수 하는 맘」, 「초혼」, 「금잔디」, 「한식」 등이 있다. 전통적인 시간 의식을 형상화한 시에는 「달마지」, 「가는 봄 삼월(三月)」, 「널」, 「칠석」 등이 있다.

그누가 나를헤내는 부르는소리
붉으스럼한언덕, 여긔저긔
돌무덕이도 음즉이며, 달빛헤,
소리만남은노래 서리워엉켜라,
옛祖上들의記錄을 무더둔그곳!
나는 두루찻노라, 그곳에서,
형적업는노래 흘너퍼져,
그림자가득한언덕으로 여긔저긔,
그누가 나를헤내는 부르는소리
부르는소리, 부르는소리,
내넉슬 잡아끄러헤내는 부르는소리.

—김소월, 「무덤」 전문

---

24) 김재홍, 『한국현대시인 연구』(일지사, 1999), p. 33.
25) 위의 글.

'무덤'은 동양인에게 있어 삶과 죽음의 접점이며, 이승과 저승의 통로로 인식된다. 또한 무덤은 사령(死靈)의 거소이기도 하다. 무속에서는 저승 관념을 멀고 험난한 것으로 상정하지만 그것을 구체적인 감각의 대상으로 형상화할 필요에 직면하면 대개는 '무덤'이 저승의 상징이나 저승 자체로 인식된다. 이 시에서의 '무덤'은 무속의 저승관의 현실적 현현물(顯現物)이며 민간에서 생각하는 저승의 감각적 표상으로서의 성격을 지닌 것이기 때문에 무덤에서 영혼의 소리가 들려오기도 하고 또 거기서 사자(死者)의 영혼을 불러낼 수도 있는 것이다.[26] 무속에서 산소를 고치거나 밀례(密禮)를 잘못하였거나 집안에 환란(患亂)이 났을 때 올리는 제가 명당굿, 즉 산소탈이다. '명당경을 발원합니다. 이구명당 신령님네 이구명당 산신대왕 이구명당 산신도사 이구명당 산신장군, 산신동자 산신선녀 이 정성은 다른 연사 아니오라 이씨녁의 대한가정 백골낭자를 비나이다 이팔청춘 가신낭자를 비나이다 (……중략……) 이 한자리 명당경으로 발원하니 평생에도 탈도 흠도 없이 받아들어 수시고 추늘어 수옵소서 편안할자 안심조'라는 경을 하며 굿을 하게 된다.[27]

인용시에서 화자는 무덤으로부터 자신을 부르는 소리를 듣는다. 무덤의 주위에서 죽은 자의 소리가 자신의 넋을 잡아 휘두른다는 것은 그 소리를 들을 수 있는 사람이 무(巫)라는 것을 의미한다. 시인은 신과 접하는 무(巫)의 관계를 시적으로 변용하고 있다. 이러한 시어는 주술적인 언어이며 넋의 소생을 기원하는 간절한 마음이 표현된 것이다. 죽음을 담담히 받아들이는 것은 내면에 존재하는 고독과 절망, 죄의식 등의 심리적인 고통을 죽음 앞에서 담담하게 풀어놓음으로써 가능해진다. 화자는 죽은 자의 무덤에서 들려오

26) 이몽희, 『한국현대시의 무속적 연구』(집문당, 1990), p. 76.
27) 구중회, 『충청도 설위설경』(분지출판사, 2002), pp. 168-170.

는 소리에 이끌려서 자신도 죽음의 공간인 무덤으로 들어가고 싶은 충동을 느끼고 있다. 이는 시적 화자와 임의 관계가 단순한 이별의 상태를 넘어 삶과 죽음, 이승과 저승의 공간으로 분리되었으며 현실 속에서는 합일이 불가능해졌음을 뜻한다. 무속이 죽음과 삶, 초월과 현실을 이어주는 기능으로 확대되는 것은 바로 이런 순간이다.

함께하려노라 비난수하는나의맘
모든 것을 한짐에묵거가지고가기까지
아츰이면 이슬마즌 바위의붉은줄로
긔여오르는해를 바라다보며 입을버리고

써도러라 비난수하는맘이여 갈메기가치
다만 무덤뿐이 그늘을얼는이는 하눌우흘
바다까의 일허바린세상의 잇다든모든것들은
차라리 내몸이죽어가서업서진것만도 못하건만

쏘는 비난수하는나의맘, 헐버슨山우헤서
써러진닙 타서오르는 냄내의한줄기로
바람에나붓기라 저녁은 흐터진거믜줄의
밤에매든든이슬은 곳다시써러진다고 할지라도

함께하려노라 오오 비난수하는나의맘이여
잇다가업서지는세상에는
오직 날과날이 닭소래와함께 다라나바리며
갓가웁는 오오 갓가웁는 그대뿐이 내게잇거라!

—김소월, 「비난수 하는 맘」 전문

'비난수'는 무당이나 소경이 귀신에게 비는 말의 정주 방언이다. 신에게 기원하고 의지하고자 하는 화자의 마음은 죽음의 고통을 겪고 아침의 태양과 일체가 되고자 하는, 죽음과 재회의 무속적 원형에 바탕을 두고 있다고 말할 수 있다. 이 시는 무(巫)의 제의상(祭儀上)의 제차명(祭次名)과 무속에서의 기원 내용에 기탁하여 상실, 고통, 방황, 갈구 등 생의 제1차적 과정과 탈피 및 일체화라는 생의 제2차적 과정을 전개하고 있는데, 이것이 강신무의 성무 과정과 일치점을 보인다.[28] 1연에서 화자는 '모든 것을 한짐에묵거가지고가기까지'라는 표현을 통해 죽음이 올 때까지 함께하고 싶은 열망을 표현하고 있다. 이는 삶과 죽음의 시공을 초월하여 임을 만나고 싶은 간절함의 표현이다. 그는 아침이면 이슬 맞은 무정한 바위에 얽힌 붉은 혈맥으로서 떠오르는 해를 바라보며 입을 벌리고 기도하는 마음으로 사랑하는 사람과 같이 있겠다는 것이다.

2연에서는 임의 죽음으로 인한 화자의 슬픔이 집중적으로 표출되고 있다. 여기에서 무덤은 죽음의 공간이다. 시인은 '비난수'라는 무속 행위를 통하여 화자의 마음을 임에게 전달하려 한다. '갈메기가치' 하늘을 자유롭게 날 수 있는 매개체는 화자와 죽은 임을 연결시키는 심상으로 등장한다. 3연에서 중요한 구절은 '헐버슨山우헤서 써러진닙 타서오르는 냇내의한줄기로'이다. 기도하는 마음은 비난수하는 마음이 연기가 되어 하늘로 날아가기를 바라고 있다. 가슴에 응어리진 한을 풀고자 하는 것이 비난수하는 마음이기 때문이다. 여기에서 '냇내'는 평북 방언으로 연기인데 연기의 냄새를 뜻하며, '갓가웁는'은 '가까운'의 의미이다. 4연에서 화자는 무상한 세월 속에서 중요한 것은 오직 임뿐이라며 '그대샏이 내게잇거라'고 간절함을 표현한다. 그러나

28) 김태곤, 『한국무속신화』(집문당, 1985), pp. 196-220.

죽음의 세계에 있는 임에 대한 그리움은 비난수라는 무속적 행위와 언어를 통해서만 전달될 수 있다.

이슥한밤 밤기운 서늘할제
홀로 窓턱에 거러안자, 두다리느러우고,
첫머구리소래를 드러라.
애처롭게도 그대는 먼첨 혼자서 잠드누나.

내몸은 생각에 잠잠할제, 희미한 수풀로서
村家의 厄맥이祭 지나는 불빗츤 새여오며,
이윽고, 비난수도머구리소리와 함께 자자저라.
가득키 차오는 내心靈은…… 하늘과 땅사이에.

나는 무심히 니러거러 그대의 잠든몸우헤 기대여라.
움직임 다시업시, 萬籟은 俱寂한데,
耀耀히 나려빗추는 별빛들이
내몸을 잇그러라, 無限히 더갓갑게

－김소월, 「묵념(默念)」 전문

이 시는 무속의 한 과정인 비난수를 배경으로 하여 제의(祭儀)의 상징적인 분위기와 상념이 화자의 정조(貞操)와 혼연일체[29]가 되고 있음을 보여주는 시이다. '촌가(村家)의 액(厄)맥이제(祭)'와 '비난수'라는 표현은 그것이 무속의 굿거리 명칭임을 알 수 있게 한다. 비난수는 지역에 따라 홍수막이 또는 횡수막이 굿으로 불리는 제차(祭次)인데, 이 비난수 제차(祭次)는 유사한 토속신앙을 가진 종족이 제액초복(祭厄招福)하는 보편적 제의(祭儀) 형

29) 이몽희, 앞의 책, p. 78.

태의 하나이다.[30] 비난수는 평안도 지역의 재수굿인 칠성굿의 세 번째 제차에서 개별적인 신에게 개별 제의(祭儀)를 올리는 굿 이름이다. 비난수는 '비나수', '긴염불', '잦은 염불', '덕담(德談)', '벅구춤', '바라춤', '바라팔기', '공수' 등[31]의 조직화된 과정으로 연결되면서 수명장수(壽命長壽)를 칠성신에게 기원하는 것이다.

산산히 부서진이름이여!
虛空中에 헤여진이름이여!
불너도 主人업는이름이여!
부르다가 내가 죽을이름이여!

心中에 남아잇는 말한마듸는
쯧쯧내 마지하지 못하엿구나.
사랑하는 그사람이어!
사랑하는 그사람이어!

붉은해는 西山마루에 걸니웟다.
사슴이의무리도 슬피운다.
써러저나가안즌 山우헤서
나는 그대의이름을 부르노라.

서름에겹도록 부르노라.
서름에겹도록 부르노라.
부르는소리는 빗겨가지만.

30) M. Eliade, 『The Myth of the Eternal Return』(Princeton Univ Press, 1971), pp. 53-54.
31) 이몽희, 앞의 책, p. 79.

하늘과땅사이가 넘우넓구나.

선채로 이 자리에 돌이되여도
부르다가 내가 죽을 이름이여!
사랑하는 그사람이여!
사랑하는 그사람이여!
－김소월, 「招魂」 전문

화자는 전통적 상례(喪禮) 중의 한 절차인 고복(皐復) 의식을 빌려서 사랑하는 사람의 죽음으로 인한 슬픔을 표현하고 있다. 초혼이라고 하는 고복 의식은 사람의 죽음이 곧 혼의 떠남이라는 믿음에 근거하며, 이미 떠난 혼을 불러들여 죽은 사람을 다시 살려내려는 간절한 소망이 의례화된 것이다. 죽은 사람의 혼이 무당 또는 유족의 부름에 따라 다시 돌아올 수 있다는 신앙 아래 무속에서는 여러 가지 의식의 초혼 관습 또는 제의가 지켜졌는데, 임종 직후 그 옷을 들고 지붕 위로 올라가서 북향하고 죽은 이의 이름을 세 번 부른 다음 복(復)을 외치는 것이 초혼이다.

무속에서의 초혼 의식은 무당에 의해서 관례가 되어 온 제차에 따라 조직적이고 극적으로 베풀어진다. 이는 비명에 원사(怨死)한 죽은 사람의 혼을 이승으로 불러냄으로써 산 자와 죽은 자가 무당의 제의를 매개로 다시 만나 맺힌 원한을 풀고 못다 한 말을 하는 넋풀이와 한풀이의 의식이다. '초혼'이라고 부르는 의식은 이미 떠난 혼을 불러들여 죽은 사람을 다시 살려내려는 의식으로서, 사람이 죽은 직후 북쪽을 향해 그 이름을 세 번 부르는 행위가 중심이 되는 부름의 의식이다. 그 의식의 절차는 임종이 확인되고 곡소리가 나면 주검을 대면하지 않은 사람 가운데 한 사람이 죽은 이가 평소에 입던 두루마기나 적삼을 왼손에 들고 지붕이나 마당에서 북쪽을 향해 옷을 흔들며 생전의 관직명이나 이름을 부르며 복(復)을 세 번 외치는 것이다. 이를 고복(皐復)이라 하는데 그런 뒤에는 옷을 망자의 주검 위에 덮는 것이 일반적이나 영좌(靈座)에 두거나 나중에 입관할 때 관 속에 넣기도 한다. 지역에 따라서는 속옷을 사용하는 경우도 있다.[32] 말하자면 이 고복 의식은 죽은 사람을 재생시키려는 의지의 한 표현으로서 떠난 영혼을 다시 불러들이는 일종의 부름의 의식이라고 할 수 있다.

인용시 「초혼」의 1연에서 화자는 '산산히 부서진/ 허공중(虛空中)에 헤여진/ 불러도 主人업는' 이름을 부름으로써 자신의 슬픔을 표현하고 있다. '이름이여!'를 반복하는 것은 주술적 반복과 동일하다. 4행의 '부르다가 내가 죽을 이름이여!'에서는 이 초혼제의 수행자가 화자 자신이라는 사실을 드러냄으로써 제의의 정당성을 밝히고 있다. 2연에서 화자는 '꼿꼿내 마지하지 못하엿구나'라며 미처 고백하지 못한 사랑에 대한 애달픔을 극적으로 표현한다. 이것은 임의 맺힌 한을 풀어주려는 의도가 구체화되기 시작하는 부분이라고 볼 수 있다. 심중에 남아 있는 마지막 말을 하지 못한 상태에서의 사별은 생자(生者)와 사자(死者) 모두에게 '원'과 '한'의 맺힘을 초래한다. 이 맺힘과 풀이의 두 심리적 갈등과 해소가 한국무속의 핵심적 과제이며, 이를 유형적으로 상징하고 있는 무속의 한 제의형식이 남도 지역 무속인 씻김굿이나 오구굿에서의 고풀이 제차이다. 이 시에서 특히 두드러지는 반복은 시적 감동과 주술적 효과를 더함으로써 맺힘을 풀려는 화자의 강한 의지를 보여준다. 일반적으로 주술적인 노래는 반복을 통한 일종의 최면적 성격을 가지며, 반복되는 부름은 부름의 주술적 힘이 사자(死者)의 세계에까지 울려갈 것을 기원하고 호소하는 것이다.

---

32) 임재해, 『전통 상례』(서울: 대원사, 1989), p. 21.

한편 3연과 4연에서는 허무하고 광막한 시적 공간의 제시를 통해 슬픔의 본질이 드러나고 있다. 3연은 제의의 시·공간이 가장 잘 나타나는데, 해 질 무렵은 보통 무속의 제의가 시작되는 시각이며, 붉은 해에서 비쳐 나오는 붉은 빛살은 불이나 황사처럼 제의의 신비성을 고조시키는 중요한 배경이다. '떠러저나가안즌 山우헤서'는 묵시적인 세계와 자연의 주기적인 세계가 일치하는 시점으로서 세속과 떨어진 신성한 공간이다. 성소는 대개 외딴 곳이다. 서낭당, 산신당, 무가(巫家)는 대개 부락 집단으로부터 멀리 떨어져 있다. 따라서 화자가 저세상에 있는 임에게로 가장 가까이 접근할 수 있는 그 한계란 결국 이승의 끝을 의미한다. 4연은 반복의 기법이 정화된 주술적 효과와 상승 관계에 놓이면서 죽은 사람을 소환하겠다는 의지의 고조가 드러난다. 화자는 허무한 시적 공간을 제시함으로써 슬픔의 감정을 한층 고조시키고 있다.

5연에서 '망부석'은 비유된 슬픔을 말한다. 시간적 배경으로 제시된 '해질 무렵'이란 밝음과 어둠의 경계, 삶과 죽음의 경계로서의 '산'이라는 공간적 배경과 한데 어울린다. 이는 현실의 세계와 영원의 세계를 구분 짓는 것으로서 산 자가 죽은 자의 세계에 다가갈 수 없다는 절망적 한계를 인식하게 한다. 올 수 없는 세계의 사람을 부르다가 돌이 된다는 모티프는 일종의 신화적 원형성을 가진 것으로 보인다. 돌은 유한자(有限者)인 화자가 죽음을 초월한 영원존재로 회귀하려는 것을 의미하며 동시에 자신의 죽음을 통해서 비로소 초혼을 완성할 수 있음을 보여주는 상징이다. 이러한 '초혼'은 한국인의 정서적 원형일 수도 있고 피압박 민족의 비극적인 울림일 수도 있다. 김소월은 '초혼'이라는 민속을 통해 개인적인 정한(情恨)을 민족적인 정한으로 확대[33]시킬 수 있었다. 이처럼 초혼의 표면에 짙게 나타나는 비탄과 절

33) 조병훈, 『한국현대시사』(집문당, 1981), p. 110.

망의 비극적 세계 인식은 죽음의 충격이 주는 심리적 외상의 표현이지만, 그것은 내면에 죽음에 대한 긍정과 초극의지[34]를 담고 있다.

붉은 해는 西山에 걸리우고
쌜못염근사슴이의 무리는 슬피울째,
둘너보면 써러져안즌 山과 거츠른들이
차레업시어 우러진 외짜롭은길을
나는 홀로아득이며 걸엇노라
불설업게도 모신 그 女子의 祠堂에
늘 한자루 燭불이 타붓틈으로.

우둑키서서 내가볼째
모라가는 말은원암소래 댕그랑거리며
唐朱紅漆에 藍綿의 휘장을달고
얼는얼는지나든 가마한채
지금이라도 이름을 불너차즐수 잇섯서면!
어느째나 心中에 남아잇는 한마듸말을
사람은 마자하지못하는 것을.

오오내집의 허러진門樓우헤
자리잡고안잣는 그 女子의
畵像은나의 가슴속에서 물조차날것마는!
오히려 나는 울고잇노라
생각은 뚬뿐을 지어주나니.
바람이나무가지를 슷치고가면
나도바람결에 붓쳐바리거마랏스면.
－김소월, 「넷님을짜라가다 꿈째어歎息함이라」 전문

34) 김재홍, 『한국현대시인연구』(일지사, 1999), p. 46.

위의 인용시는 「초혼」이 발표되기 전인 1925년 1월 『영대(靈臺)』 5호에 발표된 시이다. 이 시는 「초혼」과 시적인 발상이 비슷한데, '지금이라도 이름을 불너차즐수 잇섯서면!' 하는 구절은 부름의 형식처럼 보인다. '불설업게도 모신 그 女子의 祠堂'과 '畵像은나의 가슴속에서 물조차날것마는!'에서도 고복 의식의 문학적 수용을 확인할 수 있다. 이러한 고복 의식을 통해 죽은 임을 부르게 하는 것은 조화로운 삶의 길이 이승의 내가 저승으로 건너가는 곳에 있는 것이 아니라, 저승의 임을 이승으로 끌어오는 것에 있음을 표현하고자 하는 것이다. 화자는 이러한 '초혼'을 통해 단절된 세계와의 화합을 세계 안에서 찾음으로써 단절을 단절로 인정하려 하지 않는다.[35]

접동
접동
아우래비접동

津頭江가람가에 살든누나는
津頭江압마을에
와서웁니다

옛날, 우리나라
먼뒤쪽의
津頭江가람가에 살든누나는
이붓어미싀샘에 죽엇습니다

누나라고 불너보랴

35) 김용직 · 박철희, 『한국현대시작품론』(문장출판사, 1994), p. 100.

오오 불설워
싀새움에 몸이죽은 우리누나는
죽어서 접동새가 되엿습니다.

아홉이나 남아되든 오랩동생을
죽어서도 못니저 참아못니저
夜三更 남다자는 밤이깁프면
이山 저山 올마가며 슬피웁니다
—김소월, 「접동새」 전문

민간전승의 설화를 소재로 하여 쓴 이 시는 영혼불멸관을 바탕으로 하여 한의 정서를 비극적으로 형상화하고 있다. 향토적인 언어인 '아우래비'나 '불설워', '오랩동생' 등은 지역적 배경을 환기시키며 향토적이고 토속적인 정서를 강하게 노출하고 있다. 우리의 전통 민속에서 새는 태양 숭배사상과 관련된다. 하늘에 떠 있는 태양과 하늘을 날아다니는 새를 밀접한 것으로 인식한 예는 평남 용강군에 현존하는 사신총(四神冢)이나 쌍영총(雙楹冢)의 벽화에서 단적으로 살펴볼 수 있다. 고구려에서는 관(冠)에 새의 깃을 꽂고 다니는 복식 풍속이 존재했다. 그리고 백제 무령왕의 고분에서 발견된 금관은 깃을 꽂은 조관(鳥冠) 형식을 띠고 있었다. 삼국시대에 머리나 관에 새의 깃을 꽂고 다니는 조관은 귀인을 표시한 것으로 보았는데 그 이유는 새가 태양을 상징한다고 믿었기 때문이다.[36] 고대인들은 사람이 죽으면 육체를 떠난 영혼이 새를 타고 공중을 날아다닌다고 생각하였다. 『위지』 동이전에 이대조우송사(以大鳥羽送死)라 하여 큰 새의 날개로 영혼을 실어 보낸다는 기록이 있다. 진한의 장의풍속에는 큰 새의 날개를 시체와 함께 부장하던 관습

36) 구미래, 『한국인의 상징세계』(교보문고, 1994), p. 164.

이 있었는데, 관직에 새의 형상이 나타나는 것은 이러한 고대 신앙이 반영[37]된 것이라 할 수 있다.

고대인들은 인간이 죽으면 그 영혼이 공중을 비행하는 것으로 믿었고, 영혼의 비행을 위해서는 새나 새의 날개가 있어야 한다고 생각했다. 즉 새가 천상(天上)의 영혼과 육신의 세계를 내왕하는 존재라고 본 것이다. 새를 인간과 신을 중개하는 영물로 인식한 예로는 솟대가 있다. 솟대는 나무로 만든 새를 만들어 마을을 지키고 재앙을 물리치고자 하는 기원을 담고 있다. 무당들이 굿을 할 때 반드시 모자에 새의 깃을 꽂는데 이는 무당의 영혼이 새 깃을 타고 다른 세계(저승)의 영혼과 접촉하는 것을 상징하기 위한 신탁(神託)의 징표[38]이다. 따라서 새는 하늘과 땅을 연결하는 사자(使者)로서 선택된 것이다. 새의 행동이나 울음에 주술적인 의미를 부여하여 그것을 앞일에 대한 암시나 전조의 상징으로 간주하기도 하였다.[39] 따라서 '접동새'는 민속에 있어서 무속과 밀접한 관계를 갖고 있다. 이처럼 새에 대한 믿음은 빙의(憑依)된 샤머니즘적 성격을 띠고 있음을 알 수 있다.

가지가지 어뜩한 높은 나무에
까마귀와 까치는 울고 짖을 때,
이월에도 청명에 한식 날이라
들려오는 곡소리 오오 곡소리.

거친 벌에는 벌에 부는 바람에
종이 돈은 흩어져 떠 다니는 곳,

---

37) 위의 책, p. 165.
38) 위의 책, p. 166.
39) 위의 글.

무더기 또 무더기 널린 무덤에
푸릇푸릇 봄풀만 돋아나누나.

드문드문 둘러선 백양나무에
청가시의 흰꽃이 줄로 달린 곳,
아아 모두 아주 간 깊은 설움의
차마 말로 다 못할 자리일러라

가도 가도 또 가도 살아 못 가는
황천에서 곡소리 어이 들으랴
서러워라 저문 날 뿌리는 비에
길손들은 제각금 돌아갈네라

—김소월, 「한식(寒食)」 전문

'한식'은 동지 후 105일째 되는 날이다. 이날 조상의 묘에 술, 과일, 포, 식혜, 탕, 적, 떡 등을 차려 놓고 제사를 지내는데 이것을 절사(節祀)[40]라고 한다. 조상의 무덤이 헐었으면 잔디를 다시 입힌다. 이날 농가에서는 나무를 심거나 채소 씨를 뿌려서 농경 준비를 하기 시작하는데 천둥이 치면 흉년이 들거나 불행한 일이 있어서 꺼리게 된다. 민가(民家)에서는 시절(時節)음식을 마련하여 집의 주요 가신(家神)에게 가정의 평안을 빌고 음식을 나누어 먹는다. 이러한 것은 농사의 풍작을 목적으로 하는 기풍 의례라고도 볼 수 있다. 또 한식날에 찬밥을 먹어야 한다는 전승은 불을 때지 말라는 뜻이 담겨져 있는데 이러한 풍속은 중국으로부터 전래된 것으로 여겨진다. 당나라 현종(玄宗) 개원(開元) 연간에는 칙명으로 한식날 산소에 제사지내는 것을

40) 최대림 역, 앞의 책, p. 69.

허락했다. 그러나 그전 5대(五代) 때 후주(後周)에서 한식에 길가나 들에서 잡신에게 지내던 야제(野祭)에서는 단지 종이돈을 불살랐을 뿐[41]이다. 그러므로 한식날 묘제를 지내는 것은 당나라 때부터 시작된 것이다.

또 '청명'은 한식 하루 전날이거나 한식과 같은 날이 되는데 농가에서는 청명일을 기해 봄일을 시작하므로 농사와 관련이 깊다. 이날 대궐에서는 버드나무와 느릅나무에 불을 붙여 각 관청에 나누어 주던 풍속이 있었다. 당나라와 송나라에서 불을 나누어 주던 제도가 전해진 풍속이라고도 하지만 이것은 고대의 종교적 의미로, 매년 봄에 신화(新火)를 만들어 쓸 때에 구화(舊火)를 일체 금지하던 예속(禮俗)에서 나온 것[42]으로 보아야 할 것이다. 한식날 찬밥을 먹는 것도 근원은 그러한 데에서 찾을 수 있다.

이처럼 김소월의 시적 특징은 전통적인 풍속과 관습의 체험이 시간을 통해 드러난다는 점이다. 전통적이고 자연 친화적인 시 · 공간의 의식, 농촌생활에 대한 긍정적인 인식 등은 바로 이런 점을 예증하고 있다.

正月대보름날 달마지
달마지 달마즁을 가쟈고
새라새옷은 가라닙고도
가슴엔 묵은 설움 그대로
달마지 달마즁을 가쟈고
달마즁가쟈고 니웃집들
山우헤水面에 달소슬때
도라들가쟈고 니웃집들
모작별삼셩이 떠러질때

41) 최대림 역, 앞의 책, p. 69.
42) 최남선, 『조선상식』(서울: 동명사, 1948), p. 25.

달마지 달마즁을 가쟈고
다니든옛동무 무덤까가에
正月대보름날 달마지
－김소월, 「달마지」 전문

민요적 리듬으로 창작된 이 시는 시어의 어감과 어조가 율동적인데, 이 시에서 화자는 정월 대보름날 새 옷을 입고 달마중을 가자고 권유하고 있다. 달맞이는 원기 왕성한 단일(丹日)에 사악한 것을 막아내 보려는 의도에서 시작된 민속이다. 이러한 달맞이 풍속은 벽사의 의미도 있는데 '가슴엔 묵은 설움 그대로'에서 알 수 있듯이 달맞이는 이 설움을 잊기 위해서 새 옷을 입는 것이다. 이는 묵은 설움을 지니고 옛 동무의 무덤가를 찾는 행위와 절묘하게 대비되고 있다. 사람들은 정월 대보름날 솟는 달을 먼저 보기 위해 다투어 뒷동산에 오른다. 이는 남보다 먼저 달을 본 사람이 길한 운명을 갖는다[43]는 인식 때문에 발생한다. 이처럼 주언(呪言)하며 소망을 비는, 즉 복(福)을 비는 말은 일상적인 언어와는 다른 종교 언어로서 궁극적이고 실재를 표현[44]하기에 역시 제의적인 차원에서 행해지는 것이다. 특히 달맞이 때는 달의 빛을 보고 한 해의 농사를 점치기도 했다. 붉은색은 가뭄의 징조이고 흰색은 장마의 징조였다. 또 달의 모양이나 크기, 고저 등으로 점을 치기도 했다. 달의 윤곽과 두께의 차이로 1년 농사를 점치기도 했는데, 달의 둘레가 두터우면 풍년이, 얇으면 흉년이 들 징조[45]라고 인식되기도 했다.

만월(滿月)은 풍요(豊饒)를 상징한다. 보름을 중심으로 해서 풍산(豐産)을 기원하는 것은 달이 커져서 15일이 되면 완전히 하나의 결실이 되는 신비

43) 최대림 역, 앞의 책, p. 51.
44) F. 스트링, 정진홍 역, 『종교적 입문』(대한기독교서회, 1973), p. 125.
45) 위의 책, p. 52.

로운 점에서 생겨난 믿음이다. 특히 보름달에 풍산(豐産)과 무병(無病), 태평(太平)을 기원하는 것은 보름달이 생명과 함께 생식(生殖)과 밀접한 관계를 갖고 있음을[46] 보여주고 있다.

가는봄 三月, 三月은 삼질
江南제비도 안닛고왔는데
아무렴은요
설게 이때는
못닛게, 그리워

잊으시기야 했으랴, 하마 어느새
님 부르는 꾀꼬리 소리
울고 싶은 바람은 점도록 부는데
설리도 이때는
가는 봄 三月, 三月은 삼질
-김소월, 「가는 봄 三月」 전문

이 시는 강남 갔던 제비가 돌아온다는 삼월 삼짇날을 시간적 배경으로 삼고 있다. 민속에서 음력 3월 3일은 삼짇날 또는 상사일(上巳日), 중삼(重三)이라고 한다. 이날 머리를 감으면 머리카락이 부드러워진다고 하여 계곡의 맑은 물에서 머리를 감곤 했다. 이것은 제액의 의미로, 사람들은 동천에 몸을 씻고 교외에 나가 하루를 즐기면 일 년 동안 무병장수한다고 믿었다. 들판에 나가 꽃놀이를 하고 새 풀을 밟으며 봄을 즐겼기 때문에 답청절(踏青節)이라고도 한다. 이날 전국 각처의 한량들은 활터에 모여 활쏘기 놀이를

46) 김명자, 『한국세시풍속연구』(경희대 박사논문, 1989), p. 48.

열기도 했고 닭싸움을 즐기기도 했다. 가정에서는 진달래꽃을 찹쌀가루에 넣어 화전(花煎)을 만들어 먹기도 하고, 녹두가루를 반죽하여 오미자 국과 꿀물에 띄운 뒤 잣을 곁들인 화면(花麵)을 만들어 먹었다. 그러나 무엇보다도 이날은 강남 갔던 제비들이 다시 돌아오는 날이다. 당시 우리 민족은 나비를 보고 점을 쳤는데, 노랑나비나 호랑나비는 소원이 이루어질 길조였으나 흰나비는 부모의 상을 당할 흉조라고 믿어졌다. 즉 흰나비를 먼저 보면 그해에 상복을 입고, 색깔 있는 나비를 보면 좋은 일이 있다고 믿었다. 삼짇날 뱀을 보면 좋지 않다고 하여 뱀 보기는 무척이나 꺼려졌다. 또한 물산제(용왕제)가 행해지기도 했는데, 이것은 주로 방생을 위한 민속이었다. 물산제는 마을이 깨끗하면 올리고 그렇지 않으면 올리지 않았다. 즉 마을에 초상이나 출산을 한 집이 있으면 용왕제를 지내지 않는 것이 상식이었다.

정지용은 「三月 삼짇날」에서 나비와 제비의 부활의지를 형상화하고 있는데, '우리 애기 상제로 사갔소'라는 마지막 구절에서 '상제'는 옥황상제의 준말이다. 중국 고대에 있어 상제는 천계(天界)에 조정을 조직하여 운영하는 동시에 지상을 감시하여 지상의 만물을 생성, 변화시키는 조물주이다. 상제는 첫째, 원시적인 천신 신앙에서 의인화된 인격신으로 나타나며 실제로 존재하는 사람으로 상상되었다. 둘째, 사람들의 마음과 통할 수 있다고 하더라도 결국 사람들의 마음 밖에서 초월적으로 존재하는 것이었다. 셋째, 상제도 사람처럼 욕망이 있는 자로서 사람이 현실적인 욕망을 희구할 때는 제사나 희생 등의 교역 의식을 통해야 했다. 넷째, 상제는 사람들에게 그 상벌로서 빈천, 부귀, 사생, 이해 등의 외재적인 화복을 내려주는 자였다. 상제에 대한 당시인의 종교적 신앙태도는 사람의 일에 관한 모든 것까지도 상제의 뜻에 의하여 결정하려는 상제 중심의 사고방식으로 나타났다.[47] 『삼국

47) 한국정신문화연구원, 『한국민족문화대백과사전, 11권』(웅진출판사, 1994), p. 555.

유사』의 단군에 관한 기록을 살펴보면 상제는 천상에서 조정 대신들을 거느리고 있으면서 지상의 만물을 감독하는 자로 설명되어 있다. 이외에도 무속에서 섬기는 신으로는 옥황천존이 있다. 옥황천존은 전통적인 하늘신으로 하느님과 동일시된다. 이 신은 인간에게 수명장수를 주고 인간의 모든 문제를 풀어 주는 신[48)]으로 여겨졌다.

城村의 아가씨들
널 뛰노나
초파일 날이라고
널을 뛰지요.

바람 불어요.
바람이 분다고!
담 안에는 수양의 버드나무
채색줄 층층그네 매지를 말아요.

담 밖에는 수양의 늘어진 가지
늘어진 가지는
오오 누나!
휘젓이 늘어져서 그늘이 깊소.

좋다 봄날은
몸에 겹지
널뛰는 성촌의 아가씨네들
널은 사랑의 버릇이라오.

−김소월, 「널」 전문

48) 한국민속대사전편찬위원회, 앞의 책, p. 1073.

이 시는 초파일의 널뛰기를 형상화하고 있다. 널뛰기는 한자어로 초판희(超板戲), 판무(板舞), 도판희(桃板戲) 등으로 표기된다. 널뛰기는 음력 정초를 비롯하여 5월 단오와 8월 한가위 등 큰 명절에 주로 젊은 여성들이 즐긴 놀이이다. 이 놀이는 두툼하고 긴 널빤지를 준비하여 그 가운데 밑에 짚단이나 가마니 같은 것을 뭉쳐서 고여 놓는다. 그리고 양쪽에 한 사람씩 올라서서 한 사람이 뛰었다가 내리누르는 힘의 반동으로 상대방이 뛰어오르는데 이렇게 두 사람이 번갈아 가며 뛰어오르기를 되풀이하는 놀이다. 널뛰기에 관한 기록을 찾아보면, 『경도잡지』에는 초판희(超板戲)라고 소개되어 있다. 최남선은 『조선상식문답』에서 서보광(徐堡光)의 유구 여행기인 『중산전신록』[49]의 내용을 인용하면서 정초에 여자들이 하는 유희로 격구와 판무희가 있다고 설명하고 있다. 민간의 설명에 의하면 널뛰기는 유교사회의 도덕적 구속으로 출입이 자유롭지 못한 여인들이 제한된 공간 안에서나마 바깥세상에 대한 동경과 호기심으로 담장 곁에 널을 놓고 뛰면서 밖을 내다볼 수 있게 만들어진 놀이다. 또는 남편이 삼옥에 갇히게 되어 아내가 다른 죄인의 여인과 공모하여 널을 뛰면서 서로 담장 너머 옥(獄) 속에 갇힌 남편의 얼굴을 보았다는 이야기[50]도 전해진다. 속담으로는 '널뛰기를 하면 그해에는 발바닥에 가시가 들지 않는다'든가 '처녀시절에 널을 뛰지 않으면 시집을 가서 아이를 낳지 못한다' 등이 있는데, 건강과 관련지어 이 같은 이야기가 생겨난 것으로 추측된다.

까막까치 깃 다듬어
바람이 좋으니 솔솔이요

49) 심우성, 『우리나라 민속놀이』(동문선, 1996), p. 36.
50) 위의 책, p. 38.

구름물 속에는 달 떨어져서
그 달이 복판 깨어지니 칠월 칠석날에도 저녁은 반달이라

－김소월, 「칠석」 부분

칠석은 견우와 직녀가 만나는 날이다. 이처럼 전통적인 풍습에 의해 체험된 시간은 동일한 문화와 풍습을 공유하는 집단의 내적인 교감을 전제로 한다. 전통적인 시간 의식은 인간 존재에 대한 성찰의 의미도 더불어 지닌다. 즉 인간의 내면화를 지향하는 것이다. 전통적인 시간 의식에 내재한 변화는 태양의 순환과 계절의 변화를 바탕으로 한다. 이러한 변화는 인간 존재의 무상성을 인식하게 하며 이를 통해 자연과 인간, 동일자와 타자의 경계를 지우고 초월하려는 새로운 형태의 사유를 열어준다.

김소월의 시에 나타난 전통적인 시간 의식도 이러한 의미를 지니고 있다. 그의 시는 일제에 의해 전통적인 풍속이 비근대적이라는 이유로 폐지된 현실 속에서 식민지적 근대에 대한 저항의 의미를 띤다. "세시풍속이 비합리성과 비문명성의 이유로 취소 금지되었으며 절기(節氣)가 새로운 양력에 의해서 바뀌어졌다. 동제(洞祭)와 집단적 의례와 축제가 비생산적이며 미신이라는 이유로, 그리고 석전(石戰)과 같은 활력에 넘치는 놀이가 폭력적이라는 이유로 금지되었다. 이는 그것들이 각각 민족 정체성을 고양시키고 활력적인 생활의 바탕이 되기 때문이었다."[51] 일제는 한국의 전통적인 문화와 풍습을 전근대성, 비생산성, 비문명성이라는 이유로 배척하였다. 일제는 고유한 민간 전통을 경찰이 관리하게 함으로써 독자적인 사상과 문화전통을 사회질서의 차원에서 통제의 대상으로 만든 뒤 지배적인 일본문화로 대체하고

51) 김광억, 「일제 시기 토착 지식인의 민족문화 인식의 틀」, 『비교문화연구』 4호(서울대 비교문화연구소, 1988), p. 86.

자 하였다.

도라가라 도라가라
그대의뜻대로
永遠한 安息의 터로 도라가라.
다시 괴로움업고 압흠업는
安息의 樂土로 도라가라.

흰날은 여젼히 춤을추는데
보낸다 나는
조고마한 흰棺桶에
어린 깨긋한 屍體를담어
멀고먼 다시못볼죽엄나라로!
—박종화, 「만가(輓歌)」 부분

이 시에서 박종화는 식민지의 고통을 '영원(永遠)한 안식(安息)의 터'라는 죽음으로 형상화하고 있다. 깨끗한 그대를 멀고 먼, 다시는 볼 수 없는 죽음의 나라로 보내려는 화자는 고뇌의 삶보다는 괴로움과 아픔이 없는 '안식(安息)의 악토(樂土)'를 선택하기를 바란다. '만가(輓歌)'는 전통 상례의식인 민요의 하나로 상여꾼이 상여를 메고 갈 때 부르거나 또는 매장할 때 흙을 다지면서 부르는 노래이다. 상여 소리는 내용의 다양성으로 인해 장례의식요, 운반 노동요로서의 기능 이외에 이별가의 기능과 놀이요로서의 유희적 기능, 죽음의 세계를 묘사하는 기능, 죽은 이를 추모하는 기능, 생사(生死)문제를 자각시키는 기능 등[52]을 두루 하게 된다. 엄숙하고 경건한 의례로 빈

52) 임재해, 『전통상례』(대원사, 1990), p. 85.

상여놀이나 다시래기와 같은 외설적이고 장난기 있는 놀이판을 벌이는 것은 산 자들이 죽음의 슬픔을 극복하고 생명 본성을 고무시키려는 삶의 슬기로 보인다. 다른 통과의례에 비해 비교적 강하게 전승되고 있는 것이 상례이다.

무속에서 영혼은 사령과 생령으로 구분할 수 있는데, 사령은 사람이 죽은 뒤에 저승으로 가는 영혼이고 생령은 사람의 몸속에 깃들어 있는 혼이다. 사령의 존재를 입증해 주는 예로는 초상(初喪)의 초혼(招魂), 제사(祭祀)를 비롯해 무속의 제의인 집가심, 자리걷이, 지노귀, 오구굿, 씻김굿, 수왕굿, 망무기, 해원굿 등이 있다. 일반 제의에서도 조상굿 등은 망인의 영혼을 불러 제를 올린다. 무속의 내세관은 영혼관을 기반으로 하여 사후에 영혼이 가서 영주하는 곳을 중심으로 설명된다. 무속에서는 내세가 극락과 지옥의 두 가지 형태가 있다고 믿는다. 사람이 죽으면 영혼이 명부로 가서 시왕을 차례로 거치며 생전의 선악을 심판받아 선한 일을 한 영혼은 극락으로, 악한 일을 한 영혼은 지옥으로 간다. 그러나 무속의 표면에 나타난 이러한 형태의 내세는 불교의 극락과 지옥의 내세형태와 동일한 것으로, 불교가 들어온 뒤에 불교의 영향을 받아 변질된 후래적 형태인 것으로 보인다. 불교의 영향을 받기 이전 무속의 내세는 현세를 이승, 내세를 저승으로 하여 내세인 저승은 현세와의 관계를 일체 끊고 새로운 생활이 시작되는 곳이라고 믿는 이상향이었다. 그러므로 무속의 내세관 속에는 미래에 대한 종교적 구원관념이 없었다. 기독교나 불교 등의 종교가 신앙과 종교적 구원에 의하여 내세를 가지게 되는 데 반하여 무속은 현세에서의 일정한 신앙이나 종교적 구원과는 무관한 자연적 순환의 의미로 나타난다. 즉 사람이 죽으면 영혼이 육신을 가지고 태어나게 한 근원지인 저승으로 돌아간다는 순환의 원리[53]가 무속을 지배했

53) 한국정신문화연구원, 앞의 책, p. 216.

다. 이와 같이 무속의 내세관은 고등 종교와 같은 인위적인 순환이 가해지기 이전의 내세관을 간직하고 있는 것이다.

묵어웁고 두려운 臨終의
헐덕어리는 때로써 에워진
고요히 다처진 病室을향하야,
죽음의 나라로서
부르는 소리잇서
『오라 죽음의 나라로 드러오라
그대들의 말하는
저승길로도라오라
빨리 生을 써나 죽음의 나라로 드러오라』
이리하야 알는사람의마음을
絶望의 焦燥로 써러지게할때
죽음의나라로
그를보내려하는 사람의무리는
멀고먼 죽엄의나라 저승길로 도라가는그를別訣하러모혀든 사람의
무리는
눈물을뿌리며
죽는이를향하야
『念佛하십시오
그져 열 번 百번 念佛하십시오
南無阿彌陀佛……이러케
작고念佛하십시오
그러면 極樂가신답니다。』

–박종화, 「송사치탄(送死痴歎)」 전문

이 시에는 1920년대 초기 시들에서 자주 나타나던 낭만적 상상력과 방황, 자기 분열의 의식이 엿보인다. 시인은 이러한 자기 분열의 의식을 죽음을 통해 형상화하고 있다. 민속에서 임종은 숨을 거두는 것으로 안방 아랫목에 모시는 것이 일반적이다. 이때 머리를 동쪽으로 하여 북쪽 문 옆에 눕히고 코와 입 사이, 즉 인중(人中)에 새 솜을 놓아서 움직임 여부에 따라 죽음을 확인한다. 솜으로 죽음을 확인하는 일을 '속광'(屬紘)이라 한다.[54] 저승사자는 흔히 셋이라 하여 사자상을 차릴 때에도 밥과 술, 짚신, 돈 등을 모두 셋씩 차린다. 반찬으로는 간장이나 된장만 차린다. 밥과 반찬은 요기로, 짚신은 먼 길에 갈아 신으라고 준비한 것이다. 돈은 망자의 영혼을 부탁하는 일종의 뇌물이다. 간장을 차리는 까닭은 사자들이 간장을 먹으면 물을 켜게 되어 자주 쉬거나 물을 마시러 되돌아올 것을 기대했기 때문이다. 『예서』에는 사자상에 관한 기록이 없으나 관행으로 널리 전승되는 것은 내세관 또는 저승관에 대한 전통적인 관념 때문이다. 이것은 육신과 영혼은 사후에 분리된다는 영육 분리의 관념과 죽음을 통제하고 관장하는 초월적인 존재인 염라대왕이 저승에 있다는 이원적인 세계관을 반영하고 있는 것이다.[55]

무속에 나타난 우주는 천상, 지상, 지하로 삼분된다. 천상에는 천신을 비롯하여 일신, 월신, 성신과 그 시종들이 살면서 우주의 삼라만상을 지배하며, 지상에는 인간과 금수, 산신을 비롯한 일반 자연신이 살고, 지하에는 인간의 사령과 그 사령을 지배하는 명부신들이 살고 있다고 여겨진다. 천상계는 인간이 동경하는 낙원이며, 지하계는 사람이 죽어서 가는 곳이다. 생전에 행한 선과 악에 따라 지옥과 낙원으로 구분하는데 지옥은 암흑계로 형벌이 계속되는 형장이며 낙원은 영생의 세계이다. 저승은 막연하게 지상에서

54) 임재해, 앞의 책, p. 20.
55) 위의 책, p. 24.

수평으로 가는 먼 곳이면서 이승과 저승의 구분이 모랭이, 모퉁이를 돌아간다는 것으로 표현된다. 즉 저승은 지상의 수평 공간에 위치한 아주 먼 곳으로 인식된다. 반면 천상계는 지상의 수직상에 위치한 세계로 공간 위치가 확실하고 지상에서 수직으로 왕래하는 것이라 믿었다.[56]

1920년대의 시어 중에서 죽음과 관, 유령 등은 당대 현실을 반영하는 심상들인데, 죽음 자체에 생명이 있고 진리가 있다고 믿음으로써 죽음을 찬미하는 것이 당시의 보편적인 시적 경향이었다.

깔때보든 長丞님은 비오는 날도
洞口밖에 외로히 서서 기다리는데
물이라고 한번가면 올줄 모르오
금년도 장태에 벌써 단풍닢
　　　　　－김동환, 「장승」 전문

『삼국유사』에는 돌백사와 백암사에 주첩(柱貼)이 있다는 구절이 나오는데, 장승과 주첩은 동일한 것으로서 오늘날의 사찰 입구나 민간에서 볼 수 있는 장승의 전신이다. 장승은 나무로 된 것과 돌로 된 것이 있다. 장승의 기능을 살펴보면 첫째, 이정표로서의 장승은 거리를 나타내는 이정표의 역할을 하고 있다. 둘째는 장소나 경계를 나타내는 장승이고, 셋째는 수호신으로서의 장승이다. 마을 입구나 마을 안에 세워져 있는 것으로 여행의 안전이나 전염병, 역병을 막아주는 일 이외에 농사의 풍요까지 담당하는 수호신적 역할을 하고 있다. 이 기능들은 종합해서 나타나는 것이 장승의 신앙적 특징이다.[57] 장승은 마을의 수호신으로 동네 어귀나 길가에 세워진 사람 모양의

56) 김태곤, 『한국의 무속』(대원사, 1997), p. 71.
57) 김동욱 외, 『한국민속학』(새문사, 1991), p. 199.

형상이며 경계의 표시나 거리, 악을 막는 귀표(鬼標) 등으로 사용되었다. 사찰 입구에 세우는 것은 경내의 표시와 부정을 막는 두 가지 역할을 담당하였고, 거리를 표시하는 것은 거리표 역할을 하였다. 촌락의 입구에 세워 축귀대왕(逐鬼大王)이라고 쓰는 것은 악귀의 부정을 막는 민간신앙적인 의미[58]를 지닌다.

이처럼 장승이나 주첩은 목주(木柱), 석주(石柱), 입석(立石) 등을 사용하여 신역(神域)의 표시와 축귀의 의미[59]를 가지고 세워진 것으로 추정된다. 장승에는 남녀 성별이 있으며 특수한 경우를 제외하고 서로 마주 보게 세워 두는 것이 보통이다. 남성 쪽은 관모를 쓰고 있으며 동체에는 천하대장군(天下大將軍), 여성 쪽은 지하대장군(地下大將軍)이라 쓰여 있다. 영남 지역에서는 토지대장(土地大將)이라고 쓰인 것도 많다. 매년 제사가 행해질 때 새 장승을 만들어 세우기 때문에 이런 곳에 장승이 여러 개 서 있는 것을 볼 수 있다. 나무 장승인 경우 새 것을 세울 때는 얼굴 부분에 황토 칠을 하는데, 이것을 화장한다고 한다. 단순히 화장시키는 것으로 그치는 것이 아니라 황토 자체가 악령을 물리치는 주술적인 힘이 있다고 여겨졌기 때문이다. 정초나 부락제사 때에 황토를 떠다가 대문 앞이나 당 앞에 뿌려놓는 것 역시 황토가 악을 물리친다고 믿었기 때문이다. 그러므로 황토를 장승의 얼굴에 칠하는 것은 장승의 영적인 힘이 보다 강해지도록 하기 위한 주술적 행위[60]라고 볼 수 있다.

또 주술적인 의미로 설날이나 출산 날, 제삿날 문전에 황토를 뿌려두는 일이 있다. 황색은 오색(五色) 가운데 최고 상위에 있는 중앙색이며 축귀(逐

58) 한국정신문화연구원, 앞의 책, 8권, pp. 678-679.
59) 위의 책, p. 679.
60) 김동욱 외, 앞의 책, p. 200.

鬼)의 기능이 있기 때문에 신성을 필요로 하거나 잡귀를 물리칠 필요가 있을 때 사용되었다. 그리고 동신(洞神)을 모신 사당과 그 동신제의 제주(祭主)가 사는 집 사이에는 붉은 황토를 깔아 사귀(邪鬼)를 막았는데 이에 동원되는 부역을 황토 부역이라 하였다. 장승의 명칭은 중부 지역에서는 장승이고 호남 지역에서는 할아버지, 할머니이며, 영남 지역에서는 벅수, 제주도에서는 하르방이다. 장승의 얼굴 형태는 목(木) 장승인 경우 중부 지역에서 남 장승은 사모를 쓰고 눈알과 코가 툭 불거진 채 이를 드러내고 있는 것이 통례이다.[61] 각 지역의 장승제는 동제에서 행해지는데 장승은 동신의 하위 신으로 여겨 마지막에 제를 지낸다. 다만 지역마다 제를 올리는 시기에 차이가 있다. 충남 지역에서는 3년마다 한 번씩 윤달이 드는 해에, 경기도에서는 윤달과 관계없이 3년마다 한 번씩, 남부 지역에서는 매년 제를 올린다.[62] 장승의 기문은 지역에 따라 다르게 표기되어 있으나 '장군', '대장' 등의 명칭이 공통적으로 들어 있다. 이렇게 장군, 대장 등의 명칭이 붙은 것은 잡귀의 침입을 막는 위용의 필요에서 비롯된 것이다.

61) 한국민속대사전편찬위원회, 앞의 책, p. 1204.
62) 위의 책, p. 1205.

제3장 1930년대 시의 민속적 상상력

1930년대에 접어들자 일제는 창씨개명과 모국어 사용 금지를 강요하면서 노골적으로 민족정신의 말살을 주장했다. 중일전쟁을 비롯한 제국적 영토 확산의 일환으로 한반도는 군수물자 조달의 병참기지가 되어 갔으며, 이 과정에서 농민들에 대한 수탈은 갈수록 극대화되었다. 총독부의 엄격한 검열 하에서 신음했던 이 시기의 시인들은 궁핍한 식민지의 모순에 대하여 직설적으로 대응하지는 못한 채 자연의 세계로 몰입하거나 내면의 문제로 응축시켜야만 했다.

한편 1930년대는 민속학의 정립기로 야외조사라는 조사방법론이 등장하였고 각 분야마다 전문적 연구자가 나타났다. 이 시기에는 민속학회가 창설되어 전문연구지가 간행되는 등 활발한 민속 연구가 진행되었다. 특히 손진태는 『조선신가유편(朝鮮神歌遺篇)』과 『조선민담집』을 출판하는 등 민속학 전반에 걸쳐 연구하였다. 당시 그의 민속학 연구방법론은 고고학, 민족학, 인류학, 사회학적인 면에 확대되어 야외조사에까지 뻗쳐 있었다. 송석하 역시 『조선민속극』, 『오광대소고』, 『조선의 혼인풍속』 등을 출판하여[1] 민속

1) 박계홍, 앞의 책, p. 39.

학 연구의 새로운 길을 열었다.

1930년대의 시인 중에서 향토적 정서를 띤 풍물을 통해 민속을 수용한 대표적 시인으로는 노천명을 꼽을 수 있다. 그는 민속을 통해 고향에 대한 그리움과 향수를 표현하는 데 집중했으며, 토착어를 사용함으로써 당시의 풍속을 생생하게 재현하기도 했다.

> 대추 밤을 돈사야 추석을 차렸다.
> 二十里를 걸어 열하룻장을 보러 떠나는 새벽
> 막내딸 이쁜이는 대추를 안준다고 우렀다.
> 절편같은 半달이 싸릿문에 우에 돋고
> 건너편 선황당 사시나무 그림자가 무시무시한 저녁
> 나귀방울이 지꺼리는 소리가 고개를 넘어 가차워지면
> 이쁜이보다 찹쌀개가 먼저 마중을 나갔다.
>
> ―노천명, 「장날」 전문

이 시에는 유년의 고향에 대한 애틋한 그리움이 잘 표현되어 있다. 가난한 농촌에서 추석을 차리기 위해 '이십리(二十里)를 걸어 열하룻장을 보러' 가는 새벽에 이쁜이는 대추를 안 준다고 운다. 장을 보고 저녁 늦게 집으로 돌아오는 길에 성황당 주변이 무섭게 보이고, '나귀방울이 지꺼리는 소리가 고개를 넘어 가차워지면' 이쁜이보다 먼저 마중을 나가는 것은 찹쌀개의 몫이다.

이 시는 토속어의 사용이 무척 인상적이다. 가령 '돈사야', '열하룻장', '싸릿문', '선황당', '나귀방울', '찹쌀개' 등의 향토적 시어는 과거의 공간과 어울려 고향에 대한 간절한 그리움을 효과적으로 표현하고 있다. 여기서 '돈사야'는 장날에 물건을 내다 파는 것을 의미하는데, '돈사다'라는 토속적 표현에서 전통성과의 접맥을 엿볼 수 있다. 그리고 '대추 밤을 돈사야 추석을 차렸다'라는 구절은 가난으로 얼룩진 당대의 현실을 반영하고 있다. 시인은 '이뿐이'라는 아이를 시적 주인공으로 설정함으로써 유년기에 대한 회상과 평화로운 풍속, 향토적인 정서의 조화를 극대화하고 있다. 이러한 토속어는 단순히 시골의 풍물에만 그치는 것이 아니라 전통적인 민속이 시 속에 나타나고 있음을 의미한다. 노천명의 시에는 시악시, 병풍, 피리, 초가(草家), 등잔(燈盞), 칠보족도리, 섬돌, 남(男)사당, 연잣간, 울바주, 치부책, 온달(溫達), 춘향(春香), 가마, 가배절(嘉拜節), 요령, 제석(除夕) 등 상당히 많은 토속어들이 등장한다.

뒤울안
보루쇠 열매가 붉어오면
앞山에서 뻐꾹이 울었다.
해마다 다른 까치가 와 집을 짓는다는
앞마당 아라사버들은 키가 커 늘 쳐다봤다.

아랫말과 웃洞里가 넓어뵈는 村에선
端午의 명절이 한껏 질겁고……
모닥불에 강냉이를 튀먹든 아이들
곳잘 하늘의 별 세기를 내기했다.

江가에서 개(川)비린내가 유난이
품겨 오는 저녁엔 비가 온다는
늙은이의 天氣豫報는 틀린 적이 없었다.

도적이 들고난 새벽녘처럼 호젓한 밤

개짖는 소리가 덜 좋아
이불속으로 들어가 무치는 밤이 있었다.
—노천명, 「생가(生家)」 전문

'보루쇠 열매, 아라사버들, 강냉이' 등의 식물 심상과 뻐꾸기, 까치, 개 등의 동물 심상, '아이들, 늙은이, 도적' 등 마을의 구성원이 토속적이며 포근한 고향의 모습 속에서 잘 어우러져 있다. 시각과 청각, 후각적 이미지의 복합적 사용을 통해 단오 명절의 민속적인 모습이 잘 나타나고 있다. '앞마당 아라사버들은 키가 커 늘 쳐다봤다'와 '모닥불에 강냉이를 튀먹든 아이들', '곳잘 하늘의 별 세기를 내기했다' 등에서 지상에서 천상으로 향하려는 화자의 의식적 지향성이 엿보인다. 또한 '개비린내가 유난이 품겨 오는 저녁엔 비가 온다'는 민간의 속설이 '늙은이의 천기예보(天氣豫報)는 틀린 적이 없었다'는 어른의 예보를 통하여 제시되고 있다. '도적이 들고난 새벽녘'에 '개짓는 소리가 덜 좋아 이불속으로 들어가 무치는 밤이 있었다'에서는 두려움과 호기심이 유년에 대한 회상과 함께 그리움의 정서로 다가오고 있다. 이 시는 고향에 대한 본능적인 그리움을 드러내는 동시에 영원한 고향으로부터 멀어지는 현실적 삶에 대한 비애[2]를 노래하고 있다.

나는 얼굴에 粉을 하고
삼딴가티 머리를 따내리는 사나이

초립에 쾌자를 걸친 조라치들이
날나리를 부는 저녁이면
다홍치마를 둘르고 나는 香丹이가 된다.

---

2) 김재홍, 앞의 책, p. 217.

이리하야 장터 어늬 넓운마당을 빌어
람프 불을 도둔 布帳 속에선
내 男聲이 十分 屈辱되다.

山 넘어 지나온 저 村엔
銀반지를 사주고 십흔
고흔 處女도 잇섯건만

다음날이면 떠남을 짓는
處女야
나는 집씨의 피엿다.
내일은 또 어늬 洞里로 들어간다냐.

우리들의 道具를 실은
노새의 뒤를 따라
山딸기이 이슬을 털며
길에 오르는 새벽은

구경꾼을 모흐는 날나리소리처럼
슬픔과 기쁨이 석겨 핀다.
-노천명, 「男사당」 전문

이 시는 유랑 예능인, 집단인 남사당의 한 사나이를 주인공으로 하여 그의 생활과 슬픔을 노래한 작품이다. '남사당'은 사라져 가는 민속놀이로 원래는 사찰건립 자금 마련을 위해 민간을 돌며 걸립하던 굿중패가 기원이다. 그것이 민간에 전승되어 농악이 되고, 일부는 민중놀이로 서민생활에 침투하게 되었다. 남사당패는 꼭두쇠라고 불리는 우두머리를 비롯하여 곰뱅이쇠, 뜬쇠, 가열, 삐리, 저승패, 짐꾼 등 보통 40-50명의 놀이꾼 남자들만으로 구성된다. 꼭두쇠는 패거리의 우두머리로 대내외적인 책임을 지며 꼭두쇠의 능력에 따라 식구가 모이기도 하고 흩어지기도 한다. 꼭두쇠는 반드시 한 사람이며 그를 보좌하는 곰뱅이쇠는 패거리의 규모에 따라 두 사람일 때도 있다. 곰뱅이란 남사당패의 은어로 '허가'를 의미하는데 어느 마을에 갔을 때 놀이마당을 열어도 좋다는 승낙을 받는 일을 맡아보는 사람을 말한다. 곰뱅이쇠가 둘일 경우 하나는 먹는 문제를 해결하는 글곰뱅이쇠다. 남사당놀이의 연희자 중 징수님, 고징수님, 북수님, 호적수, 벅구님, 상동무님, 회덕님, 버나쇠, 얼른쇠, 살판쇠, 어름산이, 덧뵈기쇠, 덜미쇠 등은 각 분야의 우두머리를 지칭한다. 꼭두쇠는 패거리에 의해 선출되며 기능을 발휘할 수 없거나 잘못이 있어 신임을 잃으면 교체된다. 또한 꼭두쇠는 협의를 통한 다수결의 방식을 통해 선출되며 일정한 임기는 없다.

사당패는 일정한 보수 없이 숙식만 제공받으며 마을의 큰 마당에서 밤을 새워 놀이를 하였다. 놀이 종목은 여섯 가지로 풍물(농악), 버나(대접돌리기), 살판(땅재주), 어름(줄타기), 덧뵈기(탈춤), 덜미(꼭두각시놀음, 인형극)가 그것이다.

첫 번째 놀이인 풍물은 웃다리 가락을 주축으로 한 짜임새 있는 진풀이인데 무동(새미), 채상(열두발 상모) 등을 가미하여 연희적 요소를 더하기도 했다. 인사굿부터 시작하여 돌림벅구, 선소리터, 당산벌림, 양상치기, 허튼상치기, 오방감기, 오방풀기, 무동돌림, 네줄백이 등의 판굿을 놀고, 판굿이 끝난 다음에는 상쇠놀이, 징놀이, 북놀이, 장구놀이, 시나위, 새미받기, 채상놀이 등을 한다. 버나는 쳇바퀴, 대접, 대야 등을 앵두나무 막대기로 돌리는 묘기를 말한다. 단순히 묘기로 끝나는 것이 아니라 돌리는 사람인 버나잽이와 받는 소리꾼인 매호씨(어릿광대)가 서로 주고받는 재담과 소리가 있어

극적이다. 돌리는 물체에 따라서 대접버나, 칼버나, 자새버나, 쳇바퀴버나 등으로 분류된다. 살판은 앞곤두, 뒷곤두, 번개곤두, 자반뒤지기, 팔걸음, 외팔걸음, 외팔곤두, 앉은뱅이 팔걸음, 수세미트리, 앉은뱅이 머발되기, 숭어뜀 등의 순서로 논다. 살판쇠와 매호씨가 재담을 주고받으며, 잽이의 장단에 맞춰 정해진 차례대로 곤두질치는 것이다. 어름은 줄타기를 말하는데, 어름산이와 매호씨가 재담을 주고받으며 줄 위에서 가창하고 잽이의 장단에 맞춰 진행되는 것으로 버나 살판의 경우와 동일하다. 덧뵈기는 마당씻이, 옴탈잡이, 샌님잡이, 먹중잡이의 네 마당으로 짜여진다. 먼저 첫째 마당에서 놀이판을 확보하고, 둘째 마당에서 외새를 잡고, 셋째 마당에서는 내부 모순을 불식하고, 끝 마당에서 외래문화를 배격하는 내용이다. 덜미는 마지막 순서로 전통인형극, 꼭두각시놀음 등을 의미하며 목덜미나 몸뚱이를 쥐고 놀린다는 장두인형(杖頭人形)을 뜻한다. 줄거리는 지배층의 지배구조와 횡포에 대한 저항, 파계승에 대한 풍자 등을 통해 외래종교 비판과 서민들의 염원을 회화적으로 표현한다. 따라서 이를 당대 민중의 '떠도는 삶의 모습'[3] 이라고 유추할 수 있다.

이 무렵 일제는 우리 민족의 정신과 전통을 말살시키려고 공동체 문화를 파괴하고 미풍양속이나 민속놀이에 대해서 제재를 가하였다. 이러한 의미에서 '남사당'은 많은 의미를 지니며 상실한 나라와 민속에 대한 갈망을 표현하고자 노력한 것으로 여겨진다.

남사당패는 주로 모를 심는 계절부터 추수가 끝나는 늦은 가을까지 활동했는데, 솜방망이 불이나 관솔불을 피워 놓고 밤새워 놀이마당을 벌였다. 그들은 노래와 곡예를 하기도 하고 탈놀음 따위의 연극적 놀이를 보여주기

3) 김재홍, 『한국현대시인연구』(일지사, 1986), p. 221.

도 했다. 남자들만의 집단인 만큼 여자 배역이 필요한데, 남사당패 중에서 비교적 나이가 어리고 얼굴이 고운 사람을 여장시켜 그 역을 맡겼다. 노천명의 「남사당」에서 '나'는 바로 그러한 인물로, '얼굴에 분(粉)을 하고 삼딴가티 머리를 따내리는 사나이'라는 표현이 그것을 입증해 준다. 2연에서는 남사당패의 공연 장면이 묘사되고 있다. '내 남성(男聲)이 십분(十分) 굴욕(屈辱)되다'는 여자의 목소리를 흉내 내야 했다는 것을 드러내는 것이지만, 시적 화자가 남성으로 느꼈던 굴욕감까지 표현되고 있다. 이는 여자 역을 하는 사내의 남성으로서의 비애라고도 할 수 있다. 3연에서는 '은(銀)반지를 사주고 십흔', '고흔 처녀(處女)도 잇섯건만'처럼 떠돌아다니는 처지이지만 사랑과 눈물을 보이는 따뜻한 인간성이 그대로 드러나고 있다. 4연에서는 이러한 사랑도 꽃피우지 못한 채 공연이 끝나면 다른 마을로 떠나야 하는, 그래서 '집시의 피였다'라는 화자의 유랑민 의식이 집중적으로 드러난다. 5연에서는 공연이 끝나고 떠나는 장면이 묘사되고 있다. '우리들의 도구(道具)를 실은 노새의 뒤를 따라' 새벽길을 떠나는 남사당패들의 모습을 '구경꾼을 모으는 날나리소리처럼 슬픔과 기쁨이 석겨 핀다'라고 표현함으로써 남사당패의 슬픔과 기쁨을 동시에 드러내고 있다.

이처럼 이 시에는 놀이판이 벌어지는 저녁이면 여자 노릇을 해야만 하는 한 남사당패의 서글픔이 짙게 투영되어 있다. 놀이판이 끝나면 다시 길을 떠나야 하는 처지처럼 그 서글픔은 유랑하는 자신의 신세에 대한 비애이기도 하다. 노천명은 이처럼 남사당패라는 민속적인 소재를 통해 삶의 덧없음과 비애를 표현하고 있다. 그의 시에는 사라져 가는 토속적인 풍물에 대한 관심과 향토적인 풍속에 대한 애정이 엿보인다.

청사 초롱을 들리우고

호랑 담요를 쓰고 가마가
웃동리서 아랫몰루 내려왔다
차일을 친 집마당엔
잔치 국수상이 벌어지고
상을 받은 아주머니들은
이차떡에 절편에 대추랑 밤을 수건에 쌌다
대례를 지내는 마당에선
활옷을 입은 색시보다도 나는
그 머리에 쓴 七寶족두리가 더 맘에 있었다

—노천명, 「잔치」 전문

혼롓날의 모습을 시화하면서 화자는 유년기에 가졌던 칠보족두리에 대한 관심을 떠올리고 있다. 이 시에는 전통에 대한 향수와 우리 것에 대한 애정의 표현이 순수한 동심과 어우러져 나타나고 있다. 결혼식 날이 되면 혼례시간에 맞추어 신랑은 가마나 말을 타고 신부 집으로 향하는데, 초롱을 든 사람이 신랑의 앞에 서고 함진아비가 신랑의 뒤를 따른다. 혼례식장인 초례청에는 대례상이 준비되는데, 그 상 위에는 한 쌍의 촛대와 촛불, 송죽 화병 한 쌍, 백미 두 그릇, 과일과 떡, 그리고 보자기에 싼 산 닭 한 쌍을 남북으로 갈라놓는다. 송죽의 화병에는 각각 청실과 홍실 타래를 걸쳐놓고 한 쌍의 닭은 상 위에 놓지 않고 양쪽에서 시동이 붙들고 서 있기도 한다. 혼례가 시작되면 기럭아비가 앞장서서 혼례복으로 예장을 갖춘 신랑을 안내하며, 신랑이 대문에 이르면 주인이 나와 맞아 전안청으로 안내한다. 대문에 들어설 때에는 짚불을 놓고 그 불을 넘어가게 한다. 신부 집에서는 대청에 초례청을 꾸미고 마당 북쪽에 병풍을 친 다음 그 앞에 상을 놓아 전안청(奠雁廳)을 삼는다. 그러나 대청이 없거나 좁은 집에서는 마당에 차일을 치고 초례청을 꾸미기도 한다. 그리고 그 앞에 전안청을 차린다. 기러기를 전안상에 놓고 신랑이 재배하는 동안 신부의 어머니나 시녀가 목안을 치마로 싸서 안고, 신부가 있는 내실로 들어간다. 혹은 내실 밖에서 목안을 방안으로 밀어 던지기도 하는데, 밀어 던진 나무 기러기가 미끄러져 나가 정상적으로 서면 첫 아들을 낳고 옆으로 넘어지면 첫 딸을 낳는다[4]는 속설도 있다.

'활옷'은 고려 및 조선 시대의 공주, 옹주의 대례복 또는 상류계급의 혼례복이다. 오늘날에는 혼례 시 폐백복으로 입어 전통을 이어가고 있는데, 가장 아름답고 화려한 여성 예복 가운데 하나이다. 다홍색 바탕에 장수와 길복의 뜻을 지닌 십장생문을 옷 전체에 수놓고 등에는 이성지합(二姓之合), 만복지원(萬福之源), 수여산(壽如山), 부여해(富如海) 등의 글자를 수놓는다. 머리는 또야머리에 용잠(龍簪)을 꽂고 도투락댕기와 앞줄댕기를 드리고 칠보화관을 쓴다.[5] 칠보는 불경에 나오는 일곱 가지의 보석으로 관이나 족두리를 화려하게 수식할 때와 기타 장신구에 사용되었다.

수수경단에 백설기 대추송편에 꿀편
인절미를 색색이로 차려 놓고

책에 붓에 쌀에 은전 금전
가진 보화를 그뜩 쌓논 돐상 위에
할머니는 살이살이 국수놓으며 명복을 빌고
할아버지는 청실홍실 느린 활을 놔주셨다.
온 집안 사람들의 웃는 눈을 받으며
전복에 복건을 쓴 애기가 돌을 잡는다.

---

4) 박계홍, 앞의 책, p. 141.
5) 김영숙, 『한국복식문화사전』(미술문화, 1998), p. 418.

고사리 같은 손은 문장이 된다는 책가를 스쳐
장군이 된다는 활을 꽉 잡았다.
　　　　　　　　　　　－노천명, 「돌잡이」 전문

이 시는 태어난 지 일 년이 되는 날의 잔치 광경을 형상화하고 있다. 이날은 돌빔, 돌떡, 돌잡이가 행해지는 날이다. 돌잔치는 아이에 대한 축복인 동시에 온 집안의 경사인 출생의례이고 변형, 퇴화된 신화형식[6]의 하나이다. 출생의례에는 기자, 회임, 출산, 산후의례가 있고 다시 3일의 목욕, 첫 이레, 두 이레, 세 이레, 백일, 돌잔치[7] 등으로 이어진다. 반겐넵(Van Gennep)에 의하면 통과의례는 인간이 일생을 통해서 반드시 거쳐야 하는 의례로 출생, 성년, 결혼, 상례 등을 말한다. 이는 우리의 관혼상제와 같은 의미이다. 돌빔은 돌을 맞는 아기에게 화려한 옷을 입히는 일을 말한다. 대개 남자아이에게는 보라색이나 회색 바지, 분홍 또는 색동저고리, 색동두루마기, 남색조끼, 색동마고자를 입힌다. 그리고 전복에 홍사 띠를 두르게 하며 복건을 쓰고 다래버선을 신고 염낭을 차게 한다. 여자아이에게는 색동저고리에 빨강색 긴 치마를 입히고 조바위를 씌우며 다래버선을 신기고 염낭을 차게 한다.

돌빔에서 중요한 것은 돌띠와 돌주머니이다. 돌띠는 길게 하여 한 바퀴를 돌려 매는데, 이는 장수를 기원하는 것이고, 돌주머니는 복록을 기원하는 뜻이다. 이것은 주로 비단 헝겊에 주머니 입구를 주름 잡아서 색실로 끈을 쓰도록 만들었다. 돌띠의 등 부분에는 12개월을 상징하는 12개의 작은 염낭에 여러 종류의 곡식을 담아 매달아 주어 부귀영화를 염원[8]하기도 하였다.

---

6) 듀보, 김용준 역, 『人間이란 動物』(탐구당, 1983), p. 137.
7) 장주근 · 이두현, 『한국민속학개론』(학연사, 1988), p. 81.
8) 김영숙, 앞의 책, p. 135.

주머니 속에 사귀와 액을 물리친다는 뜻에서 황두(黃豆)를 홍지(紅紙)에 싸서 넣었다. 앞면에는 모란꽃이나 국화 등의 수를 놓고 뒷면에는 수 자나 복 자를 수놓은 것으로 복이나 수를 기원하는 것이다. 돌주머니 끈에는 장식물을 달아주는데, 장식물에는 아주 작게 만든 수놓은 다래버선, 은도끼, 은나비, 은복, 은으로 만든 물고기, 은장도, 은자물통 등이 포함되었다. 이러한 물건은 아기의 수명장수와 복록을 기원하는 것이며, 사귀(邪鬼)의 접근을 막아 부정을 막는 뜻이 있다.

'전복'은 원래 조선 시대 무관들의 군복으로 문무 관리들이 평상복으로 착용하기도 하였다. 일명 답호, 작자(綽子), 더구레, 호의(號衣)라고도 하였다. 홑옷으로 소매와 섶이 없으며, 양옆의 아랫부분과 등솔기가 허리에서부터 끝까지 트여 있다. 전복을 입을 때는 안에 붉은색 동달이를 입었고 남색 전대(纏帶)를 띠고 정립을 썼다. 오늘날에는 어린이들이 명절 때나 돌 때 입기도 하는데 머리에는 복건을 쓴다. '복건'은 머리에 쓰는 건의 하나이다. 머리 뒷부분은 곡선으로 하고 앞단에서 귀 윗부분에 좌우 2개씩 주름을 잡되 아래 주름 속으로 끈을 달아 뒤로 돌려 맨다. 검은색의 증(繒)이나 사(紗)로 만드는데 온폭(全幅) 천[9]으로 만든다. 오늘날에는 명절이나 돌에 남자아이가 많이 쓴다.

돌떡으로는 백설기, 수수경단, 찹쌀떡, 송편, 무지개떡, 인절미 등을 만드는데, 이 돌떡은 손님을 대접하고 가족들이 먹기 위해서뿐만 아니라 아기의 수명과 복을 기원하는 뜻이 담겨 있다. 즉 아이의 무병장수와 건강한 성장을 기원하는 뜻으로 음식을 장만하는 것이다. 돌떡으로 수수떡이 빠지지 않는 것은 수수경단의 둥근 모양이나 붉은 색깔이 덕을 상징하고 잡귀를 물

9) 위의 책, p. 207.

리쳐 무병을 기원하는 동시에 수수의 키처럼 쑥쑥 건강하게 자라라는 유감주술의 의미도 담겨 있기 때문이다.[10)]

돌상 위에는 기본적으로 떡과 과일을 차린다. 남자아이의 돌상에는 실, 돈, 쌀, 활과 화살, 책, 종이, 붓, 먹 등을 놓고, 여자아이의 돌상에는 자, 바늘, 가위, 실, 국수, 쌀, 칼 등을 놓는데, 아이가 무엇을 잡는가에 따라서 아이의 미래를 예측해 보기도 한다. 아기가 잡은 물건에 따라 속신이 있는데, 활과 화살을 잡으면 무인이 되며, 국수와 실은 수명이 길다. 대추는 자손이 번창하며, 책, 벼루, 먹, 종이, 붓 등은 문장으로 크게 되며, 쌀은 재물을 모아 부자가 된다는 의미이다. 자(尺), 바늘은 재봉을 잘하거나 손재주가 좋은 사람이 된다는 것을 의미하며, 칼은 음식솜씨가 뛰어나게 된다는 것을 의미한다. 이것은 아이의 장래를 예측해 보는 속신[11)]에 바탕을 둔 놀이라고 할 수 있다.

그 밖에 민속적인 행사나 관혼상제 등을 표출한 노천명의 시에는 「국화제(菊花祭)」, 「제석(除夕)」, 「장날」, 「성묘(省墓)」, 「남(男)사당」, 「잔치」, 「새해맞이」, 「작별(作別)」, 「만가(輓歌)」, 「생가(生家)」 등이 있다. 노천명은 사라져 가는 것으로서의 풍물이나 풍속을 민속적이고 전통적인 것으로서가 아니라 인간적인 따뜻함과 그리움을 상실해 가는 현대인의 모습을 역설적으로 제시하는 수단으로 사용하고 있다.[12)]

> 어머니가 떠나시든날 눈보라가 날렸다.
> 언니는 힌 족두리를 쓰고
> 오라버니는 굴관을 차고

---

10) 임재해, 『한국민속과 오늘의 문화』(지식산업사, 1994), p. 279.
11) 위의 글.
12) 김재홍, 『한국현대시인연구』(일지사, 1999), p. 222.

나는 힌 댕기 느린 삼또아리를 쓰구

상여가 동리를 보구 하직하는
마지막 절하는걸 봐두
나는 도무지 어머니가
아주 가시는거 갓지 안엇다.

그 자그마한 키를 하고－
山엘 갓다 해가 지기전
도라오실 것만 가탓다.

다음날도 다음날도 나는
어머니가 드러오실것만 가탓다.
－노천명, 「작별(作別)」 전문

이 시에서 화자는 어머니의 죽음인 상례 의식의 모습을 표현하고 있다. 이 시에 등장하는 '굴관'이란 상주가 두건 위에 덧쓰는 것으로서 굴건(屈巾)이라고도 하는데, 손가락 넷의 넓이만 한 베오리를 세 솔기가 지게 하고 뒤에 종이로 배접하여 만든다. 그리고 그 위에 수질(首絰)을 눌러 쓰게 되는데, 굴건은 아버지의 상이나 어머니의 상을 당한 참최(斬榱)나 제최복인(齊榱服人)만이 쓴다. 화자는 어머니의 육체와 영혼을 '눈보라'의 이미지로 시각화하고 있으며, '힌 족두리'나 '힌 댕기'의 하얀색 역시 죽음을 연상시키는 이미지로 사용되고 있다. 화자는 어머니의 죽음을 산에 갔다가 해가 지기 전 돌아오는 행위라고 믿고 있는데, 이는 산을 지상과 천상의 중간세계[13]로서

13) M. ELiade, 앞의 책, p. 26.

인간 세계에 부속된 자연 공간으로 인식하기 때문이다. 이 시에는 어머니와의 죽음을 '작별(作別)' 정도로만 여기고 어머니를 간직하려는 화자의 간절한 심정이 잘 나타나 있다.

노천명 외에도 민속의 수용 양상을 보여주는 시인들로는 김영랑과 유치환, 오장환 등을 들 수 있다.

제운밤 촛불이 찌르르 녹아버린다
못견디게 무거운 어느 별이 떨어지는가

어둑한 골목골목에 수심은 떴다 가란졌다
제운밤 이한밤이 모질기도 하온가

히부얀 조히등불 수집은 걸음걸이
샘물 정히 떠붓는 안스러운 마음결

한해라 기리운 정을 몽고쌓어 흰 그릇에
그대는 이밤이라 맑으라 비사이다

-김영랑, 「제야(除夜)」 전문

한 해를 보내는 마지막 날 밤의 민속을 표현하고 있는 이 시에서 '제운밤'은 겨운 밤의 의미로 새우기가 힘든 밤이나 한 해가 기운 밤을 의미한다. 한 해를 보낸 여인이 정화수를 떠놓고 기원하는 장면을 묘사하고 있는 이 시는 1연에서 촛불, 별, 등불 등 밤의 이미지를 수용함으로써 촛불의 소멸을 생동감 있게 보여주고 있다. 2연의 '제운밤'은 암담한 민족의 삶이나 한으로 가득 찬 '그대'의 삶을 상징한다. 3연에서는 불과 물의 이미지가 주를 이루는데, 샘물을 길어 가는 여인의 모습이 그려지고 있다. 여기서 '히부얀'은 은은

함을, '수집은'은 순진하고 촌스러움을 뜻하는 묘사이다. 4연은 일종의 기원을 담고 있다. '흰 그릇'이라는 소재는 그리운 정을 모은 샘물의 그릇을 의미한다. 옛날부터 한 해를 마감하는 뜻으로 민속적인 행사가 베풀어져 왔다. 옛날 중국에서는 이날 연종방포라 하여 대포를 쏘고 북과 징을 울렸다. 민간에서도 남자들은 집 안팎을 깨끗이 청소하고 부녀자들은 다례를 준비하기 위해서 밤을 새워 음식을 만들었다. 또 사당에 가서 절을 올리고 어른을 찾아 묵은세배를 드리기도 했다. 그리고 집안의 곳곳에 등잔불을 밤새도록 켜 놓기도 했다.

제야란 수세에 관련된 무속을 말하는데, 이 시는 제야의 수세를 시화하여 조상신에게 드리는 고사를 표현하고 있다. 한 해의 마지막 날을 섣달그믐, 또는 제석이라고 한다. 즉 작은설이라 하여 묵은세배를 하는 날로서 제주도에서는 시집간 딸이 친정 부모나 친척집에 가서 세배를 하는 것을 망년(忘年)과세(過歲)라 했다. 전라도 진도 지방에서는 설을 앞두고 몇뱃기라 하여 자손들이 시부모나 친정 부모에게 음식을 차려 가지고 '명일이바지'[14]를 한다. 이러한 것은 제석의 묵은세배의 풍습이 남아 있는 증거이다. 또 이날 밤 집안에 모든 등잔을 켜 환하게 불을 켜 놓으며 밤새도록 자지 않는 풍속이 바로 수세이다. 즉 다락, 마당, 방, 부엌, 외양간, 측간에 모두 등잔을 켜 놓고 남녀노소가 밤새도록 자지 않는 풍속이다. 이날 밤에 자면 두 눈썹이 모두 세어진다고 하여 혹 자는 아이가 있으면 눈썹에 분칠을 하여 흔들어 깨워서 거울을 보게 하면서 놀리는 행위를 하곤 한다.

민간에서는 섣달그믐밤 집안을 깨끗이 청소하고 부뚜막에 촛불을 밝혀서 조왕신에게 제사를 지낸다. 조왕신은 12월 25일에 말미를 받아 천황에게 가

14) 김영진, 「세시풍속－겨울」, 『한국민속의 세계』 5(고대민족문화연구소, 2001), p. 254.

서 자기네 집에서 일 년 동안 있었던 일을 모조리 보고하고 그믐날 제자리에 돌아온다[15]고 한다. 조왕은 부엌의 신으로서 조왕중발이라는 것이 있는데, 부뚜막 위에 작은 물그릇을 고정시키고 매일 또는 며칠에 한 번씩 새벽에 정화수를 떠놓고 손을 비비며 치성을 드린다. 오구굿이나 씻김굿을 할 때 부정굿을 한 다음 조왕굿에서부터 본격화되듯 조왕은 무속에서 중요한 신이다. 굿이 시작되는 단계에서 물로 부정(不淨)을 가시는 의례가 있는데, 바가지에 물을 담아 가지고 굿당을 돌아가면서 물을 뿌린다.[16] 이렇게 함으로써 그곳은 성스러운 성역으로 전환된다. 이처럼 물리적인 차원을 넘어서 신성성으로 전환하는 성스러운 경지에서 씻김굿이 행해지는데, 이것은 죽은 영혼을 씻기는 것이기도 하다.

한편 제석날 밤중에 폭죽을 터뜨리며 마당에 불을 피워 청죽(靑竹)을 태우면 소리가 요란한데 이를 대불놀이라 한다. 사람들은 집안에 숨어 있던 사귀가 그 소리에 놀라 달아나므로 새해를 신성하게 보낼 수 있다[17]고 믿었다. 잡귀를 쫓기 위하여 집안 곳곳에 불을 밝히며 정화수를 떠놓고 지나온 한 해에 대하여 감사의 기도를 올리기도 했다. 함경도에서는 영등(永燈)을 베풀어 놓는데, 마치 원계(圓桂) 안에 기름 심지를 해 박은 것과 같았다고 한다. 그것을 켜 놓고 밤새워 징과 북을 치고 나팔을 부는 것을 청단(靑壇)이라고 한다. 영남과 호남지방에서는 매귀(埋鬼)치기, 마당밟기를 하며 매귀(埋鬼)군들이 집집마다 다니며 마루, 부엌, 장광, 우물, 마당에서 풍물을 치고 덕담을 했다. 꽹과리를 치면서 고사를 지내고 성주 모시기, 동제 산신제를 지내는 곳도 있고, 배고사를 지내는 어촌도 있으며, 대불 놓기며 쥐불 놓기를

15) 양재연 외, 『한국의 풍속지』(을유문화사, 1974), p. 73.
16) 최길성, 『한국민간신앙의 연구』(계명대출판부, 1994), p. 287.
17) 김영진, 앞의 책, p. 268.

하는 고장도 있었다.

내 어린날!
아슬한 하늘에 뜬 연같이
바람에 깜박이는 연실같이
내 어린 날! 아슴풀 하다

하늘은 파랗고 끝없고
팽팽한 연실은 조매롭고
오! 흰 연 그 새에 높이
아실아실 떠놀다 내 어린 날!

바람 일어 끊어지던 날
엄마 아빠 부르고 울다
희끗희끗 실낱이 서러워
아침 저녁 나무 밑에 울다

—김영랑, 「연1」 부분

위 시의 화자는 연을 보며 어린 날을 어슴푸레하게 떠올리고 있다. 그 기억의 아스라함이 팽팽한 연실로 표현되고 있다. '아실아실'은 '아슬아슬한'의 시적 표현으로, 동심의 마음을 연을 통해 표출하고 있다. 연놀이는 봄부터 겨울까지 일 년 내내 행해졌던 대표적 민속놀이이다.

자네 소리 하게 내 북을 잡지

진양조 중머리 중중머리

엇머리 자진머리 휘몰아 보아

이렇게 숨결이 꼭 머저사만 이룬 일이란
인생에 흔치 않어 어려운 일 시원한 일

소리를 떠나서야 북은 오직 가죽일 뿐
헛 때리는 만갑(萬甲)이도 숨을 고쳐 쉴밖에

장단을 친다는 말이 모자라오
연창을 살리는 반주쯤은 지나고

북은 오히려 컨닥타요

떠받는 명고있데 잔가락을 온통 잊으오
떡궁! 동중정이오 소란속에 고요 있어
인생이 가을같이 익어 가오

자네 소리 하게 내 북을 치지

－김영랑, 「북」 부분

김영랑은 독특한 시어와 전통적인 서정시를 통해 판소리 율감을 심화시키고 사라져 가는 우리의 민속적인 소재들을 시 속에서 전통적으로 계승해 온 시인이다. 민속예술인 창에도 일가견이 있었던 그는 시조의 창과 전라도 육자배기 창, 거문고와 북 치는 솜씨가 대단했었다고 전해진다. 호남지방은 소리의 고장이며, 특히 판소리는 이 지방에서 발전한 대표적 소리예술이다. 이 시는 그러한 음악인 판소리를 시화했고, 우리 시가의 전통적 가락인 3음보와 4음보를 바탕으로 하고 있다. 각 행이 갈수록 길어지다가 첫 행의 반복으로 끝맺음으로써 장단과 완급의 변화, 일체감의 조화를 잘 살려내고 있다. 창에서 북은 반주를 위한 소도구로 생각할 수 있으나 오히려 북이 창을 이끌어 가는 주체이다. 따라서 북은 소리에 종속되지 않으며 더 나아가 북 때문에 소리는 예술로 승화되는 것이다. 이 작품은 이와 같은 북의 중요한 역할을 보여주는 한편, 소리와 북의 일치에서 예술과 인생이 조화를 이루고 있음을 강조하고 있다. 북과 소리의 조화 속에서 소리가 완성되고, 인생에 있어서 예술과 삶의 모습이 발견된다.

'인생이 가을같이 익어간다'는 구절에서는 소리와 장단의 조화에 의한 예술적 합일이라는 시인의 심미적 인생관이 드러나기도 한다. 이 시에서 시인은 북을 통하여 전통적인 가치를 재발견하고 있으며 민족의 주체성으로서의 전통과 민족정서를 탐구하고 있다. 이처럼 김영랑의 시는 전통적인 리듬의 바탕 위에 인간의 순수한 감정과 우리말의 아름다움을 곁들임으로써 전통적인 가치의 아름다움을 잘 묘사하고 있다.

하늘은 높으고 氣運은 맑고
山과 들에는 豊饒한 五穀의 모개
神農의 叡智와 勤勞의 祝福이
땅에 膨湃한 이 好時節－
오늘 하로를 즐겁게 서로 인사하고
다같이 모혀서 거룩한 祝祭를 드려라
올벼는 베여다 술을 담어 비지고
해콩 해수수론 찧어서 떡을 짓고
壯丁들은 한 해 들에서 다듬은 무쇠다리를
자랑하야 씨름판으로 거지고 나오게

장기를 끄른 황소는 몰아다 뿔싸홈을 붙혀라
새옷자락을 부시시거리며 先山에 절하는
삼가는 마음성들 솔밭새에 흩어졌도다

-유치환, 「가배절(嘉俳節)」 부분

이 시는 '씨름'이라는 민속놀이를 중요한 시적 소재로 삼고 있다. 시인은 수확한 햇곡식과 햇과일을 조상신에게 바치면서 가을철의 풍요를 경축하는 놀이로서 씨름을 묘사하고 있다. 햇곡식이 나오는 가을에 술을 빚고 햇콩과 햇수수로 떡을 만들어 조상에게 거룩한 축제를 드리면서 남자들은 '한 해 들에서 다듬은 무쇠다리를 자랑하야' 씨름을 하자는 것이다.

전통적으로 씨름은 단오와 백중, 추석뿐 아니라 정월 대보름에도 행해졌으며 개인놀이, 상대놀이, 소집단놀이로서만이 아니라 대동놀이로서도 행해졌다. 씨름의 종류에는 왼씨름과 오른씨름, 띠씨름이 있는데, 왼씨름은 오른쪽 다리에 샅바를 끼고 고개를 상대방 왼쪽 어깨 위에 묻는 형이고, 오른씨름은 그 형의 반대의 경우에 해당한다. 띠씨름은 허리에 띠를 감아 매고 이 띠를 잡아 틀어쥐고 어울리는 씨름을 말한다. 씨름은 지방에 따라서 다르게 성행했는데, 오른씨름은 주로 경기도와 전라북도 지방에서, 띠씨름은 충청도 지역에서 각각 성행하였다. 그리고 왼씨름은 전국적으로 적용되었다. 씨름은 두 사람이 서로 상대하여 구부리고 각자 오른손으로 상대방의 허리를 잡고 왼손으로는 상대방의 오른발을 잡고 일시에 겨루는 놀이로서 밑에 깔리는 사람이 지는 경기이다.

한편 인용시에는 '황소'의 뿔싸움도 등장하고 있다. 옛날부터 소는 제천의식의 제의용이나 순장용으로 사용되었다. 『삼국지』 동이전에 보면 군사(軍事)가 있을 때 소를 잡아 하늘에 제사를 지냈으며, 발굽의 상태를 관찰하여 벌어져 있으면 흉한 징조이고, 붙어 있으면 길한 징조라고 점을 쳤다. 한편 소놀이는 주로 정월이나 추석에 행해지는데, 장정 두 사람이 엉덩이를 마주 대고 엎드린 뒤에 그 위에 멍석을 뒤집어씌운다. 그리고 앞사람이 고무래 두 개를 쑥 내밀고 뒷사람은 작대기를 내밀어서 이리 흔들고 저리 흔들면서 소 노릇을 하면서 앞뒤에 주인과 머슴을 따르게 한다. 즉 앞뒤로 소의 주인과 머슴이 서서 이를 몰고 마을의 집집을 찾아다닌다. 이때 농악대를 비롯한 청년들이 떼를 지어 뒤를 따른다. 살림이 넉넉한 집에 이르면, '음메음메' 하며 울음소리를 내며 몰이꾼은 "이웃집의 소가 배가 고파서 왔으니 짚여울(산적)과 쌀뜨물(술)이 먹고 싶어 찾아왔으니, 푸짐하게 내어주시오" 하고 외친다. 주인은 산적과 술을 내어 이들을 대접한다. 이때 농악대가 농악을 울려서 신명을 돋우면 소는 이에 맞추어 춤을 추고 마을 사람과 주인도 합세하여 흥겨운 춤을 춘다. 이렇게 하면 그 주인의 한 해 농사가 풍년이 든다고 한다. 이 놀이 시기는 정월 대보름과 8월 한가위로 정월 대보름의 소먹이 놀이는 그 해 농사의 풍년을 기원하기 위한 기풍의례이며, 한가위의 소먹이 놀이는 풍년을 이룩한 데 대한 감사의례의 성격을 지닌다고 할 수 있다. 추석날의 소놀이는 한 해의 논농사를 마무리하고 경축하는 시점에서 행해진다. 소는 농업 노동력을 상징하며 주술 종교적 입장에서는 내방한 곡령으로서의 성격을 지니고 있다.

소먹이 놀음은 경기도, 황해도 지방에서 정월 대보름, 팔월, 추석날에 행하는 놀이이다. 놀이 규모는 지방에 따라 다른데, 재료는 한지와 헝겊 따위로 풀을 칠하여 소의 형상을 만들고 가죽에 흙빛 물감을 칠한 뒤 들기름을 먹인다. 이렇게 만든 소 속에 들어가 소와 같은 느린 걸음으로 소몰이꾼에게 끌려가게 된다. 입춘 소놀음은 제주도에서 입춘 날에 짚으로 소를 만들어 바퀴 달린 판자 위에 올려서 끌고 가는데, 그 앞에는 씨할아버지가 씨를 뿌리는 시늉을 하면서 가고 뒤에는 쟁기를 쥔 호장이 밭갈이 흉내를 하면서 간다. 그 뒤로 농민들이 호미를 손에 쥐고 괭이와 삽을 어깨에 메고서 거리를 행진하는 것이다. 이때 무당들은 징과 북을 치면서 소놀이굿을 하며 풍년을 기원한다. 이 놀음은 농사를 권장하고 풍농을 축원하는 세시풍속의 일종이다.

나무쇠 놀음은 영산 쇠머리대기로 경남 창녕군 영산면에서 전승하여 오는 정월 대보름의 민속놀이이다. 나무를 엮어 소의 형태를 만들고 사람들이 이를 어깨에 메어 서로 맞부딪혀서 승패를 가리는 놀이다. 사용되는 나무 소는 동리 사람들이 산으로 돌아다녀 적당한 재목으로 결정되면 금줄을 쳐서 다른 사람이 접근하지 못하도록 막으며, 날을 가려 산신제를 올린 다음 베게 된다. 나무 소가 만들어진 뒤에는 아들을 못 낳는 여인이 이 소의 몸을 넘으면 아들을 낳을 수 있다는 속신[18]과 함께 자기편의 소를 여자가 넘으면 싸움에 진다고 하여 밤낮으로 이를 지킨다. 싸움을 시작할 때 주민들은 줄다리기와 같이 동부와 서부 두 편으로 나뉜다. 해 뜨는 쪽의 동부는 양(陽)으로 남성을, 해 지는 쪽의 서부는 음(陰)으로 여성을 상징한다. 이때 출산 수확을 뜻하는 여성 쪽의 서부가 이겨야 농사가 잘되고 마을이 태평할 수 있다고 여겨진다.

달의 기운이 왕성한 대보름에 행해진 영산의 쇠머리대기에서 소는 도구적 의미 외에도 재생과 풍요를 상징하는 제의적 성격을 강하게 지닌다. 우희(牛戱) 놀이는 황해도의 황주 지방에서 행해지는 농부의 놀이로 음력 8월 15일 저녁에 두 젊은이가 꽁무니를 맞붙이고 가운데 허리를 이루며 짚으로 엮은 큰 멍석을 그 위에 덮고 한편의 남자에게 두 개의 짧은 막대기를, 한편의

18) 한국민속대사전편찬위원회, 앞의 책, p. 1051.

남자는 한 개의 약간 긴 막대기를 늘어뜨리며 쇠뿔과 쇠꼬리를 가장하는 것이다. 그리고 많은 젊은이들이 이것을 이끌고 마을을 돌면서 각 집을 방문하다가 부유한 집에 이르면 두 개의 짧은 막대기로 문짝을 두들기며 이웃의 소가 배고파서 왔으니 먹을 것을 달라고 소리치면 그 집에서 주식을 내놓아 일행을 대접한다.

정월 대보름에 관동, 관북 지방에서는 나경(裸耕)의 풍속이 있었다. 나경은 정월 대보름날 성기(性器)가 큰 숫총각이 실오라기 하나 걸치지 않은 벌거숭이가 되어 목우나 토우를 몰고 밭을 갈며 풍년을 비는 민속이다. 땅은 풍요의 여신이고 쟁기는 남자의 성기를 상징하는 것으로 다산력을 지닌 대지 위에 남자의 성기를 노출하는 데에는 풍성한 수확을 소망[19]하는 뜻이 담겨 있다. 또 함경도의 풍속에 입춘 날에 목우(木牛)를 만들어서 관부(官府)로부터 민가(民家)에 이르기까지 두루 끌고 다니는 것이 있다. 이것은 농업을 권장하고 풍년을 기원하는 뜻을 나타낸다. 이처럼 농업에서 노동력을 상징하는 소에 대한 놀이는 풍년을 기원하는 기풍의례와 풍년을 이룩한 데 대한 감사의례의 성격을 모두 지녔다고 할 수 있다.

고흔 달밤에
상여야 나가라
처량히 요령 흔들며
상주도 없는
삿갓가마에
나의 쓸쓸한 마음을 실고
오늘밤도
소리 없이 지는 노을

---

19) 위의 책, p. 216.

달빛에 젖어
상여 고흡다.
어두운 숲속
두견이 목청은 피에 적시어……
－오장환, 「상열(喪列)」 전문

이 시는 달빛에 젖은 상여의 모습을 표현하고 있다. 화자는 자신의 쓸쓸한 마음을 상여에 실어 고운 달밤 속으로 보내고 있다. 쓸쓸한 달빛과 상여의 어우러진 모습이 화자의 쓸쓸함을 한층 고조시킨다. 특히 마지막 연의 두견새 울음소리에서 쓸쓸함은 최고조에 달한다. 이 시는 장례에 관한 민속을 반영하고 있다. 초상이 나면 상두꾼들이 출상(出喪) 전날 밤에 상여대를 메고 다스래기 소리를 한다. 출상 날은 상두꾼들이 상여를 메고 상여소리를 하며 장지로 떠난다. 상여소리는 지방에 따라 다른데, 전라도는 육자배기토리, 충청도와 강원도, 경상도는 메나리토리, 황해도는 수심가토리로 부른다. 또 가짓수도 다른데 집안에서 상여 놀리는 소리, 상여가 떠나는 소리, 산 오르는 소리, 염불소리 등으로 갈라서 부르거나 꽹과리나 장구를 치며 상여 소리를 부르는 지역도 있고, 전남 진도와 같이 삼현육각을 치며 상여 소리를 하는 지역[20]도 있다.

메나리토리는 구성음이 서양 음계로 따져서 미, 솔, 라, 도, 레로 되어 있고 미, 라, 도가 주요 음이어서 5도+단3도의 구조를 갖고 있다. 도는 레에서 꺾는 목을, 라는 평으로 내는 목을, 미는 떠는 목을 쓴다. 레에서 도로 꺾고, 도에서 라로 꺾고, 라에서 평으로 내다가 미로 떨어져 잘게 떠는[21] 이런 메나리토리는 처량한 정서를 느끼게 한다. 상여가 장지에 이르러 무덤을 파고

20) 이보형, 「민속예술－음악」, 『한국민속의 세계』 6(고대민족문화연구소, 2001), p. 57.
21) 위의 책, p. 60.

관을 내리면 달구지꾼들이 흙과 회를 다지며 달구질 소리를 한다. 달구질 소리는 주로 슬픈 내용을 구연하거나 죽은 자가 아끼고 못 먹어 죽게 됨을 구연함으로써 살아 있는 사람들의 슬픔을 자극하는 방식으로 진행된다. 이때 상황을 잘 판단하면서 달구질소리를 해야 가랫줄에 돈이 많아진다고 한다. 처음에 하관을 하고 흙을 덮는 것을 초벌, 흙이 땅과 같은 높이로 덮일 때 발등걸이, 봉분을 하고 떼를 입힌 다음 한 바퀴를 돌면서 밟아주는 것을 마지막 달거리라고 한다.

상여를 장식하는 데는 매듭공예인 유소(流蘇)가 있다. 유소는 동다회나 면사 위에 염색한 픈사를 겉으로만 입히고 꼬아서 다시 그 세 가닥을 합쳐 꼰 굵은 끈목으로 매듭을 맺고 그 끝에 술을 드리우는 것이다. 검이나 유소는 국악기, 가마 등에도 쓰였다. 상여의 유소에는 명정공포유소(銘旌功布流蘇) 두 점, 대봉(大鳳)유소 넉 점, 앙장류소(仰帳流蘇) 넉 점, 소봉(小鳳)이 쓰였는데, 상여의 크기나 장식에 따라 12점에서 22점까지 늘리고, 그 외에 금전지, 잔술[22]도 쓰였다. 이는 죽은 영혼이 극락정토로 오르기를 염원하는 정성을 나타내는 것이다. 대봉유소는 상여에 장식하는 유소 중에서 가장 규모가 큰 것으로, 상여의 네 모서리 꼭대기에 곱게 단청을 칠한 봉의 머리 모양의 부리에 걸어 늘이는 것이다. 상여가 크거나 작거나에 상관없이 반드시 네 군데만 늘이는 것이다. 앙장유소는 상여의 천장 부분이 되는 앙장의 네 귀퉁이에 늘여 장식하는 유소로, 상여 내부에 늘어 뜨려 아래까지 드리우는 것이다. 소봉유소는 상여의 사면 맨 위에 작은 봉(鳳)의 머리를 상여의 크기에 따라 12, 14, 16, 18, 22 군데에 박아 장식한다. 그 봉의 부리에 늘이는 유소로 상여의 사면을 오색영롱하게 장식한다.

---

22) 위의 책, p. 551.

혼백매듭은 다홍과 쪽빛의 색실 두 가닥을 꼬아서 환자가 운명하려고 할 때 그 머리맡에 서서 이 매듭을 맺어 혼이 육신을 떠날 때에 이 매듭 속에 모셔 두는 풍습이 있다. 이 매듭의 특징은 앞뒤가 다르며 아무리 죄여도 죄여지지 않고 고가 어느 쪽으로나 마음대로 움직인다는 점이다. 죽은 후에 혼이나마 자유롭게 떠돌아다니라는 뜻이다. 이 매듭은 혼백상자에 담아 발인할 때 상여 앞에 세우는 요여(腰輿)에 모셔간다. 묘지에 갔다 와서는 빈소에 모셔놓고 탈상할 때 깨끗이 태워 그 재를 산소 옆에 묻는다[23]고 한다. 영여는 죽은 이의 영혼을, 상여는 주검을 운반하는 가마이다. 영여는 2인교 가마로서 메듯이 끈을 가위표로 엇걸어 어깨에 걸고 두 손으로 가마채를 잡을 수 있도록 된 작은 가마인데, 여기에는 혼백상자와 향로, 영성 등을 실어 영혼이 타고 가는 것을 상징한다. 가마채가 허리 높이 정도 오기 때문에 이 가마를 요여(腰輿)라고도 한다. 영여의 지붕에는 녹색 바탕에 붉은색의 연꽃 봉오리가 달려 있고, 옆면에도 연꽃 망울이 피지 않은 상태로 그려져 있다. 정면에는 여닫이문이 쌍으로 달려 있으며 문 앞에 흰 고무신 한 켤레를 얹어 두기도 한다. 뒷면에는 태극을 그려 두었는데 음과 양을 상징한다. 녹색바탕의 연꽃 망울은 영혼의 부활을 상징한다. 꽃은 일반적으로 재생의 주술적 힘을 지니고 있다고 여겨진다. 영여의 문 앞에 신발을 놓아둔 것은 영여에 신발의 주인이 타고 있다는 것을 시각적으로 드러내고자 한 것이다.[24] 영여가 상여의 앞에 서는 것은 영혼이 육신에 비해 우선적인 가치를 부여받고 있다는 것을 의미한다. 여기에는 또한 영육을 분리하고 저승과 이승을 나누어 인식하는 이원적 세계관도 나타나고 있다.

상여는 죽은 이의 관을 덮고 있는 장방형의 운각(雲閣)을 중심으로 운각

---

23) 위의 책, p. 552.
24) 임재해, 앞의 책, p. 73.

(雲閣) 앞뒤에는 귀면(鬼面)이 그려져 있고, 그 위에는 용 두 마리가 앞뒤를 향해 서로 몸을 꼬고 있는데 이를 용마루라 한다. 이 귀면 그림은 눈을 크게 부릅뜨고 수염이 거칠게 뻗어 있어 무서운 형상을 하고 있다. 이는 잡귀의 범접을 막기 위한 것이다. 청룡과 황룡이 앞뒤를 향해 꼬여 있는 용마루 위에는 염라대왕과 저승사자, 강림 도령이 차례로 타고 있다. 특히 염라대왕은 호랑이를 타고 있어 별도의 의미를 지닌다. 용은 하늘을 마음대로 날아다니는 신격이며 이를 타고 있는 세 인물은 죽음을 관장하는 저승의 신격이자 이승과 저승을 마음대로 드나드는 초월적인 존재이다.[25] 상여가 나가기 전날에 행해지는 상여놀이는 상두꾼들의 호흡을 맞추는 일종의 예행연습이었다. 상여놀이의 명칭은 지방에 따라서 여러 가지로 불리며 빈 상여만 가지고 노는 경우도 있지만, 대개 그 집의 사위를 태우고 놀이를 하기도 한다. 사흘째 출상하며 지내는 제사를 발인제라 한다. 관을 상여에 싣기 위해 방을 나설 때 바가지를 엎어두었다가 관머리로 깨뜨리거나 맨 앞에 나오는 사람이 발로 밟아서 깨뜨리는 풍속[26]이 있다.

오장환의 시는 주로 현실 대응으로서의 내면 의식을 형상화하고 있다. 그는 「상렬」에서 현실세계의 슬픔을 무덤이라는 제의적 공간으로 표현하고, 저승을 이상 세계로 설정함으로써 현실의 비극성을 보여주고 있다. 또한 그의 시에는 무덤을 기점으로 하는 이승과 저승의 이분법적 의식 또한 나타나 있는데, 이는 전통적이고 토속적인 정서의 투영이라고 말할 수 있다.

---

25) 위의 책, p. 74.
26) 민속학회, 『한국 민속학의 이해』(문학아카데미, 1994), p. 177.

제4장 1940년대 시의 민속적 상상력

1940년대의 민속학 연구는 일제의 무단정치가 극에 달했던 까닭에 전반적으로 민속 연구가 동면 상태에 머물러 있었다. 최상수가 중심이 되어 창립된 전설학회는 해방 후 최초의 민속 연구회가 되었는데 큰 진전은 보여주지 못하였다.[1] 해방 이후에 이르러서야 비로소 민속 연구의 활성화가 가능했다. 이는 1940년대가 암흑기[2]라고 규정될 만큼 일제의 탄압이 극심했던 시기였기 때문이다 당시 『조선일보』와 『동아일보』 등이 강제 폐간되는가 하면, 조선어학회의 학자들이 체포 또는 구금되었다. 중일전쟁의 장기화에 따른 경제적 궁핍과 강제 징병, 강제노동의 제도화와 한국어 말살 등은 대표적인 일제의 조선 말살 정책들이다. 이 시기에는 창씨개명이 강제되었고 공출이라는 이름으로 전국적인 단위에서 광범위한 수탈이 자행되기도 했다. 민속신앙에 대한 탄압과 박해는 더욱 극심했는데, 경찰국에서는 '무녀취체법규'를 제정하여 강력한 취체 행정으로 무속을 금압하고 학무국에서는 신도(神道) 정책(政策)을 펴나가 학생들에게 신사참배를 의무화시켰다. 사회과에서는 민속신앙을 미신으로 간주하는 사회교화 운동을 전개했다. 그 결과

---

1) 박계홍, 앞의 책, p. 43.
2) 백철, 『조선신문학사상사』(백양당, 1949), p. 375.

집안의 성주, 조왕, 삼신 등의 가신들을 수색하여 불사르고 마을의 당집과 당나무를 훼손하여 동제를 중단시켰다. 그리고 자신들의 민속신앙인 신도를 들여와 조선(朝鮮) 신궁(神宮)을 비롯한 여러 신궁과 신사들을 각처에 짓고 매월 1일을 애국일로 정하여 신사참배를 의무화시켰다. 이에 따라 집집마다 신붕(神棚, 가미타나)이 모셔지기도 했다. 특히 일제시대에는 양력이 사용됨으로써 세시풍속도 크게 변모되었다. 전통적인 명절인 설을 양력에 의해 신정으로 대치시키고자 했으며 우리나라 연호 대신에 일본의 연호를 썼다. 뿐만 아니라 설, 보름, 단오, 추석 등 3일 또는 5일간 놀았던 큰 명절들이 공휴일로 지정되지 않았다.

일제에 의해 우리의 유형적(有形的)인 민속도 크게 달라졌는데 단발령에 의해 길게 땋아 내리던 머리를 짧게 깎게 되었고 관리들과 경찰관들의 국민복이 서구의 신사복과 함께 새로운 복식으로 등장하게 되었다. 여성들 복식에는 몸뻬라고 하는 바지 형식의 노동복이 생겨났는데 이것은 일제가 우리 부녀들의 노동력을 착취하기 위해 의도적으로 보급한 여성복이다.[3] 이처럼 일제의 식민지 정책과 일본을 통해 들어온 서구 문화의 운동으로 우리 민속은 크게 변질되었다. 그 결과 광복 후에도 일제의 잔재가 민속문화에 여러모로 남아 있으며 우리의 민속신앙을 미신으로 매도하는 관념이 아직도 남아 있다.

한편 조선어학회의 해체와 동시에 우리말의 문화적 활동이 전면 중단되기도 하였다. 조선어학회의 기관지인 『한글』과 순수 문예지 『문장』, 『인문평론』 등이 강제 폐간되었다. 몇몇 작가들은 일제의 폭압에 저항하는 문학으로 시를 형상화시키는 경우가 있었지만, 대개는 한국어 사용의 금지로 인

---

3) 한국정신문화연구원, 앞의 책, p. 738.

해 친일 문학을 강요받는 시대적 흐름에 편승했다. 그것이 바로 국민시 운동이다. 당시 일제는 태평양 전쟁과 때를 같이하여 전시 체제의 확립과 국민의 전쟁 동원을 목적으로 국민시를 강압적으로 권장했다. 국민시란 국민문학의 정신을 시적 형식으로 표현한 것으로서 1940년대의 친일 어용시[4]를 말한다. 국민시는 일본어로 표기되었으며 형식에서도 일본 전통문학의 관습이나 양식을 빌려 써야 했다. 이러한 악조건하에서도 청록파 동인들은 묵묵히 숨어서 전통을 소재로 작품 활동을 활발하게 하였다. 특히 1939년 『문장』에 「고풍의상」이 추천되어 등단한 조지훈은 전통적인 고전과 민속의 세계를 시에서 맘껏 펼쳤으며 그해에 「승무」, 1940년에 「봉황수」를 각각 발표하였다.

> 趙君의 懷古的 에스프리는 애초에 名所古蹟에서 날조된 것이 아닙니다. 차라리 고유한 푸른 하늘 바탕이나 고매한 磁器 살결에 무시로 去來하는 一抹雲와 같이 자연과 인공의 극치라 할까[5]

인용 부분은 정지용의 추천사의 일부이다. 정지용은 '회고적(懷古的) 에스프리'란 표현을 통해 조지훈의 전통 지향성을 지적하고 있다. 조지훈은 비단 이 시기만이 아니라 그 후에도 민족적인 것과 전통적인 것에 관심을 갖고 시 창작을 지속했다. 그는 민족문화에도 상당히 관심을 갖고 있었으며 민속학에도 열의를 보였는데, 이는 혜화 전문을 졸업한 직후 민속자료관 근무가 추천된 사실에서도 확인된다. 경성제대의 적송과 추엽의 양 교수가 연구기관인 만몽민속품참고관에 근무하도록 추천했다.[6] 조지훈 자신의 사퇴로 실제로 근무하지는 못했지만, 이것은 조지훈이 전통문화와 민속에 많은 관심

4) 김혜니, 『한국현대시문학사연구』(국학자료원, 2002), p. 15.
5) 정지용, 「詩先後」, 『문장』(1940. 2), p. 171.
6) 유진오, 「浪漫의 精神」, 『조선일보』(1939. 7. 16).

이 있었음을 말해주는 중요한 증거가 된다.

조지훈의 대표시 「고풍의상」과 「승무」, 「봉황수」에는 한결같이 암담한 민족적 절망과 그에 기반을 둔 민족의식 등이 깔려 있다. 그는 고전과 민속 그 자체의 시적인 아름다움을 회고의 바탕에서 유감없이 형상화함으로써 시대적·민족적 감상성과 저항성 모두를 잘 극복하고 있다. 그는 시대 환경에서 사라져 가는 것에 대한 아쉬움과 비애, 민족정서에 대한 애착을 시적인 미로 승화시킴으로써 민족시의 한 전형을 이루어 놓았다.[7)]

하늘로 날을 듯이 길게 뽑은 부연 끝 풍경이 운다.
처마끝 곱게 느리운 주렴에 半月이 숨어
아른아른 봄밤이 두견이 소리처럼 깊어 가는 밤
곱아라 고아라 진정 아름다운지고
파르란 구슬빛 바탕에
자주빛 호장을 받친 호장저고리
호장저고리 하얀 동정이 환하니 밝도소이다.
살살이 퍼져 나린 곧은 선이
스스로 돌아 曲線을 이루는 곳
열두 폭 기인 치마가 사르르 물결을 친다.
처마 끝에 곱게 감춘 雲鞋 唐鞋
발자취 소리도 없이 대청을 건너 살며시 문을 열고
그대는 어느 나라의 古典을 말하는 한 마리 胡蝶
胡蝶인 양 사푸시 춤을 추라 蛾眉를 숙이고……
나는 이 밤에 옛날에 살아
눈 감고 거문고줄 골라 보리니
가는 버들이냥 가락에 맞추어

7) 조연현 외, 「조지훈론」, 『현대시인론』(형설출판사, 1985), p. 337.

흰 손을 흔들어지어다

－조지훈, 「고풍의상(古風衣裳)」 전문

이 시는 옛 의상을 소재로 하여 전통미학에 바탕을 두고 아름다움을 노래한 작품이다. 이 시에 등장하는 소재 '고풍의상(古風衣裳)'은 고전적인 아취와 풍격을 지닌 한복을 말하는데, 처마의 한옥과 치마의 아름다운 곡선미가 시적 미감을 고조시키고 있다. '주렴, 두견, 호장 저고리, 열두폭 기인 치마, 운혜, 당혜, 호접, 거문고 줄' 등의 고풍적 소재를 통해 고전적인 분위기를 잘 표현하고 있다.

'운혜'는 구름무늬를 장식한 여성용 신의 하나로, 조선 시대 상류계급의 부녀자들이 주로 신었다. 겉은 분홍색 비단으로 만들고 안은 융으로 하였으며 신코와 뒤축에 녹색 비단을 대고 그 위에 남색 비단으로 운문을 장식하기도 했다. 제비부리같이 생겨서 일명 제비부리신이라고도 한다. '당혜'는 조선 시대 부녀자가 신던 갖신의 하나로, 몸체는 가죽이나 비단으로 만들고 겉에는 비단을 씌웠으며 신코와 뒤축에 당초문을 새겨 넣었다. 양반층 부녀자나 서민의 혼례[8] 때 주로 사용되었다. '호접'은 나비를 말하는데, 조선 시대에 즐겨 쓰던 문양 중의 하나가 바로 호접문이다. 부부애를 상징하는 길상문으로 활옷이나 노리개, 장식 등의 문양에 널리 사용되었다.

위의 인용시는 앞부분에서 고요한 분위기의 시·공간적 배경을 바탕으로 저고리의 아름다운 인상과 치마의 고운 선을 섬세하게 그리고 있다. 또한 '하늘로 날을 듯이 길게 뽑은 부연 끝 풍경이 운다. 처마끝 곱게 느리운 주렴에 半月이 숨어' 등에서 나타나듯이 점층적인 서술로 옷맵시와 춤사위의 은은한 아름다움을 묘사하고 있다. 그 아름다움이 '파르란 구슬빛 바탕에', '자

8) 김영숙, 『한국복식문화사전』(미술문화, 1998), p. 300.

주빛 호장을 받친 호장저고리', '호장저고리 하얀 동정이 환하니 밝도소이다', '살살이 퍼져 나린 곧은 선이', '스스로 돌아 곡선(曲線)을 이루는 곳', '열두 폭 기인 치마가 사르르 물결을 친다' 등의 움직임에서 고스란히 나타난다. 고풍의상의 아름다움에 대한 화자의 도취감은 '눈 감고 거문고 줄 골라 보리니'로 표현된다. 고풍의상에 대한 정서는 아름다움에 대한 예찬에 그치지 않고 '이 밤에 옛날에 살아'에서 나타나듯이 시공을 초월하여 고전미에 대한 강렬한 그리움으로 이어진다.

전통적 의상의 우아함과 이를 통해 표현되는 춤사위의 그윽하고 세련된 아름다움을 그린 이 시는 이러한 의상과 춤의 멋을 언어적으로 살리기 위해 부드러운 운율과 은은하며 예스러운 어휘를 중심으로 표현하고 있다. 이 시는 일제의 지속적인 침탈과 억압 속에서 역사와 전통을 빼앗기고 민족과 언어마저 상실한 시기에 전통의상과 고유어에 대한 가치의 재발견을 통해서 역사와 민족이 살아 있음을 보여주려는 의지를 지니고 있다.

> 벌레 먹은 두리기둥, 빛낡은 丹靑 풍경소리 날러간 추녀 끝에는 산새도 비둘기도 둥주리를 마구 틀었다. 큰 나라 섬기다 거미줄 친 玉座 위엔 如意珠 희롱하는 雙龍대신에 두 마리 봉황새를 틀어 올렸다. 어느땐들 봉황이 울었으랴만 푸르른 하늘 밑 甃石을 밟 고 가는 나의 그림자. 패옥소리도 없었다 品石옆에서 正一品 從九品 어느 줄에도 나의 몸둘 곳은 바이 없었다.
> 눈물이 속된 줄을 모르량이면 봉황새야 九天에 呼哭하리라.
>
> —조지훈, 「봉황수(鳳凰愁)」 전문

이 시에 등장하는 사라져 가는 것에 대한 아쉬움의 애수와 민족정서에 대한 애착은 화자의 한에 뿌리를 둔 허무라고 말할 수 있다. 조지훈은 이 시에서 일제의 국권 침탈과 함께 망해 버린 한 왕조에 대한 향수를 표현하고 있다. 첫 연에 등장하는 '빛낡은 단청(丹靑) 풍경소리 날러간 추녀 끝에는 산새도 비둘기도 둥주리를 마구 쳤다'는 상황이나 사실에 대한 묘사라고 볼 수 있다. 그리고 후반부에 등장하는 '품석(品石)옆에서 정일품(正一品) 종구품(從九品) 어느 줄에도 나의 몸둘 곳은 바이 없었다'나 '눈물이 속된 줄을 모르량이면 봉황새야 구천(九天)에 호곡(呼哭)하리라'는 사라져 가는 것에 대한 아쉬움의 표현이라고 할 수 있다.

이 시에 등장하는 '봉황'은 상상의 새로 군왕의 상징으로 쓰여 왔다. 봉황은 오색의 빛과 다섯 가지 소리를 내는 고귀한 새로 출세와 영달, 부귀영화를 상징하며, 그래서 소원 성취와 밀접한 관련을 지닌 새이다. 봉황과 더불어 용도 비슷한 용도로 사용되었다. 용은 민간신앙에서 비를 가져오는 우사(雨師)이고 물을 관장하고 지배하는 수신이며, 사귀를 물리치고 복을 가져다주는 벽사의 선신으로 섬겨졌다. 용신제나 용왕굿은 바로 이 용에 대한 제사이다. 농촌에서는 가뭄이 심할 때 기우제를 지냈고, 어촌에서는 용왕굿이나 용왕제 등을 지내면서 배의 무사와 풍어, 마을의 평안 등을 기원했다. 이처럼 이 시는 봉황이나 몰락한 왕조에 대한 관심을 통해 사라져 가는 것, 퇴락해 가는 것들에 대해 애정 어린 관심을 보여주고 있다. 이는 결국 전통을 계승하고 민족의 주체성을 되살리겠다는 의지의 발로라고 생각된다.

이 시에 나오는 '패옥'은 조선 시대 왕, 왕비, 이하 문무백관들이 조복, 제복을 입을 때 양옆에 늘이던 장식품이다. 패옥은 여러 형태의 얇은 옥을 연결하여 만들었으며, 그 형태는 시대에 따라 다양했다. 패옥은 백옥 구슬로 여러 형태의 백옥장식을 연결하여 만들었는데, 상단의 형에 구슬을 꿴 3개의 줄에 의하여 우가 연결되고, 그 밑에 거가 연결된다. 여기에 다시 충아와 2개의 황이 있고, 형에서 연결된 2개의 옥판에 옥화와 옥적이 달려 있다. 이

옥적, 황, 충아 등이 서로 부딪쳐 걸을 때마다 특이한 소리를 낸다.[9)]

> 얇은 紗 하이얀 고깔은
> 고이 접어서 나빌레라.
>
> 파르라니 깍은 머리
> 薄紗 고깔에 감추오고
>
> 두 볼에 흐르는 빛이
> 정작으로 고와서 서러워라.
>
> 빈 臺에 黃燭불이 말 없이 녹는 밤에
> 오동잎 잎새마다 달이 지는데
>
> 소매는 길어서 하늘은 넓고
> 돌어설 듯 날아가며 사뿐이 접어올린 외씨보선이여.
>
> 까만 눈동자 살포시 들어
> 먼 하늘 한 개 별빛에 모도우고
>
> 복사꽃 고운 뺨에 아롱질 듯 두 방울이야
> 세사에 시달려도 煩惱는 별빛이라.
>
> 휘어져 감기우고 다시 접어 뻗는 손이
> 깊은 마음 속 거룩한 合掌인 양하고

---

9) 위의 책, p. 384.

이밤사 귀또리도 지새는 三更인데
얇은 紗 하이얀 고깔은 고이 접어서 나빌레라.
－조지훈, 「승무(僧舞)」 전문

조지훈은 불교 전래의 음악이 있다는 소식을 전해 듣고 수원 용주사에 내려갔으며, 거기에서 큰 제의 한 부분으로 승무가 공연되는 것을 보았다. 그는 이 승무의 체험을 “그날 밤의 일은 온전한 예술정서에 싸여 승무 속에 몰입되고 말았다”[10]라고 회고하면서 이 작품의 집필 동기를 밝히고 있다. ‘승무’는 승려들이 불교의식의 하나로 추어오던 춤인데, 이 시는 구도하는 자의 번뇌를 불교적 눈으로 바라보는 한편 섬세한 미적 감각으로 춤추는 여승의 아름다운 자태를 율동감 있게 표현하고 있다. 시인은 전통적인 민속무용인 승무를 제재로 인간 본연의 오뇌를 경건으로 승화시키고 있다. 인간의 세속적인 고뇌와 종교적 승화에 음악적인 분위기가 어우러짐으로써 시적 효과가 극대화된다. 옷이나 북 놀음, 춤사위 등의 조화는 한을 잘 표현해 주고 있다. 나아가 한을 극복하여 인간의 영혼을 자유와 사랑의 경지로 승화시키고 있다.

승무는 마한(馬韓)의 답지저앙(踏地低昻), 예의 무천, 부여의 영고 등 『삼국지』 위지 동이전에서 기원을 찾을 수 있는 민속이다. 1969년 중요무형문화재 제27호로 지정된 승무는 춤 동작에서 나타나는 움직임의 선이 생동하는 선으로 표현되고 있어 내면세계의 외적 표현이라고 평가된다. 승무에서의 춤옷은 흑색장삼과 흰색 치마(남자는 바지) 저고리, 흰색 고깔과 버선, 그리고 홍가사(붉은 띠) 등 삼원색의 조화로 되어 있다. 또 다른 유형은 흰색 장삼과 흰색 치마(남자는 바지), 흰색 고깔과 버선(남자는 행전), 그리고 홍가사 등 이원색의 대립도 존재한다. 승무의 악기 편성은 피리, 대금, 해금,

10) 김용직, 『한국현대시인연구』(서울대출판부, 2000), p. 245.

북, 장구 등으로 되어 있고, 반주 음악은 염불로 시작하여 도드리, 타령, 자진타령, 굿거리 순으로 하다가 북놀이를 하고, 다시 굿거리를 하여 끝을 맺는다. 승무의 기본적 춤사위는 살풀이춤의 춤사위에 바탕하고 있으나 춤추는 사람에 따라 조금씩 다르다.

기본적인 춤사위는 장삼을 감은 동작, 장삼을 걸치는 동작, 몸 앞에서 장삼을 모으거나 여미는 동작, 장삼을 힘차게 휘젓는 동작, 장삼을 몸 앞에서 위로 올리는 동작, 그리고 걸음 사이로 자진걸음, 무거운 디딤, 연풍대, 한발뜨기, 장단과 장단 사이에 노는 엇박 걸음 등이 있다. 이러한 춤을 통해 승무는 인간적인 한을 높은 차원에서 극복하고 승화시킨다. 전개 방식은 앞놀이로서 느린 장단인 염불에서 시작하여 앉아서 엄숙하게 추다가 일어선 후 타령장단과 굿거리장단으로 옮겨지면서 마지막으로 뒷놀음에서는 빠른 장단인 자진모리, 휘모리[11]로 북을 치게 된다.

조지훈의 「승무」에서는 여승의 비극미가 승무의 춤사위와 어우러져 내면의 갈등과 고뇌를 표현하고 있다. 이 시에서 춤추는 연희자의 모습은 깨달음에 이르고자 하는 구도자를 상징한다. '세사에 시달려도 번뇌(煩惱)는 별빛이라'는 표현에서 나타나듯이 깨달음을 얻지 못해서 오는 번뇌는 별빛으로 승화되고 있다. 이 시는 특히 승무라는 춤뿐만 아니라 '오동잎, 달, 복사꽃, 귀또리' 같은 향토적인 시어를 특징적으로 사용하고 있다.

> 당신의 손끝만 스쳐도 여기 소리없이 열릴 돌문이 있습니다 뭇사람이 조바심치나 굳이 닫힌 이 돌문 안에는 석벽난간 열두 층계위에 이제 검푸른 이끼가 앉았습니다

---

11) 위의 책, p. 116.

> 당신이 오시는 날까지는 길이 꺼지지 않을 촛불 한 자루도 간직하였습니다 이는 당신의 그리운 얼굴이 이 희미한 불 앞에 어리울 때까지는 천년이 지나도 눈감지 않을 저의 슬픈 영혼의 모습입니다
>
> 길숨한 속눈썹에 항시 어리우는 이 두어 방울 이슬은 무엇입니까 당신이 남긴 푸른 도포자락으로 이 눈물을 씻으렵니까 두볼은 옛날 그대로 복사꽃 빛이지만 한숨에 절로 입술이 푸르러 감을 어찌 합니까
>
> 몇 말리 구비치는 강물을 건너와 당신의 따슨 손길이 저의 흰 목덜미를 어루만질 때 그때야 저는 자취도 없이 한줌 띠끌로 사라지겠습니다 어두운 밤하늘 허공중천에 바람처럼 사라지는 저의 옷자락은 눈물어린 눈이 아니고는 보지 못하오리다.
>
> 여기 돌문이 있습니다 원한도 사모치량이면 지극한 정성에 열리지 않는 돌문이 있습니다 당신이 오셔서 다시 천년토록 앉아서 기다리라고 슬픈 비바람에 낡아가는 돌문이 있습니다.
>
> —조지훈, 「석문」 전문

이 시는 민속적인 소재인 황씨부인당 전설과 밀접한 관련을 지니고 있다. 특히 이 시는 '당신이 오셔서 다시 천년토록 앉아서 기다리라고 슬픈 비바람에 낡아가는 돌문'에서 나타나듯이 전통적인 여인상을 기다림과 한의 정서로 표상하고 있다. 주요한 시적 제재인 '석문'은 일상적인 소재인 동시에 신화적 분위기를 지닌 대상이다. 이처럼 조지훈의 시는 생활과 가까운 것에서 전통적인 민속 소재를 찾아내려는 의지가 내포되어 있다. 이것은 고통과 번뇌를 잊기 위해 사라져 가는 전통을 되살리려는 시인 자신의 의지이기도 하다.

이러한 시적 경향은 신석초 역시 공유하고 있다. 1940년도에 『문장』에

「바라춤」을 발표하면서 등단한 신석초는 한시와 동양고전에 대한 관심을 시에 직접적으로 표현하고 있다.

아아묻히리랏다 靑山에 묻히리랏다
청산이야 變하리 없어라
내몸 언제나 꺾이지 않을
無垢한 꽃이언마는
깊은 절 속에 덧없이 시들어지느니
생각하면 갈갈이 찢어지는
아아 寂寞한 누리속에
내 마음 슬허 어찌 하리라
(……중략……)
내 홀로 여는 맘을 어찌하리라
밤으란 달 빠진 시냇물헤
벗어 흰 내몸을 싳어라
桃花떠 눈부신 거울 속에
神도 와서 어릴 거꾸러진
誘惑의 眞珠를 남하 보리라
아아 과일 같은 내 몸의
넘치는 이 欲求를 어찌하리라
익어 두렷한 꽃잎의
深淵 속에 다디단 이슬은 떠돌아서
환장할 누릴꿈을 나는 꾸노나
袈裟 벗어 메고 袈裟 벗어 메고
맨몸에 바라를 치며 춤을 추리라

— 신석초, 「바라춤」 부분

신석초가 의식적으로 고어를 활용한 것은 전통문제를 내세우기 위함이었다. 그는 「우리 시의 기본 문제」에서 "우리 시(詩)는 우리의 국어를 어떻게 구사하는가에 그 품위가 달려 있다"[12]고 강조하고 있다. 이 시에서도 '－리랏다', '－하리라', '－그리노라' 등의 고어적 활용어미가 등장하는 것은 전통적인 세계와의 관련을 의미한다. 그는 노장사상에 바탕을 둔 허무와 전통적인 정신세계에 의한 회고, 샤머니즘적 세계에 대한 탐구를 주요한 시적 주제로 삼았다. 인용시 「바라춤」은 고전적인 전통과 현대적 지성을 조화롭게 형상화한 작품이다. 이 춤은 불교의식 무용의 하나로 불법을 수호하는 뜻을 지닌 춤인데, 의식 도량을 정화함으로써 의식을 통해 성스러운 장소가 되게 하는 주술적인 의미를 지니고 있다.

바라춤은 의식 절차상 도량 정화와 깊은 관계를 가지고 있다. 춤의 순서는 일반적으로 막바라－명바라－천수바라－내림게바라－사다라니바라의 순서[13]를 따른다. 시인은 바라춤이라는 제재를 통해 세속의 인연, 욕망, 번뇌와 그것을 끊고자 하는 종교적 구도 사이의 갈등을 그리고 있다. 그러므로 이 시에는 무엇보다 먼저 갈등의 양상이 강렬하게 나타난다. 또한 바라춤은 악귀를 물리쳐서 도량을 깨끗이 하고 마음도 정화한다는 뜻으로 행해지는 춤이다. 복식은 평소 스님이 입는 잿빛 장삼에 붉은 가사를 더해 나비춤의 의상보다는 훨씬 간결하다. 범패에 맞추어 추는 것이 일반적인데 호적과 태징으로 반주하고 삼현육각을 사용하는 경우도 있다. 인용시에 묘사된 것처럼 두 손에 바라를 들고 무겁지 않게 몸을 놀리는 움직임이 전통 춤의 모습을 그대로 따르고 있음을 보여준다. 화자인 '나'는 무상한 열반, 즉 드높은 초월의 경지를 꿈꾸지만 떨쳐 버리지 못한 번뇌가 어지러운 티끌이 되어 마

12) 신석초, 「현대시의 기본문제」, 『현대문학』 42호, p. 12.
13) 한국정신문화연구원, 앞의 책, 8권, pp. 863-864.

음의 고요함을 깨뜨린다.

금사자야
금빛 바람이 인다
해바라기가 피었다

하늘아래 둘도 없는
너의 황금 갈기
휘황한 너의 허리

주황색 아가리를 딱딱 벌리고
조금은 슬픈듯한 동굴 같은
눈을 하고

맹수중에
왕 중 왕

꽃펴 만발한
싸리밭에
불 붙는 태양의 먹이

네 발로 움켜 잡고
망나니로 뒹군다
땅위에,

고려 천년
화사한 날에

해바라기가 되었다
금빛 노을이 뜬다
-신석초, 「금사자」 전문

위의 인용시 「금사자」는 고려시대부터 전승되어 오는 사자탈춤을 소재로 하여 쓴 작품이다. 시인은 사자탈춤에 나오는 사자의 모습을 단순한 묘사가 아니라 생동감 넘치는 율동을 통해 그리며 밝고 호쾌한 삶에의 의지를 표출하고 있다. 1연에서 시인은 '금빛 바람이 인다'와 같이 해바라기라는 비유를 통해 금사자의 빛깔을 노래하며, 2연에서는 금사자의 황색 갈기와 휘황한 허리의 모습을 집중적으로 묘사하고 있다. 3연과 4연에서는 금사자의 벌린 아가리와 동굴 같은 눈을 통해 맹수의 왕으로서의 사자의 모습을 사실적으로 그리고 있다. 5연과 6연에서는 금사자가 태양이 내리쬐는 싸리밭에서 마구 뒹구는 모습을, 7연에서는 금사자를 해바라기와 금빛 노을에 각각 비유하였다. 이처럼 이 시는 단순히 사자탈춤을 묘사한 것이 아니라 왕도 정신이 갖는 밝은 면을 상징적으로 드러냄으로써 그것이 인간에게 필요 불가결한 정신임을 강조하고 있다.

사자의 탈을 쓰고 행하는 놀이로 악귀를 쫓는 것은 동양권의 여러 나라에서 민속으로 전승되었다. 이는 한대에 중국으로 들어왔으며, 수·당나라 시대에는 각지에서 성행하였다. 사자탈춤은 지금도 중국의 중요한 민속무용이다. 우리나라에서는 신라 초기 당나라에서 전래되었다. 5세기경 신라의 우륵이 엮은 가야금 12곡 중에 이미 사자기(獅子伎)가 들어 있어 처음에는 기악으로서의 사자무가 발달하였음을 알 수 있다. 그 후 최치원의 『향악잡영(鄕樂雜詠)』에도 사자탈춤에 대한 설명이 포함되어 있다. 이러한 사자탈춤은 조선 후기에 궁중무용으로 채택될 만큼 성행했으며 북청사자놀음, 봉산탈춤, 영남오광대탈놀음, 하회별신굿 등의 가면극에서 널리 연무된다. 사자는 두 사람 또는 세 사람이 들어가서 장단에 맞추어 춤을 추는데 때로는 한 명이 하는 사자놀음도 있다. 또 청사자, 황사자 등 두 마리의 사자가 동시에 출연하기도 하며, 그 역할과 행동도 지방에 따라 조금씩 다르다.

> 孔雀이 깃
> 패랭이 제켜 쓰고
> 巫女야 미칠듯
> 너는 춤을 춘다
> 꽃장扇에 가뤈
> 입술은 神을부르는데
> 웃고 도라지는
> 寶石같은 그 눈매!
> 오오! 巫女야 춤을 추어라
> 허튼옷은 버서라
> 神없는 나라로가자
> 神은 없어도
> 녜 몸은 빛나리
> 내 맘도 빛나리
> -신석초, 「무녀의 춤」 전문

신석초는 초기에 「무녀의 춤」, 「춤추는 여신」 등 여성에게서 제재를 취한 시를 주로 발표하였다. 특히 이 시들에는 신화에 나오는 정령들이나 무녀들이 빈번하게 등장한다. 이를 통해 그가 무속에도 상당한 관심을 갖고 있었음을 알 수 있다. 인용시 역시 굿을 통한 접신의 황홀을 묘사한 작품이다. '미칠 듯 너는 춤을 춘다'라는 묘사에서 나타나듯이 춤을 통해 신을 부르는 것은 무아지경에 도달하는 것으로 묘사된다. 2행에 등장하는 '패랭이'는 관모의 일종으로 대나무를 가늘게 오린 대가지로 만든 갓이다. 초립보다 굵으며 주로 서민과 보부상이 썼으며, 일명 평량자, 차양자, 폐양자라고도 한다. 이것은 조선 시대 흑립과 함께 상민의 쓰개가 되었고 초립동[14)]이라고도 하였다.

제의는 종교적 세계관을 극적으로 표상하는 상징체계라 할 수 있다. 제의로서의 굿은 노래와 춤으로써 이어가는 행동체계이기도 한데, 일반 제의와는 달리 예술적인 요소들이 내포되어 있다. 무당의 춤은 의식 무용 중에서 가장 원시적인 요소가 짙으며, 지방마다 춤사위가 다르다. 진도 지방의 무당춤은 씻김굿에서 주축이 되는 지전(紙錢), 넋춤, 정주춤, 신칼춤, 매듭띠춤, 징배춤, 손대(신대)춤 등이 있다. 춤사위에서 바람막이는 양 어깨를 활짝 벌리고 동작 없이 정지한 상태이고, 외바람막이는 한 팔만 옆으로 펴고 있는 동작을 가리킨다. 가위질은 양팔을 차례로 X자 형으로 몸 앞에서 교차하면서 흔드는 동작이고, 태극무늬는 양팔을 몸 앞에서 원을 그리듯이 돌려 태극무늬처럼 나타내는 동작이다. 좌우치기는 양손을 좌우로 흔들면서 치는 동작이고, 상모놀이는 머리 위에서 한 손이나 양손으로 원을 그리듯이 팔을 휘돌리는 동작이다. 회오리바람은 좌우치기의 동작을 빠른 동작으로 하는 것을 말하는데, 왼손, 오른손 등 한 손으로 하는 경우와 양손으로 하는 경우가 있다. 다듬이질은 양손을 교대로 하면서 아래, 위로 흔드는 동작이며, 쳐 올리기는 양팔을 아래에서 위로 뿌려 올리는 동작인데 한 손만 올리는 경우도 있다. 꽃봉오리는 양팔을 둥글게 위로 올려서 손목을 밖으로 꺾어 꽃의 형태로 만드는 동작이고, 복개춤사위는 식기 뚜껑을 양손에 들고 그것을 치면서 추는 춤을 말한다.

---

14) 조효순, 『복식』(대원사, 1996), p. 44.

제5장 1950년대 시의 민속적 상상력

1950년대 초반은 6·25라는 민족사적 비극으로 인해 민속학의 연구가 거의 진행되지 못했나. 그러다가 50년대 후반에 이르러 임동권이 민속학 전문지의 출간, 집단적인 민속조사, 민속지의 정리 등에서 두드러진 활약을 보여주었다. 그는 민요와 생활상, 민요에 반영된 항일의식, 민요채집의 의의와 방법 등을 발표하여 이론과 실제에서 모두 큰 업적을 남겼다. 김동욱 역시 심청전의 민간설화적 시고, 삼국유사 소재(所載)의 설화분류 등을 통하여 설화연구의 분야에서 업적을 남겼다. 그리고 연극 분야에서 이두현, 양재연 등이 민속극 연구의 터전을 마련하기도 하였다. 당시 이들에 의해 봉산탈춤, 강령탈춤, 하회가면극, 양주별산대 등이 새로이 채록 보고되었다.[1]

1950년대에 활동한 문인들 중에서 민속 수용에 관심을 보인 사람으로는 이동주와 신기선을 들 수 있다. 그들은 전란의 어두운 혼란 속에서도 한국적 정서에 뿌리를 둔 향토적 서정을 그려내었는데, 슬픔이나 한의 정서가 현실의 어려움을 극복하려는 의지로 형상화된 것이라고 말할 수 있다. 물론 그것들의 대부분은 종군 체험을 바탕으로 쓴 시이지만, 이동주와 신기선은 한국

1) 박계홍, 앞의 책, p. 44.

적 정서에 기반을 두고 향토적인 시에 몰두함으로써 민속 수용의 새로운 방법론을 제시했다.

> 마른 잎 쓸어모아 구들을 달구고
> 가얏고 돌바람을 제대로 울리자
>
> 풍류야 붉은 다락
> 좀먹기 전일랬다
>
> 진양조, 이글이글 달이 솟아
> 중머리 중중머리 춤을 추는데
> 휘몰이로 배꽃같은 눈이 내리네
>
> 당! 흥……
> 물레로 감은 어혈 열두 줄에 푼들
> 강물에 띄운 정이 고개 숙일리야
>
> 학도 죽지는 접지 않은 원통한 강산
> 웃음을 열려
> 허튼 가락에 눅혀 보라
>
> 이웃은 가시담에 귀가 멀어
> 홀로 갇힌 하늘인데
>
> 밤새 내 가얏고 운다
>
> —이동주, 「산조」 전문

산조란 느린 장단에서 빠른 장단 순으로 3-6개의 판소리형 장단에 판소리형 선율을 얹어 연주하는 독주곡을 가리킨다. 산조는 일반적으로 악기의 종류에 따라 가야금 산조와 거문고 산조, 대금 산조, 해금 산조[2] 등으로 나뉜다. 산조는 남도 무악의 하나인 시나위 음악으로부터 발달해 나온 기악독주 음악이다. 이 음악은 어떤 곡은 좀 길게 탈 수도 있고 또 가락을 바꾸어 탈 수도 있다. 음악이 고정되어 있지 않고 유동성이 많은 만큼 즉흥적인 연주가 빈번하게 나타나는데, 산조 연주에는 반드시 장구 반주가 따른다.

인용시의 3연에서 보이는 것처럼 산조는 느린 진양조에서 시작해 점점 빨라진다. 이때 밖에서 배꽃 같은 눈이 휘모리로 내린다 함은 시적 화자가 격정적이고 파괴적인 내면세계에 몰입했음을 의미하는 것이다. '진양조, 이글이글'이라는 표현과 '중머리 중중머리'와 '휘몰이'라는 시어는 장간의 구성을 말한다. 즉 산조는 어느 것이나 진양, 중모리, 중중모리, 엇모리, 자진머리, 휘모리, 닷모리 가운데 몇 개의 장단으로 구성되는데, 느린 장단인 진양, 보통 빠른 장단인 중모리, 좀 빠른 장단인 중중모리, 빠른 장단인 자진모리, 매우 빠른 장단인 휘모리로 구성[3]되는 경우가 많다. 4연과 5연에서 화자는 비통한 심경에 빠져든다. 이는 물레로 칭칭 감은 어혈을 풀고자 가야금을 뜯어도 강물에 띄운 정은 수그러들지 않고, 학도 날개를 접지 않는 원통한 강산에서 웃으면서 공허한 가락에 분을 삭이려 하지만 뜻대로 되지 않음을 말한다. 이웃과도 단절된 채 바라보는 고독한 하늘은 언뜻 보기에 정신적 고립만을 뜻하는 것 같지만 '가시담'이라는 소재를 통해 그것이 사회적 관계의 의미까지 내포하고 있음이 나타난다. 격정으로 치달으며 추는 춤과 함께 열두 줄 가얏고가 화자의 한을 뿜어내고 있다. 마지막 연의 '밤새 내 가얏고 운

2) 이보형, 앞의 책, p. 87.
3) 위의 글.

다'는 가야금을 화자 자신과 동일시함으로써 가야금의 울음소리를 자신의 울음소리라고 말하고 있다.

강강술래
여울에 몰린 은어(銀魚) 떼.

삐비꽃 손들이 둘레를 짜면
달무리가 비잉 빙 돈다.

가아웅 가아웅 수우워얼래애
목을 빼면 설움이 솟고……

백장미(白薔薇) 밭에
공작(孔雀)이 취했다.

뛰자 뛰자 뛰어나 보자
강강술래.

뇌누리에 테이프가 감긴다.
열두 발 상모가 마구 돈다.

달빛이 배이면 술보다 독한 것.

기폭(旗幅)이 찢어진다.
갈대가 쓰러진다.

강강술래

강강술래.
—이동주, 「강강술래」 전문

이 시는 민속놀이의 하나인 강강술래를 시화한 것이다. 강강술래는 중요 무형문화재 제8호로 해마다 음력 8월 한가윗날 밤에 단장한 부녀자들이 일정한 장소에 모여 손을 잡고 원형으로 늘어서서 '강강술래'라는 후렴이 붙은 노래를 부르며 빙글빙글 도는 집단적 윤무이다. 강강술래는 한국인의 서정과 애환이 짙게 밴 놀이인데, 여기에서 시인은 강강술래의 장면을 회화적인 수법으로 표현하고 있다. 전통적 서정에 바탕을 둔 이 시에서 화자는 놀이 속에 스며 있는 삶의 모습을 삼삭석으로 그려내고 있나.

강강술래는 남해안 일대와 도서 지방에 널리 분포, 전승되고 있는 집단놀이로 주로 팔월 한가위 명절에 놀아왔지만 지방에 따라서는 정월 대보름을 중심으로 달 밝은 밤에 수시로 행해져 왔다. 유래는 확실하지 않지만 고대 농경시대의 파종과 수확할 때의 공동축제에서 노래 부르며 춤을 추던 놀이 형태가 계속 이어져 내려오면서 점차 오늘의 강강술래 놀이와 같은 모습으로 반전된 것으로 보인다. 특히 임진왜란 때 충무공이 이 놀이를 의병술로 삼아 왜적을 물리친 후 세상에 알려져 당시의 격전지였던 전라남도 남해안 일대에서 성행되어 온 것으로 추측된다. 시인은 춤이 보여주는 시각적인 회화성과 청각적인 음악성을 알맞게 조화시켜 민속놀이인 강강술래의 율동감과 리듬감을 보여주고 있다. 춤사위가 주는 율동미와 창의 가락이 조화를 이루면서 혹은 빠르게 템포가 변화해 가는데, 시인은 이 템포의 변조에서 삶의 굴곡을 포착해 내고 그 삶의 애환을 노래하고 있다.

1연에서는 강강술래를 추는 여인들을 '여울에 몰린 은어 떼'로 비유하여 동적인 모습으로 그리고 있다. 따라서 밝은 이미지가 중첩되어 강강술래가 생동감 넘치게 그려지고 있다. 2연의 '삐비꽃 손들'은 여인들이 무리 지어 반짝이듯이 흰 손들이 달빛을 받아 반짝이며 움직이는 것을 삐비꽃에 비유한 표현이다. '삐비꽃'은 '비비추'라는 식물의 방울 모양의 희고 작은 꽃을 가리킨다. '달무리가 비잉 빙 돈다'는 것은 원을 그리며 춤을 추는 여인들의 움직임을 암시한 말로 강강술래가 달밤에 추어지고 있음을 암시한다. 3연에서는 힘차고 명랑하게 돌던 움직임이 일순 느릿해진다. 선창자가 구성진 산조 가락으로 강강술래를 메기면 일동은 따라서 그 구성진 가락을 애절하게 받는다.

구성진 가락 속에서 삶의 밝음과 어둠이 교차하며, 슬픈 곡조의 애잔한 가락을 통해 삶의 쓸쓸함이 감각적으로 표현된다. 따라서 여인들의 서러운 정서를 상징하는 춤이 진행됨에 따라 그녀들은 점차 도취감에 빠지고 있다. 4연부터 6연까지에서는 아름다운 공간으로서의 백장미와 아름다운 춤꾼으로서의 공작이 비유적인 맥락을 형성하면서 강강술래의 광경을 극화하고 있다. '백장미 밭'은 달빛이 하얗게 내린 공간을 비유한 것이고, '공작'은 춤추는 소녀들의 아름다운 모습을 비유한 것이다. 시인은 백장미 향기에 공작이 취하듯 달빛의 신비롭고 황홀한 정경에 소녀들이 취한 것으로 표현하고 있다. 여기에서 공작의 이미지와 춤이 어우러진 아름다운 형상미가 돋보인다. 화자는 달빛이 여인들을 취하게 하는 듯이 말하고 있지만 사실은 춤 때문에 취하는 것이다. 6연에서는 빠른 속도로 온누리가 고운 테이프로 감긴다고 상징적으로 표현하며 있으며, 이는 급속하게 돌아가는 상모의 이미지를 통해 구체화되고 있다. 7연부터 9연까지는 달빛의 매혹적 분위기에 도취해 감정이 절정에 도달하고 있음을 보여준다. 그 정감의 절정에서는 기폭이 찢어지고 갈대가 쓰러지듯 춤사위는 급박한 리듬을 탄다. 그러면서 춤과 자아가 혼연일체가 되어 무아의 경지에 몰입하면서 삶의 애환도 잊어버린다.

강강술래는 많은 여인네들이 서로 손을 맞잡고 둥그렇게 원을 지어 돌아가며 노랫소리에 맞추어 추는 춤이다. 노래는 목청이 빼어난 사람의 앞소리에 따라 나머지 사람들이 뒷소리로 받는 형식을 띤다. 처음에는 느린 가락의 진양조에 맞추어 춤을 추다가 점점 빠른 가락인 중머리, 중중머리, 잦은머리 등으로 변해가며 춤추는 동작이 빨라진다. 춤이 빨라지면 자연 뛰게 되므로 이를 '뛴다'라고 한다. 놀이를 하는 여인들은 대개 젊은 처녀들로 달 밝은 밤에 여럿이 모여 즐기는 것이다. 놀이의 종류에는 늦은 강강술래, 중강강술래, 잦은 강강술래, 남생아 놀아라, 고사리 꺾(껑)자, 청어 엿(엮)자, 청어 풀자, 기와 밟기, 덕석몰이, 덕석풀기, 쥔쥐새끼 놀이(일명 꼬리따기, 닭쌔이), 문 열어라, 가마등, 도굿대 당기기, 수건찾기, 품고동 등의 여러 형태가 있다. 춤추는 동작을 살펴보면 왼쪽이나 오른쪽으로 돌면서 춤을 추며 손은 각기 편한 대로 잡으면 된다. 발 놓기에 있어 오른발부터 먼저 앞으로 디디고 뛰게 될 때에는 아무 제한 없이 마구 뛴다. 발을 디딜 때는 보통 걷는 동작으로 한다. 춤이 빨라지면서 앞소리꾼이 '꺾자 꺾자 고사리 꺽지 제주도 한라산 고사리 꺾자'라고 말머리를 돌리면 앞줄에서 뛰는 사람은 잡았던 손을 놓고 뒷줄 적당한 곳의 손 밑으로 빠져나간다. 빠져나갈 때에는 그곳의 사람이 손을 높이 들어준다. 이 같은 동작을 되풀이하면서 춤을 추는 것이 강강술래이다.

작은 숨소리에서부터
커다란 숨소리들이 엉킨다
살아있었구나
……할아버지 할머니
……순이와 돌이

살아있었구나
삼베로 만든 호흡이
꽹과리 속에서 살아 나온다
흙 하나만 맑게 닦는
그 호흡만이 살아 나온다
-신기선, 「꽹과리」 부분

신기선은 우리의 전통 악기를 통해서 겨레의 살아 있는 생동감을 잘 표현한 시인이다. 이 시에 나오는 꽹과리는 소금(小金)이라고도 하며 농악 등에 흔히 쓰이는 우리의 민속 악기이다. 꽹과리의 울림 속에는 겨레의 슬픔과 눈물, 기쁨과 환희가 한데 어우러져 있다. 그것은 겨레의 살아가는 숨소리이기도 한데, 그 소리 속에 '할아버지, 할머니, 순이와 돌이'의 소리가 살아서 울린다. 이러한 소리에는 기쁨보다 약자의 슬픔과 원한이 더욱 짙게 물들어 있다.

지금까지 1910년부터 1950년까지의 시에서 민속이 어떻게 형상화되었는가를 살펴보았다. 최남선의 시에서는 주체성 탐구로서의 민속사 연구와 민족의식으로서 민속 수용이 눈에 띄는데, 그는 우리 민족사의 거점을 단군 시대로 파악했으며, 그러한 역사적 맥락에서 민족적 자아 탐구의 일환으로 민속 연구에 관심을 보였다. 또한 그는 민요와 전설, 속담 등 구비전승을 수집하고 소개하기도 했으며, 세시풍속, 유희, 잡가, 민요 등을 연구하여 출판함으로써 민족의식의 고취에도 중요한 역할을 했다. 1910년대에 활동한 시인으로 민속의 수용에 적극적인 자세를 보인 또 다른 시인으로 주요한을 들 수 있다. 그는 국민적 정조를 반영한 민요와 동요를 개발하여 보다 민중에게 가까운 작품을 쓰려 했다. 그가 민중시를 지향했다는 주장은 종래의 시적 형태를 새로운 것으로만 대치시키려 하지 않고 온건한 반성을 통해 극복하려 했음을 말해준다. 즉 그는 한국어의 본질이 무엇인가를 탐구하겠다는 열의를 보여주었다. 그는 상징주의의 말기 현상인 퇴폐시를 통해 자유시에 도달했지만 김억이나 황석우와는 달리 잃어버린 조국을 찾으려는 열의를 갖고 있었다.

1920년대에는 김억과 김소월이 민속의 수용에 지대한 공헌을 했다. 김억은 "조선 사람으로 우리 민족의 목소리를 가져야 하며 민족에 따라서 정신과 심령이 같지 않다"고 주장하는 한편 제 나름대로의 시를 만들어내기 위해서 자신의 정신과 심령에 알맞은 시형과 운율의 창조를 역설하였다. 즉 시는 그 민족만이 가지고 있는 정신적 특성을 시형에 반영해야 한다는 것이 그의 주장이었다. 한편 김소월은 민족과 시대를 배경으로 그 역경을 전통과 민족성의 가락으로 승화시켰다. 그는 외래 사조에도 동요하지 않고 민족의 정한을 전통적 정서로 표현했다고 평가된다. 원형적인 사랑의 정감과 전원 심상, 그리고 민중적인 정감의 가락은 향토적인 소재나 민담적인 배경 등과 어울림으로써 더욱 민족적·민중적인 호소력을 유발했다. 특히 그는 구체적인 시적 형상화로 죽음의식이나 전통적인 시간 의식을 보여주었다. 박종화와 김동환 역시 1920년대에 민속 수용의 양상을 보여주는 대표적 시인들이다. 박종화는 만가라는 전통 상례의식인 민요를 통해 당대 식민지의 고통을 '영원(永遠)한 안식(安息)의 터'인 죽음에 비유하였다. 그의 시에 등장하는 화자의 죽음에 대한 의지는 결국 식민지의 고통스러운 현실을 죽음을 통해 부정함으로써 역설적으로 현실의 절망감을 표현하고 있다. 김동환은 장승이라는 소재를 통해 서정성과 민족의식을 연결시켰다. 장승을 사찰 입구에 세우는 것은 그것이 부정을 막는 역할을 담당해왔기 때문이며, 그것을 마을에 세우는 것은 장승이 악귀의 부정을 막는 민간신앙적인 의미를 지녔기 때문이다.

현대시의 민속 수용은 1930년대 접어들어 노천명과 김영랑, 유치환과 오장환 등으로 계승되었다. 노천명은 향토적 정서를 통한 풍물의 시학의 일환으로 민속을 수용하였다. 그는 고향에 대한 그리움과 향수를 토착어의 사용을 통해 표현함으로써 당시의 풍속을 생생하게 재현시키고 있다. 또 남사당패라는 민속적인 소재를 통해 삶의 덧없음과 비애를 표현하고 있다. 이는 사라져 가는 토속적인 풍물에 대한 관심임과 동시에 향토적인 풍속에 대한 형상화라고 말할 수 있다. 김영랑 역시 독특한 시어로 전통적인 서정시를 쓴 시인이다. 그는 판소리 율감을 심화시키는 한편 사라져 가는 민속적 소재의 발견을 통해 전통을 계승·유지하려는 의지를 표현하였다. 특히 그는 전통적인 리듬의 바탕 위에 인간의 순수한 감정과 우리말의 아름다움을 탐구했다. 유치환 역시 씨름이라는 민속을 통해 민속 계승의 의지를 표현했다. 한편 오장환은 현실 대응의식으로서의 내면의식을 형상화하고 있다. 그는 현실세계의 슬픔을 '무덤－저승'의 공간으로 표현함으로써 현실의 비극성을 드러내고 있다.

한편 암흑기라고 평가되는 1940년대는 청록파의 활약이 두드러진 시기였다. 현대시의 민속 수용에 있어서 조지훈은 특별한 의미를 지닌다. 그는 전통에 대한 형상화를 통해 민족의 주체성을 회복하려 했다. 신석초 또한 정령이나 무녀와 같은 민간신앙적 소재들을 시에 끌어들임으로써 민속의 수용에 큰 영향을 끼쳤다.

1950년대는 전쟁이라는 민족사적 비극 속에서 전통에 대한 논의가 이전 시기만큼 활발하지는 못했다. 특히 이 시기의 시에 등장하는 민속은 대부분 특정한 이념의 배경 아래에서 쓰였기 때문에 올바른 의미에서의 전통 계승과 민속 수용이라고 말할 수는 없다. 그러나 그중에서도 이동주와 신기선의 시는 민속에 대한 관심이 끊이지 않았음을 보여준다. 이동주는 '강강술래'라는 민속을 고유의 풍속으로 승화시켰으며 민족 예술 속에 스며 있는 삶의 애환을 노래함으로써 시대적 소명과 전통의 문제를 결합시켜 인식했다. 신기선 역시 전통 악기에 대한 관심을 통해 겨레의 살아 있는 전통을 생동감 있게 표현하는 시를 발표하였다.

한편 1960년대 이후에는 민속학 연구 작업이 본격화되었다. 당시의 주요 업적을 간략하게 정리하면 학회지 발간, 현지조사에서의 민속지적 정리, 학문적 영역의 확대 등을 들 수 있다. 이 시기에는 민속학 분야별 연구의 확대 심화와 새로운 분야의 집중적 개척, 현장학으로서의 민속학 야외조사가 성행하였다. 그리고 1970년대 이후에는 외국 민속학계와의 교류와 민속지 및 자료집의 정리, 연구 영역의 확대와 전승문화에 대한 심층연구 등[4] 민속학의 새로운 방향 전환을 위한 계기가 마련되었다. 이는 소멸되어 가는 우리 것과 전통문화에 대한 새로운 자각이 일어난 것이 아닌가 생각된다.

---

4) 박계홍, 앞의 책, p. 46.

제2부 참고문헌

한국정신문화연구원, 『한국민족문화대백과사전』, 11권, 웅진출판사, 1994.

조연현, 『현대시인론』, 형설출판사, 1999.

민속학회, 『한국 민속학의 이해』, 문학아카데미, 1994.

백철, 『조선신문학사상사』, 백양당, 1949.

김혜니, 『한국현대시문학사연구』, 국학자료원, 2002.

김용직, 『한국현대시인연구』, 서울대출판부, 2000.

조효순, 『복식』, 대원사, 1996.

백철, 『조선신문학사상사』, 백양당, 1949.

민속학회, 『한국 민속학의 이해』, 문학아카데미, 1994.

이보형, 「민속예술－음악」, 『한국민속의 세계』 6, 고대민족문화연구소, 2001.

한국민속대사전편찬위원회, 『한국민속의 세계 전집』, 고대민족문화연구소, 2001.

양재연 외, 『한국의 풍속지』, 을유문화사, 1974.

최길성, 『한국민간신앙의 연구』, 계명대출판부, 1994.

임재해, 『한국민속과 오늘의 문화』, 지식산업사, 1994.

장주근 · 이두현, 『한국민속학개론』, 학연사, 1988.

김영숙, 『한국복식문화사전』, 미술문화, 1998.

김태곤, 『한국의 무속』, 대원사, 1997.

임재해, 『전통상례』, 대원사, 1990.

심우성, 『우리나라 민속놀이』, 동문선, 1996.

김용직 · 박철희, 『한국현대시작품론』, 문장출판사, 1994.

김태곤, 『한국무속신화』, 집문당, 1985.

이몽희, 『한국현대시의 무속적 연구』, 집문당, 1990.

『한국민속의 세계』 6, 고대민족문화연구소, 2001.

조동일, 『탈춤의 역사와 원리』, 홍성사, 1979.

한국민속학회, 『한국민속학의 이해』, 문학아카데미, 1994.

제3부 서정주 시에 나타난 민속

제1장 서론

본 연구는 『한국현대시사집성』에 수록된 시 중에서 민속을 제재로 하여 시적인 형상화를 성취한 서정주를 연구의 대상으로 한정하고자 한다. 이러한 논지를 이끌어 나가기 위해서 민속에 대한 이론을 중심으로 작품을 해석하고자 한다. 문학작품을 정확히 이해하기 위해서는 그 배후의 환경이나 사회를 함께 파악할 필요가 있다. 따라서 서정주의 시는 민속을 알아야만 올바른 해석이 가능할 것으로 짐작된다. 또한 문학의 소재가 민간 전승의 설화에 있을 경우 문학의 발생론적 연구를 위해 민속을 원용해야만 올바른 해석이 가능하게 될 것이다.

민속이란 민간·민중 속에 현전하는 전통, 즉 신앙과 설화, 생활양식, 관습, 종교의식, 미신, 가요, 언어, 속담, 수수께끼, 영혼, 민간 지식 등을 통칭하는 개념이다. 풍속이 한 시대에 일시적으로 유행했다가 사라지는 것인 반면 민속은 시간성 속에서 면면히 전승되는 것으로 통시성과 역사성을 갖는다. 민속이라는 말로 지칭되는 민속문화는 민중에 의해 역사적으로 전승되는 동시에 현대 사회에 잔존하는 문화의 한 부분이다. 그것은 상층문화가 아니라 하층문화이며 기층문화이다. 상층문화가 외국문화의 수용적인 성격이 강한 데 비해서 기층문화는 그 나라의 고유성이 강한 문화이다.

민속이라는 용어가 문헌에 처음 등장한 것은 고려 시대의 일이다. 김부식이 편찬한 『삼국사기』 제1권 신라본기 제1 유리니사금(儒理尼師今)조에 이 용어가 등장한 것이 최초의 용례이다. 유리왕 5년에 "민속이 환강하여 처음으로 도솔가를 지어 부르니 이것이 가락의 시초다"라는 내용이 바로 그것이다. 이후 조선 시대에 들어서 이익의 『성호사설』, 이규경의 『오주연문장전산고』 등에서 민속에 관한 논의가 나타난다. 본격적으로 민속에 대해 관심을 나타낸 사람들은 조선 중기 이후의 실학자들이다. 그러나 이러한 관심이 체계적인 연구로 나타난 것은 1927년 이후의 일이다. 당시 최남선의 『살만교차기(薩滿教箚記)』, 이능화의 『조선무속고(朝鮮巫俗考)』, 손진태의 『조선민족 설화의 연구』가 잇달아 발표됨으로써 민속에 대한 관심이 고조되었다.

오늘날 우리가 사용하고 있는 '민속'의 개념은 일제 강점기에 민족성과 민족의식을 고취하고자 했던 민속학적인 업적들이 등장하면서부터 정착되었다. 민속은 한 문화권 내에서 다수가 향유하는 전통적이고 보편적인 문화를 일컫는다. 민속에는 사상, 철학, 종교, 예술, 구전물, 풍속, 놀이, 축제 등의 정신문화와 의식주를 포함하여 각종 문화재, 생산양식과 생산도구, 경제 체계 등의 물질문화가 두루 포함된다. 민속의 분류와 개념은 나라마다 차이가 있다. 민속의 범위에 대한 일반적 범주 설정은 도슨(Dorson, R.)의 『민속과 생활』에 잘 나타나 있다. 이 책에서 도슨은 민속을 구비문학, 물질문화, 사회적인 민속관습과 민속예술 등으로 구분한다.[1] 그러나 민속(학)의 범위는 국가나 학자마다 달라서 그 범위를 확정하는 것은 매우 어려운 작업이다. 그것은 민속이 민간 전승을 대상으로 할 경우 한없이 세분화될 수 있으며, 그

1) 조지훈은 민속을 구비전승과 신앙전승, 행사전승, 기예전승, 공동생활구조전승 등으로 분류한다. 정신문화연구회 편, 『한국민족문화대백과 사전』 제8권(한국정신문화연구원, 1992), p. 729.

폭이 민족학이나 사회학적 측면에까지 확대될 수도 있기 때문이다.[2] 따라서 민속학의 과거에서 현재, 시골에서 도시, 일상생활에서 종교와 예술·사상에 이르기까지 인간의 삶 전체를 연구의 대상으로 한다.[3]

2) 유재훈, 『민속의 현대적 이해』(세손출판사, 2000), p. 14.

3) 고려대 민족문화연구소에서는 1980년대에 『한국민속대관』 전6권을 간행하였다. 목차를 보면 1. 사회구조, 관혼상제(1980), 2. 일상생활, 의식주(1980), 3. 민간신앙, 종교(1982), 4. 세시풍속, 전승놀이(1982), 5. 민속예술, 생업기술(1982), 6. 구비문학, 기타(1982) 등으로 내용을 세분화하고 있다.

제2장 연구목적 및 배경

민속은 보편성과 중요성을 지닌 일종의 사회 현상으로서 민간의 풍속과 같은 의미를 지닌다. 따라서 그것은 자연적 · 사회적 · 역사적 환경에 의해 일차적으로 지배된다. 민속은 첫째, 전승성을 특징으로 한다. 전승성이란 전파과정의 처음부터 끝까지 내적인 계승관계가 존재한다는 것을 말한다.

둘째, 변화성을 특징으로 한다. 변화성이란 전승의 과정에서 사회, 경제, 정치, 문화의 발전에 따라 변화되는 것을 의미한다. 그것은 대개 간단한 것에서부터 복잡한 것으로, 그리고 다시 간단한 것으로의 변화를 거친다.

셋째, 민속은 현장성을 특징으로 한다. 민속은 민중의 생활 현장에서 생동감 있게 존재한다. 따라서 현장은 표면적으로는 전승 공간이 마련된 곳이며, 이면적으로는 정신적으로 민중의 결집과 삶을 영위하는 관념공간일 수 있다.

넷째, 민속은 지역성을 특징으로 한다. 지역성이란 공간적으로 드러나는 특징으로 향토적 · 지리적 특징이라고도 말할 수 있다. 지역성에 의하면 민속은 지리적 환경의 영향권 안에서 유지 · 발전된다. 다섯째, 민속은 시대성을 특징으로 한다. 이는 민속이 역사성으로 확장될 수 있음을 의미한다. 민속 고유의 인자는 역사적 과정 속에서 형성과 소멸, 변화의 과정을 거치기 마련이다.

F. Villemain은 문학이 사회풍속의 재현이라고 주장했다. 또한 Northrop Frye는 현대의 서구 문학은 신화를 전제하지 않는다면 이해할 수 없다[1]고 하였다. 이는 문학의 심층을 이해하기 위해서는 풍속이나 신화에 대한 해박한 지식이 요구된다는 것을 의미한다. 따라서 문학과 민속의 관계를 살펴보기 위해서는 먼저 민속에 대한 연구가 선행되어야 한다. 이는 결국 문학을 전통의 맥락에서 이해해야 함을 의미한다.

민속과 전통은 습속의 문제와 깊은 관련을 지닌다. 미신으로 치부되는 습속의 문제를 다시 거론하는 까닭은 그것이 민족의 근원적 정신은 물론 우리의 전통에서 핵심적 요소의 일부를 이루고 있기 때문이다. 민족의 정신 또는 민족의 세계관은 단적으로 이러한 정신의 맥락 속에서만 드러날 수 있다. 고대의 종교적 습속은 한 민족의 세계에 대한 삶의 몸짓이자 표현이다.[2] 이것은 한국문학은 물론 모든 문학의 근원적인 문제를 제시한다.

전통적 사상으로서의 민속은 '원본'의 개념과 맞닿아 있다.[3] 그리고 '원본'은 '미분성', '순환성', '지속성'이라는 특성을 지닌다. 미분성이란 분화되지 않고 한데 엉켜 있음을 말하는데, 이는 민속이 인간, 자연과 신이 분리되기 이전의 충만한 세계를 지향하고 있음을 보여준다. 민속이나 전통을 단순히 과거의 잔재로만 평가절하하는 태도는 이미 하나의 질서를 가정했을 때만 타당하다. 즉 세계와 인간은 물론 인간과 인간이 분리된 상태에서만 민속과 전통은 낡은 것으로 치부될 수 있다. 그러므로 분열과 소외 이전의 세계를 지향하는 민속이란 인간의 충만한 삶은 물론 인간과 자연의 올바른 관계

---

1) 박계홍, 『한국민속학개론』(형설출판사, 1994), p. 27.
2) 문덕수, 「전통과 현실」, 『현대문학』 통권 52호(1959, 4월호), p. 34.
3) 김태곤, 『한국 무속 연구』(집문당, 1991), p. 482.

를 제시해 주는 길잡이가 된다.

한편 순환성이란 자연의 시간성을 의미한다. 신화를 통해서도 확인되듯이 순환성으로서의 민속은 인간과 신을 직접적으로 매개하는 역할을 한다. 최초의 민속이 신에 대한 제사의 과정에서 나타났음이 이를 확인시켜 준다. 특히 농경사회를 이루어왔던 우리 민족에게 자연의 순환은 비단 자연만의 문제가 아니라 곧 인간의 문제이기도 했다. 오랫동안 우리 민족은 자연의 순환성에 맞춰 스스로의 삶을 조절했으며, 이는 특히 농경사회에서는 필요 불가결한 것이었다. 여기에서 우리는 미분성과 순환성이 밀접하게 연관되어 있음을 다시 한 번 확인할 수 있다. 원본 사상에 따르면 이러한 미분성과 순환성은 지속성에 의해 전통의 이름으로 전승된다. 그것은 어느 한 순간 혹은 특정한 기간에만 행해지는 일회적 행사가 아니라 시·공간을 초월하여 민족 공동체 전체에게 영향을 끼친다.

이러한 '원본' 개념은 융의 '원형'이나 집단무의식을 연상시킨다. '원형'(archtype)은 융이 무의식의 구조라는 개념으로 사용한 이래 엘리아데에 의해 '모범적 모형' 또는 '모본'이라는 개념으로 확장되어 사용되었다.[4] 엘리아데는 제의를 신에 의해 이루어진 천지창조 행위의 모방으로 인식했으며, 제의의 원형을 천지를 창조한 신의 행위 그 자체라고 보았다.

그러나 엘리아데의 '원형'이 '원본'과 다를 수밖에 없는 까닭은 우리나라의 신화에는 원형과 같은 신의 천지창조가 등장하지 않기 때문이다. 그가 자신의 원형 개념을 확장시켜 나가는 과정에서 사용하는 대부분의 전거들이 종교적 경전이라는 사실은 그의 원형과 원본이 얼마나 상이한 개념인가를 확인시켜 준다. 또한 융의 '집단 무의식'은 '무의식'이라는 말이 암시하듯이

---

4) Mircea Eliade, 『Cosmos and History』(New York: Harper & Row, 1959), pp. 10-11.

의식의 이면에 은폐되어 있는 존재이다. 그러나 원본은 의식과 무의식을 분리하지 않는다. 뿐만 아니라 민족 성원의 대다수가 이러한 원본을 의식적으로 자각하고 있다는 사실은 그것이 무의식과 동일한 것이 아님을 뚜렷하게 보여준다.

'원본'은 무의식의 구조나 신의 행위라는 개념과는 달리 존재 근원에 대한 원질 사고의 본(本)이란 의미로 사용되는 개념이다. 그 사고의 '본'이 카오스의 '미분성'으로, 이것이 무속은 물론 민속의 '원본'이 된다. 존재의 근원이라는 점에서 볼 때, 엘리아데의 '원형'은 신의 창조행위를 '모범적 모형'이나 '모본'으로 보아 만물의 근원을 신으로 보는 관점이다. 여기서 '원본'은 만물의 근원을 신으로 보게 만드는 사고의 근원을 더 분석해 들어가는 개념이다. 즉 "무엇이 만물의 근원을 신으로 보게 하였나, 그러니까 여기서 신의 근원과 함께 무엇이 신의 전능한 힘으로 나타나게 되는가, 이런 원질 문제를 찾는"[5] 관점이다. 그래서 '원본'은 '원형'보다 선행하는 존재의 근원을 문제 삼는다. 물론 이때의 존재는 한 개인이 아니라 원본을 공유하는 민족으로서의 집단을 의미한다.

본 연구에서는 민속의 개념을 '원본'의 문제의식에서 접근한다. 즉 민속은 우리 민족의 원본이 표현된 것이며, 따라서 그 속에는 의식적 · 무의식적으로 민족 공동체의 정체성과 '본'이 포함되어 있다. 이는 민속적 상상력의 형상화 속에는 민족적 정체성은 물론 민족의 원본이 포함되어 있다는 것을 의미한다. 그것은 신화와 전설, 혹은 민속을 소재적 차원에서 이용하는 것과는 달리 '미분성'의 세계가 지속되고 있음을 보여주는 증거이기도 하다. 이에 본 연구에서는 1910년부터 1950년대까지의 시와 백석과 서정주의 시에

5) 김태곤 외, 『한국 문화의 원본 사고』(민속원, 1997), p. 11.

서 민속이 제재로 표현된 시를 찾아서 분석하고, 그들의 시에 나타나는 민속학적 상상력을 '원본 사상'과 연관시켜 해명하고자 한다. 이러한 분석을 통해 본 연구는 민속적 상상력의 정신사적 의미를 추출하고자 노력할 것이다. 이때 민속적 상상력은 시간의 차원만이 아니라 공간의 차원까지를 아우르게 된다. 왜냐하면 우리 민족의 원본이 농경사회와 밀접한 관련을 지니는 한, 공간의 문제를 포함하지 않을 수 없기 때문이다. 문학적 상상력에서 공간은 감각적 경험의 집합적 장소로 기능한다. 이는 인간의 정체성과 삶이 필연적으로 공간 속에서 확인되기 때문이다.

서정주에 대한 연구는 이제까지 매우 다양하게 이루어져 왔다. 현대시 비평의 모든 방법론이 동원되었다고 할 만큼 선행 연구들의 시각과 접근방법은 다양한 양상을 보여주었다. 특히 신라 정신과 불교 사상, 무속신앙을 중심으로 한 이미지 비유와 상징 등에 관한 연구가 주를 이루었다. 그중에서 중요한 연구 성과만을 가려서 몇 개의 유형으로 나누어 보면 다음과 같다. 서정주에 대한 기존의 연구를 특징별로 분류한 것이다.

첫째, 작가론의 입장에서 시세계의 변모 양상이나 문학사적 위상을 논한 연구[6]. 이들 연구는 대부분 시세계의 변화에 조응하는 시적 의식의 변모 양상에 주목하고 있다.

둘째, 작품의 내재적 특질에 주목하여 비유와 상징의 구조를 분석한 연구[7]와 심리적 특성이나 신화적 원형을 중심으로 시적인 특질을 구명한 연

---

6) 김재홍, 『한국 현대시인연구』(일지사, 1986).
송하선, 『미당 서정주 연구』(선일문화사, 1991).
송 욱, 「서정주론」, 『문예』 18호(1952, 11).

7) 김재홍, 「우주적 상상력과 대지적 조응」, 『현대문학』(1975, 5).
김재홍, 「하늘과 땅의 변증법」, 『월간문학』(1971, 5).
문정희, 『서정주시 연구』(서울여대 박사논문, 1983).
이진홍, 『서정주시의 심상연구』(영남대 박사논문, 1988).

구[8], 방언이나 토속어를 시어로 채용한 효과를 분석한 연구.[9]

셋째, 비교문학적 관점에서 설화와 같은 전통적인 문학양식 혹은 외국 문학과의 영향관계를 검토한 연구.[10]

시적 변모과정에 대한 통시적 연구들은 서정주의 시적 변모와 발전과정을 통시적인 관점에서 개괄하고 있다. 이들은 대체로 시에 나타난 지배적 심상의 의미를 분석함으로써 시 의식의 변천과 시세계 전체를 통어하는 원리를 발견하는 데 주력하였다. 또한 이들 연구는 서정주의 시세계 전체를 하나의 시적 드라마로 재구성하려는 의도를 저변에 깔고 있다. 이러한 연구의 대부분은 서정주의 시세계가 갈등에서 조화의 세계로 편입하는 과정에 주목하고 있다.[11]

조연현[12]은 유랑과 죄의식을 서정주 초기 시의 중심 테마로 본다. 그는

강우식, 「서정주시의 상징연구」, 『한국문학』(1984, 7).

8) 김열규, 『속신과 신화의 서정주론』, 『서강어문』(1982).
김준오, 『인간 탐구와 미당의 신화』, 『심상』(1978, 11).
김복순, 『서정주시에 나타난 무속적 특성』, 『한양여전논문집』(1985, 12).
육근웅, 『서정주시 연구』(한양대 박사논문, 1991)
원형갑, 『서정주의 신화』, 『현대문학』(1968, 9).

9) 권영민, 『시적 체험과 이야기조』, 『현대문학』(1982, 12).
유종호, 『소리지향과 산문지향』, 『작가세계』(1994, 3).
이남호, 『미당 연구』(민음사, 1994)

10) 김해성, 「서정주론 : 그의 불교사상을 중심으로」, 『월간문학』(1981, 8).
최원규, 「미당시의 불교적 영향」, 『현대시학』(1977, 12).
문덕수, 「신라정신에 있어서의 영원성과 현실성」, 『현대문학』(1963, 4).
김윤식, 「전통과 예의 의미」,『한국근대작가논고』(일지사, 1974)

11) 조연현, 「서정주론」, 『주간서울』(1950. 1).
김학동, 「현대시인 논고: 서정주의 시를 중심으로」, 『동양문화』 5권(대구대 동양문화연구소, 1966. 6).
천이두, 「지옥과 열반: 서정주론」, 『시문학』(1972. 6).
김재홍, 「미당 서정주」, 『한국현대시인연구』(일지사, 1986).
육근웅, 『서정주 시 연구』(한양대 박사논문, 1990).
송하선, 『미당 서정주 연구』(선일문화사, 1991).

서정주 초기 시의 특성을 보편적인 의미의 차원에서 해명하고, '신라'에 대해서도 적극적인 의미를 부여하고 있으나, 인상 비평에 머무른 감이 없지 않다. 송욱[13]은『화사집』의 육체 지향성이 생명을 근원으로 삼는 서정시로 발전하는 과정에 주목한다. 송욱의 평가는 이중적인 면이 없지 않은데, 그는 서정주의 우수성을 인정하면서도 그의 시가 낭만성과 정서적인 면에 기울어 정신적 지주를 결여하고 있다고 비판한다. 그러나 이 비판은 비단 서정주만이 아니라 우리 시 전체의 정신사를 겨냥한 것이라는 점에서 다소 구체성이 떨어지는 면이 있다.

천이두[14]는 서정주의 생애를 지배하는 것은 숙명적인 '바람'이며, 그의 시는 '피'를 맑게 하고 가라앉히는 노력의 과정이라고 요약한다. 천이두는 서정주 시의 이중성과 모순의 역동적 긴장, 긴장의 화해 과정을 잘 해명하고 있다. 그러나 그는 갈등에서 화해라는 도식하에 시세계의 변화를 단순화하고 있다.

김재홍[15]은 상상력의 원리를 통해서 서정주 시의 변모와 동인을 해명한다. 그는『화사집』에서 대지적 삶과 육체적 존재성의 극복 문제가 동물적 상상력으로 드러난다면,『귀촉도』는 내세적, 정신적, 비극적인 세계관과 한의 탐미주의, 소멸의 이미지 등이 조화된 식물적 상상력을 보여준다고 본다. 서정주의 지향성은 육체적이고 대지적인 것에서 정신적인 것이고 천상적인 것으로 점차 상승해 가며, 이 과정에서 고전적인 테마와 불교적인 상상력 및 전통적 세계관이 유입된다고 보았다. 그에 의하면「동천」은 정신의 유연화

---

12) 조연현,「원죄의 형벌」,『문학과 사상』(세계문화사, 1949).
13) 송욱,「서정주론」,『문예』(1953. 11).
14) 천이두, 앞의 글.
15) 김재홍,「미당 서정주론: 대지적 삶과 생명에의 비상」, 조연현 외,『미당 연구』(민음사, 1994).

와 사랑의 투명화를 획득하여 생명과 예술이 이데아에 근접하는 양상을 보여준 작품이다. 김재홍은 서정주가 발굴한 신라 정신과 인간주의야말로 현대적 삶에서 회복되어야 할 명제라는 점을 강조한다.

이외에도 서정주의 문학적 연대기를 정리한 황종연[16]은 좌절과 상실의 운명에 대한 절실한 감응에서 자라났으면서도 인생의 매혹을 일깨워주는 서정주의 시는 난세의 한국문학이 지금까지 꽃피운 가장 위대한 역설 중 하나라고 평가한다. 오형엽[17]은 『화사집』이 부성과 모성이라는 이원적 대립의 세계이며, 부성과 모성, 정신과 육체의 이원성은 존재의 근원인 '푸른 하늘'의 지향을 통한 융합의 의지로 나아간다고 설명한다. 그는 이 융합의 의지가 변증법적 지양을 시도하지 못하고 현실을 초월한 형이상학적 차원으로 나아가 버렸다고 비판한다. 유혜숙[18]은 원형 공간과 거울, 꽃, 여인 등 주요 심상의 분석을 통해 서정주 시를 자기 원형을 찾아가는 동일성 회복의 과정으로 파악한다. 이는 서정주의 시가 후기에 이르러 심화와 확장을 동시에 성취했다는 결론으로 귀결된다.

한편 김우창[19]은 서정주의 시가 분열과 갈등에서 일원적 감정주의로 후퇴하였으며, 그의 시적 발전은 현대시 50년의 구조적인 실패를 가장 전형적으로 드라마화한 대표적 예라고 비판한다. 김우창은 서정주의 시가 전통과 서구 문화의 괴리를 극복할 수 있는 사상적 기반을 결여하고 있음을 문제 삼는다. 서구의 이성 중심적 사유에 기반을 둔 김우창의 논지에서 형이상학이란 변증법적 이성의 의미로 이해될 수 있는데, 이는 시가 감각과 직관의 통

16) 황종연, 「신들린 시, 떠도는 삶」, 『작가세계』(1994년 봄호).
17) 오형엽, 『서정주 초기 시의 의미구조 연구: 이원성과 그 융합의 의지를 중심으로』(고려대 석사논문, 1989).
18) 유혜숙, 『서정주 시 연구: 자기실현 과정을 중심으로』(서강대 박사논문, 1994).
19) 김우창, 「한국시와 형이상: 하나의 관점, 최남선에서 서정주까지」, 『세대』(1968. 6).

찰력에 크게 의존한다는 사실을 고려하지 않은 일면적 평가라고 생각된다.

현실 대응과 역사의식을 다룬 연구에서 역사와 현실에 대한 문제는 평자에 따라 다양한 입장으로 나타난다. 이는 궁극적으로 현실과 역사를 바라보는 평자의 태도와 이념의 차이에서 기인하는 문제라고 하겠다. 그러므로 이러한 경향의 연구에서는 화해나 절충의 지점을 찾기가 매우 어렵다.

먼저 최두석[20]은 서정주의 시에서 시적 변모의 동인을 순응주의라고 보고, 순응주의와 현실주의의 차이에 주목한다. 그는 역사의식의 맹점은 근대에 대한 안목의 부재와 현실 문제와의 접점 상실이며, 그로 말미암아 서정주의 순응주의와 반근대주의에는 주체적 인간으로서의 고민이 빠져 있다고 본다. 최두석의 이러한 비판은 일차적으로 역사의식에 대한 상이한 입장에서 기인한다. 최두석이 역사의식을 근대의 역사적 산물로 보는 반면, 서정주는 우주와 영원의 시간으로서의 역사의식을 지니고 있었기 때문이다. 이는 결국 서구적 패러다임과 동양적 패러다임의 단절적 국면에서 발생하는 갈등이다.

임우기[21]는 서정주가 역사의식의 부재를 넘어서 반역사수의적인 의식을 드러내며, 그의 시에 역사적 갈등의 세계는 없다고 단언한다. 그는 미당의 불교에는 중생 속에서의 해탈을 실천해 온 신라승들의 각고가 누락되어 있으며, 이는 미당 시어의 아름다움을 조형적이고 복고적인 세계에 갇히게 만들었다고 주장한다.

한편 김춘수[22]는 정반대의 입장에서 접근하는데, 그는 미당이야말로 한 시대의 처절한 생의 참모습을 고스란히 보여주는 시인이라고 평가한다. 같은 맥락에서 김용직[23]은 「자화상」의 심상은 일찍이 우리 시가에서 등장하

20) 최두석, 「서정주론」, 『선청어문』(1992. 9).
21) 임우기, 「미당시에 대하여」, 『그늘에 대하여』(강, 1996)
22) 김춘수, 「『귀촉도』 기타」, 조현연 외, 『서정주 연구』(동화출판공사, 1975), p. 31.
23) 김용직, 「초인의 역정, 또는 마그마 시학」, 『시와 시학』(1996년 가을호).

지 않았던 것이며, 서정주의 작품에 현실과 역사가 배제되어 있다는 판단은 크게 잘못된 것이라고 역설(力說)한다. 최두석과 임우기가 비판적 입장을, 그리고 김춘수와 김용직이 긍정적 입장을 대변하는 반면 고은은 서정주에 대해 절충적 입장을 견지하고 있다. 고은[24]은 서정주의 시세계가 그의 유교적 이념으로 완고하게 표현되지 못하는 불행이 근대 한국의 문화와 정치가 지닌 불행과 일치한다고 평가한다.

미학적 원리에 대한 연구들은 미학적 원리의 규명과 동시에 서정주 시의 세계 인식을 문제 삼는다. 작품의 기저가 되는 미학적 원리는 그 자체만으로는 독립적일 수 없으며, 시인이 지닌 현실과 역사에 대한 인식의 토대 위에서 구축되는 것이다. 따라서 미학적 원리의 관점에서 이루어진 연구들은 현실 대응과 역사 인식이라는 관점의 연장선상에 놓여 있다.

김윤식[25]은 서정주가 불교와 한국적 예술의 시적 형상화를 통해 한국적 전통의 체현자로서의 몫을 담당해 왔다고 평가한다. 그러나 미당은 정확한 생명의식을 포착했음에도 불구하고, 맹목과 생리적 차원에 머물고 만 한계가 있다고 지적한다. 김윤식은 최근의 글[26]에서 이 견해를 부분적으로 수정하고 있는데, 그것은 『시인부락』의 문학사적 의의에 대한 고찰을 통해 미당 시의 생리적 측면에 논리적 측면을 덧붙여 탐구함으로써 이루어진다. 그는 이 글에서 「자화상」의 '이슬'과 '피'를 각각 근대문학이 세운 제도로서의 '표현'과 육체성에 대응시키면서 이 둘이 각기 발전하는 과정이 미당 시의 요체라고 주장한다. 미당 시의 근본논리는 변증법적 전개와는 별개의, 그러면서

---

24) 고은, 「서정주 시대의 보고(報告)」, 조현연 외, 『서정주 연구』(동화출판공사, 1975), p. 290.

25) 김윤식, 「전통과 예의 의미: 서정주」, 『한국근대작가논고』(일지사, 1974).

26) 김윤식, 「무(無) 속에서 전개되는 변증법: 〈시인부락〉의 어떤 생리와 논리」, 『시와 시학』(1996년 가을호).

도 갈등하는 두 세계를 하나의 역동적 전체로 통일하는 '무(無) 속에 전개되는 변증법'이라는 것이 그의 논지이다.

유종호[27]는 서정주의 시를 소리 지향과 산문 지향으로 구분한다. 소리 지향은 『귀촉도』 전후의 시기로, 산문 지향은 『질마재 신화』로 각각 대표된다. 유종호는 미당이 청년기에는 『시인부락』의 동인이었지만, 반세기 후 인용부호가 빠진 이 나라 시인부락의 족장이 되었다고 시사적 위치를 평가한다.

김화영[28]은 중요 이미지와 시적 공간을 분석한다. 미당 시는 '피'에서 '문'의 개방성을 거쳐 '꽃'과 '하늘'이라는 기원의 세계로 나아간다. 김화영은 미당 시를 예술의 고유한 본질, 즉 상상을 통해 무와 부재에 형태를 부여하는 형상화를 가장 잘 구현한 탁월한 예로 평가한다.

김주연[29]은 서정주의 후기 시를 신비주의로 파악한다. 그가 말하는 신비주의는 유일신에 반대되는 개념으로, 땅의 문화이며 여성의 문화로 범주화될 수 있다. 한편 그는 미당의 바람기가 세계를 바꾸어 가는 역동성, 끊임없이 자신을 성찰하고 쇄신하는 자기 비판성과는 거리가 있다는 부정적 평가를 내린다.

이남호[30]는 시어를 통해 서정주 시의 미적 특성을 해명하고자 한다. 그는 서정주의 시가 삼라만상의 영혼과 우리 겨레의 마음씨를 아름답게 표현하고 있으며, 삶의 원초적 생명력과 활물적인 역동성을 아울러 보여준다고 평가한다.

이승훈[31]은 서정주 초기 시의 미적 특성을 갈등의 구조로 설명한다. 이승

---

27) 유종호, 「소리 지향과 산문 지향: 미당 시의 일면」, 『작가세계』(1994년 봄호).
28) 김화영, 「한국인의 미의식: 서정주의 시의 공간」, 조연현 외, 앞의 책.
29) 김주연, 「신비주의 속의 여인들…詩? 詩: 서정주의 후기 시세계」, 『작가세계』(1994년 봄호).
30) 이남호, 「겨레의 말, 겨레의 마음」, 조연현 외, 앞의 책.

훈은 초기 시의 구조가 아이러니의 미학을 지향한다면, 후기 시는 동일성의 미학, 곧 은유의 미학을 지향한다고 정리한다.

김준오[32]는 서정주 초기 시의 특성은 반이성적 · 반문명적인 원시주의적 세계이며, 이는 미당에게 구원의 양식을 의미하는 것이었다고 판단한다. 김준오는 서정주의 시가 지닌 강렬성의 요인을 '원시주의적 세계관'과 '자학'이라는 범주를 통해 해명한다.

이외에도 서정주 시의 미학적 특성과 원리에 주목하는 연구들은 매우 많다. 그중에서 문학적 장치들에 대한 연구들이 특히 주목할 만한데, 상징[33]과 역설[34], 이미지[35], 시간성[36], 공간-기호론[37]에 대한 연구들이 바로 그것이다. 이러한 연구들은 서정주 시의 본질에 대한 탐색임과 동시에 시의 본질에 대한 물음이라고 말할 수 있다.

전통과 근대의 범주를 둘러싼 연구에서 특히 흥미로운 것은 전통과 근대의 관계에 대한 물음에서 접근한 연구들이다. 단적으로 말하자면 이는 서정주의 시가 서구적인가 전통적인가에 대한 판단으로 귀결된다.

황동규[38]는 서정주의 시세계를 하나의 드라마로 간주하면서 모더니즘적

---

31) 이승훈, 「서정주의 초기 시에 나타난 미적 특성」, 조연현 외, 위의 책.
32) 김준오, 「원시주의와 자학」, 박철희 편, 『서정주』(서강대출판부, 1995).
33) 강우식, 「서정주 시의 상징연구」, 『한국문학』(1984년 7월호).
34) 김시태, 「서정주의 역설적 의미」, 『현대문학』(1975년 4월호).
35) 하재봉, 『서정주 시에 나타난 물질적 상상력의 연구』(중앙대 석사논문, 1981).
문정희, 『서정주 시 연구: 물의 심상과 상징체계를 중심으로』(서울여대 박사논문, 1983).
이진홍, 『서정주 시의 심상연구』(영남대 박사논문, 1988).
36) 손진은, 『서정주시의 시간성연구』(경북대 박사논문, 1995).
37) 정유화, 『서정주시의 기호론적 연구』(중앙대 박사논문 1997).
유지현, 『서정주시의 공간 상상력 연구』(고려대 박사논문, 1998).
엄경희, 『서정주시의 자아와 공간 · 시간 연구』(이화여대 박사논문, 1999).
38) 황동규, 「탈의 완성과 해체 : 서정주의 정신과 시」, 조현연 외, 위의 책.

시각에서 고찰한다. 그는 서정주의 정신적 기복이 탈수법의 기복과 궤적을 같이한다고 결론 내린다. 황동규의 논의는 서정주의 시를 근대성의 문제에서 접근하는 출발점이 되었다.

최두석[39]은 서정주의 시를 근대 의식의 결여로 평가한다. 그는 서정주의 시가 민족문학의 범주에서 일탈할 수밖에 없었던 까닭은 그가 반근대주의 이데올로기에 사로잡혀 있었기 때문이라고 주장한다. 그러나 그의 이러한 논의는 '민족'과 '역사'에 대한 서구적 편견에 사로잡힌 단선적 논의라는 한계를 지닌다.

이광호[40]는 서정주의 시적 지향성을 반근대주의라고 규정한다. 그에 의하면 서정주는 모더니즘의 반대편에서 모더니즘의 실험을 뛰어넘는 자기 해체를 밀고 나간 시인으로, 근대적 자기 정체성을 향해 역사를 포복해 간 고행적인 시인이다. 그는 근대를 서구적인 토대로서가 아니라 한국적인 전통과의 접목을 통해 완성되어야 할 것으로 파악함으로써 서정주의 반근대성이 역설적으로 항(抗)근대성 내지는 한국적 근대성의 필수 조건과 만나는 지점을 예리하게 간파하고 있다.

최현식[41]은 서정주가 근대적 의미의 시적 자율성, 즉 미적 근대성을 성취했지만, 이는 속악한 현실을 비판하고 극복하는 부정적 상상력의 미적 저항성으로 고양되지 못한 채, 과거로의 복귀와 그 현재적 재생이라는 소극적인 반근대주의 지향에 머물고 만다고 평가한다. 그는 미학적 자율성의 획득 여부를 역사의식의 농도와 시의 성패를 가늠하는 중요한 기준으로 활용함으로써 미학성과 사회성의 융합된 관점을 지향하지만, 지나치게 서구적인 시각

39) 최두석, 앞의 글.

40) 이광호, 「영원의 시간, 봉인된 시간: 서정주의 중기시의 '영원성' 문제」, 『작가세계』(1994년 봄호).

41) 최현식, 『서정주 초기 시의 미적 특성 연구』(연세대 박사논문, 1995).

에 한정되어 있다는 한계를 지닌다.

임재서[42]는 근대의 범주에서 한 걸음 더 나아가 서정주의 초기 시를 탈근대적인 관점에서 해석한다. 그러나 서정주의 시에 대한 모든 문화적·이성적 경계 설정이 무의미하다는 관점과 서정주 시를 탈근대적으로 파악하는 관점은 자체적으로 모순된다. 탈근대란 근대를 포섭하고 넘어서면서 성취될 수 있는 것이기 때문이다.

신화·원형·무의식적 연구들은 서정주의 시가 개성적인 요소와 민족적인 특수성, 인류사적 보편성의 전일적 통합을 보여준다는 점에서 출발한다. 이 중에서 신화·원형적 비평은 우리 민족의 정신성과의 관련하에 다양한 연구들이 이루어져 왔지만, 정신분석학의 무의식적 관점에서 이루어진 연구들은 별로 없는 실정이다.

김열규[43]는 서정주 시의 '아니마 문디'적 세계관과 '만다라의 변신'이라 부를 수 있는 '범유론' 내지 '범물론'의 성격을 분석한다. 서정주의 시는 신화와 속신의 강한 유대관계를 보여주는데, 신비주의에 의해 진하게 감량된 '아니마 문디'적 세계관은 그 속신들을 기다려 비로소 미당의 시세계 속에 자리 잡게 된다고 평가한다.

남진우[44]는 시적 성취와 인간적 결함이라는 이율배반적인 대상의 가치 평가에는 세심한 주의와 관찰이 요구된다고 전제한 후, 서정주의 작품은 심층적인 연구가 요구되는 가치 있는 대상이라는 점을 역설한다. 그는 서정주의 성에 대한 몰입이 식민지 상황이 시인으로 하여금 방향 감각을 상실하고 관능에 탐닉하도록 한 결과라고 설명한다.

---

42) 임재서, 『서정주 시에 나타난 세계 인식에 관한 연구』(서울대 석사논문, 1995).
43) 김열규, 「속신과 신화의 서정주론」, 『서강어문』(1982).
44) 남진우, 「남녀 양성의 신화: 서정주 초기 시의 심층탐험」, 조연현 외, 위의 책.

신범순[45]은 미당의 영원은 일상을 통해서 걸러진 새로운 의미의 영원으로, 신화 속의 웅대하고 영웅적인 여성성과 가족적인 친근함이 결합한 부드럽고도 질긴 여성성을 특색으로 한다고 파악한다.

박철희[46]는 서정주의 시적 여정을 우리의 민간전승을 통한 시적 성숙과정으로 요약한다. 서정주의 시는 민간전승을 흡수함으로써 과거와 현재, 이쪽과 저쪽을 하나의 전통 속에 포착하게 되는데, 이는 소재사적 동일성을 넘어 구조적인 동일성까지를 포함한다.

육근웅[47]은 정신분석학적 방법론에 입각하여 서정주의 시를 분석한다. 그는 서정주 시를 세 시기로 구분하여 초기 시는 대립과 갈등, 중기 시는 안정과 편향, 후기 시는 이 두 시기의 변증법적 통합의 의지로 나타난다고 파악한다. 육근웅의 작업은 정신분석학을 도입한 본격적인 연구라는 데서 의의를 갖는다.

이외에도 서정주의 시에 나타난 설화적 요소에 주목한 연구[48]와 화자와 청자에 대한 연구[49] 등은 주목할 만한 논의들이다. 그러나 선행 연구의 대부분은 연구의 범위가 초기 시에 국한되어 있거나 공간적인 이미지의 변모양상에 치우쳐 있어 전체적인 연구는 찾아보기 어렵다. 작가론과 작품론의 많은 성과에도 불구하고 서정주에 대한 연구가 완결되지 못하는 까닭은 이처럼 통합적 시각을 가진 연구들이 아직 이루어지지 않았기 때문이다. 따라서 본 연구는 민속 수용의 양상을 중심으로 서정주의 전체 시세계를 조명해

45) 신범순, 「질기고 부드럽게 걸러진 〈영원〉(1): 미당 서정주의 『떠돌이의 시』」, 『현대시』(1994년 1월호).
46) 박철희, 「서정주와 민간전승」, 박철희 편, 앞의 책.
47) 육근웅, 『서정주 시 연구』(한양대 박사논문, 1990).
48) 주옥, 『서정주 시의 설화 수용 양상 연구』(서강대 석사논문, 1983).
김경희, 『미당시에 나타난 설화적 모티브 연구』(동아대 석사논문, 1982).
49) 심혜련, 『서정주 시의 화자 청자』(이화여대 석사논문, 1992).

봄으로써 민속 수용과 민족적 정체성의 관련성을 읽어내고자 한다. 이는 한 개인의 시세계는 물론 민족적 원형과 기층문화의 상관성을 문학을 통해 검증해보는 중요한 계기가 될 것이다.

제3장 연구내용 및 방법

서정주는 1936년 「벽」이 『동아일보』 신춘문예에 당선되어 등단하였다. 시작(詩作) 활동은 일제 강점기를 거쳐 『시인부락』 동인으로 작품 활동을 했으며, 끊임없는 시세계의 변모를 통하여 작품의 깊이를 확장해 왔다. 서정주의 시는 대체로 초기, 중기, 후기의 세 시기로 나누어 볼 수 있다. 초기 시에 해당하는 작품집으로는 『화사집』(1941)과 『귀촉도』(1946)를 들 수 있다. 중기 시에 해당하는 것으로는 『서정주 시선』(1955)과 『신라초』(1960), 『동천』(1968)을 들 수 있다. 후기 시에 해당하는 것으로는 『질마재 신화』(1975)와 『떠돌이의 시』(1976), 『西으로 가는 달처럼』(1980), 『鶴이 울고 간 날들의 詩』(1982) 등을 들 수 있다.

낡은 전통에 대한 반항과 위악적 몸부림을 동물적 가면을 쓰고 노래한 『화사집』의 화자들은 한국시의 전통적 관습과는 다른 이질적인[1] 시세계를 보여준다. 그러나 『귀촉도』는 반(反)전통적인 태도와 함께 전통적 정서와 가치를 재인식하려는 태도를 보여준다. 『화사집』과 『귀촉도』 두 시집의 화자들은 내적 세계와 외적 세계 사이에서, 신화적 세계와 현실 사이에서, 정

1) 육근웅, 『서정주 시 연구』(한양대 박사논문, 1990), p. 3.

신적 세계와 육체적 세계 사이에서, 善과 惡 사이에서 갈등[2)]하는 존재들이다. 서구적 감수성과 상상력을 바탕으로 삶의 질곡을 파헤치는 데 치중하고 있는 초기 시들에서는 숨겨진 자아와의 갈등, 관능과 죽음의 역설, 좌절된 초인의 초상, 야누스의 고뇌 등이 지배적인 이미지로 등장한다.

『서정주 시선』 이후의 중기 시는 초기 시에서 보여준 대립과 갈등의 구조에서 벗어나 안정과 균형의 질서를 구축하고 있다. 여기에서 그는 전통적인 가치와 고전적 가치를 인식하기 위하여 신라라는 신화적 세계를 탐색함으로써 삶의 불안을 극복하고자 한다. 『신라초』와 『동천』에 나타나는 아니마의 추구는 자아가 집단정신과 동일시될 때 일어나는 무의식적인 보상의 과정이라고 할 수 있다. 이 시기 시인은 불교적 상상력을 통해서 현실의 원형을 탐색하려 하였다.

『질마재 신화』 이후의 후기 시는 초기 시의 갈등과 중기 시의 균형의지를 통합하여 보다 성숙한 자기실현의 세계로 나아가고자 하는 태도를 특징으로 한다. 중기 시에서 그는 탐색된 원형적 세계로서의 삼국유사가 보여주는 종합과 조화와 미분화의 세계를 현실 속에서 찾아내려 한다. 그 현실은 원형의 반복으로서의 세계이며 이상화되었거나 현대의 가치관으로부터 소외되었거나 잊혀진 세계이다. 후기 시는 고대에서 발견한 원형적 세계와 동일시된 자기 원형의 현실 비판적 원리 위에서 이루어진다. 이 시기에 그는 성숙한 신화주의자로서 현실을 재생, 회복하려는 태도를 보여주고 있다. 후기 시에 나타난 큰 변화는 '질마재' 혹은 유년의 기억으로 회귀하려는 경향이다. 이러한 변모는 시적 자아의 추구와 긴밀한 관련을 맺고 있다. 또한 이것은 기억을 통한 경험 세계의 복원이라는 의미를 갖고 있다. 그러나 그는 단순히

---

2) 김현 · 김윤식, 『한국문학사』(민음사, 1984), p. 260.

기억으로의 침잠에 머무르지 않고 오히려 초자아의 구현이라는 쪽으로 나아간다.

이 장에서는 『화사집』에서 『질마재 신화』에 이르기까지 그의 시에 나타난 민속적 상상력과 그 수용 양상을 분석함으로써 서정주의 시에서 민속이 갖는 정신사적 의미망을 탐구하려 한다. 즉 자연 순응적 세계관, 주술과 무속적 상상력, 영원성으로의 풍류의식, 자연 몰입과 정령성으로 나누어 고찰하고자 한다.

1. 자연 순응적 세계관

역사적 시기 구분으로서의 근대는 인간과 자연 사이를 구분하려는 의지에서 시작되었다. 근대는 한마디로 말해 계몽적 이성의 진보에 대한 맹목적 믿음과 직선적 시간 의식이 초래한 인간과 자연, 주체와 객체, 본질과 현상의 분리에 대한 인식을 기반으로 성립되었다. 계몽적 · 도구적 이성은 인간의 자연에 대한 파괴와 정복에 정당성을 제공했고, 그 결과 인간과 자연은 돌이킬 수 없을 만큼 단절되었다.

그러나 서정주의 시는 계몽적 · 도구적 이성이 맹목적으로 자연을 파괴하기 이전의 세계를 지향하고 있다. 서정주의 시에서 인간은 자연적 유기체의 일부분이며 소우주의 모사이다. 이러한 유기체 시론에 따르면 시는 우주와 자연의 아날로지이며, 시의 언어는 우주와 자연의 생명을 담아내는 그릇이다. 또한 시의 부분과 부분, 부분과 전체는 하나의 생명체처럼 유기적 조직을 지향하며, 각각의 단위들은 그 자체가 자연과 우주의 순환적 질서를 반영하는 것으로 생각되었다. 이러한 유기체 시론의 궁극적 방향은 자연 순응적 세계관이다. 서정주는 이러한 자연 순응적 세계관을 우주와 자연의 리듬,

즉 비직선적이고 대지적 상상력에 바탕을 둔 자연적 시간의 리듬으로 형상화한다. 서정주 시에 등장하는 '민속'은 이러한 자연적 리듬의 시적 형상화라고 할 수 있다.

서정주의 시에는 전통적인 민족정서의 소재인 민속적인 요소가 많이 나타난다. 즉 세시풍속인 한식, 초파일, 칠석, 추석, 상달, 동지 등 전통적인 명절이 빈번하게 등장하는데, 이는 자연에 순응하는 성찰의식으로 투영되고 있다. 세시풍속은 음력 정월부터 섣달까지 같은 시기에 반복하여 거행되는 주기 전승의 의례적인 행위로서 계절에 따라 주기적으로 행해지는 민속현상을 말한다. 따라서 세시풍속은 다른 민속 현상, 가령 민간신앙의 의례인 동제나 주기성과 중복되기도 한다. 그러므로 세시풍속에는 주기성과 반복성을 지닌 민속놀이도 포함될 수 있다. 세시풍속은 오랜 역사를 통해 생활문화를 이루며 해마다 같은 시기에 주기적으로 반복되는 전승적 행사로서 집단적 공동 관습을 내포하고 있다. 따라서 세시풍속은 1년을 주기로 태음력에 따라 일정시기에 시행하는 의례적 연중행사임을 알 수 있다.

세시풍속은 또한 1월에서 12월에 이르는 1년 동안 시간의 흐름에 맞추어 반복되어 왔던 주기 전승의 다양한 민속 현상이다. 여기에는 음력의 월별, 절후, 명절에 따른 전통적 민간신앙, 민속놀이, 구비전승, 의식행사, 풍속습관, 의식주 생활 등이 포함된다. 태음력은 계절의 변화에 따라 1년을 24절후로 나눈 것이 특징인데, 15일마다 한 절후가 있게 마련이다. 즉 세시풍속은 한 해를 단위로 일정한 시기에 관습적, 주기적, 전승적, 반복적, 의례적으로 거행되는 행동양식 또는 생활 행위이다. 세시풍속에는 한 해 동안 행해지는 자연신앙, 조상숭배 등의 주술적인 행위와 각종 놀이, 관습 등이 포괄된다. 세시풍속의 전모와 내용을 상세히 파악하기 위하여서는 세시풍속을 형성시킨 자연·문화적 배경과, 세시풍속의 범주를 정밀하게 살펴야 한다. 이와 같은 고찰을 거쳐야 세시풍속의 형성과 내용, 속성이 뚜렷하게 그 정체를 드러낼 수 있기 때문이다.

세시풍속의 배경에는 온대지방에 속하여 사계가 분명한 우리나라의 계절적 특성이 크게 작용하고 있다. 즉 봄, 여름, 가을, 겨울의 1년을 15일을 일기(一己)로 24절기로 나누었기 때문에 생업 활동과 변화가 모두 적층되어 있는 것이다. 24절기를 양력의 월별로 나누어 보면 다음과 같다.[3)]

1월-소한, 대한
2월-입춘, 우수
3월-경칩, 춘분
4월-청명, 곡우
5월-입하, 소만
6월-망종, 하지
7월-소서, 대서
8월-입추, 처서
9월-백로, 추분
10월-한로, 상강
11월-입동, 소설
12월-대설, 동지

이상의 24절기는 주로 사계에 따라 변하는 기후를 나타내는 명칭으로 되어 있다. 그리고 이들 절기에 따라 생업에 관련되는 민속이나 행사가 지속적

3) 고대민족문화연구소에서 펴낸 『한국민속대관 4. 세시풍속. 전승놀이 편』에서 세시풍속 자료를 포함 관계 논고가 수록되어 있다.

으로 반복, 진행되어 오면서 세시풍속은 자연스럽게 이루어진 것이다. 계절과 기후, 명절을 포함한 24절기는 세시풍속의 기본적 배경을 이루면서 삶과 깊은 관계를 가지게 된 것이다. 따라서 세시풍속은 그 민족이 거주하는 지역의 자연환경과 풍토의 영향을 크게 받는다. 개인이나 특수한 사람에 제한된 것이 아니라 그 집단에 속하거나 지역에 거주하는 사람들에게는 보편성을 띠고 있으므로 세시풍속은 사회성을 띠고 있다. 그리고 단 시간에 형성된 것이 아니고 집단 공동의 마음이 응결되어서 관습으로 채택되었기 때문에 공감을 가지고 전승되고 생활화된다.

세시풍속 형성의 배경은 역사적, 종교적, 사회적 측면으로 구분할 수 있다. 역사적 배경은 주로 역대 왕조의 개국일이나 시조의 탄생을 기념하고 숭앙하는 측면에서 이루어졌다. 이 경우 개천절과 같이 대개 건국신화나 시조신화에 관련되어 있다. 또한 각 성씨의 씨족신화, 즉 가계신화가 크게 작용하였다. 자기 씨족의 시조에 대한 숭앙을 통하여 후손들의 자기 뿌리와 씨족에 대한 정체성을 확인시킨다. 조상에 대한 경모의 정신을 앙양하기 위하여 행해졌던 세시풍속으로는 철을 가려 시행되었던 시조묘에 대한 참배와 집단적 제례가 있는데, 이를 시제 또는 시향이라 부른다.

종교적 형성의 배경은 전래의 민간신앙과 타국에서 들어온 유교, 불교, 도교적 측면에서 이루어졌다. 민간신앙에 속하는 것으로는 무격신앙이나 점복, 금기에 바탕을 둔 고사, 재숫굿, 풍년굿 등 가정과 이웃을 위한 제액초복이나 풍년기원 등이 세시풍속에 바탕을 두고 행해졌다. 유교의 경우 지식 양반층이 성균관이나 석전, 종묘제례, 지방 향교에서 행한 문묘제례가 이에 해당한다. 또 유교의 가례에 근거한 관혼상제는 양반층과 서민층의 구별 없이 세시풍속과 관련을 가지면서 시행되었다. 불교의 세시풍속으로는 4월 초파일, 음력 2월 8일의 석가모니 출가일, 2월 15일의 석가모니 열반일,

그리고 7월 15일의 우란분재일 등이 있다. 석가모니 탄생을 기념하여 연등 행사를 중심으로 벌어지는 4월 초파일과 칠월 보름날, 조상의 초혼공양을 올리는 우란분재일은 우리의 효 사상과 어울리면서 특정 종교만이 아닌 민족의 세시풍속으로 굳어진 것이다. 또 봄, 가을에 주로 행해지던 방생회도 마찬가지였다. 도교의 경우 조선조에 소격서 등에서 계절에 따라 의식이 행하여졌으나 유교와 불교보다는 성하지 못하였고 세시풍속으로서의 독자성도 유지하지 못했다. 그러나 유교적인 효의 관념과 어울리면서 성묘, 벌초, 차례, 례, 제례 등 각종 의식행사가 時節과 풍속에 따라 시행되었다.

세시풍속 형성의 마지막 배경으로는 사회적 배경을 들 수 있다. 생활집단과 공동사회의 구조 속에서 개인과 집단과의 관계, 그리고 개인과 개인의 교류 관계에서 형성되는 삶의 형태는 다양한 생활양식을 보여준다. 명절에 멀리 떠나 있던 가족들의 만남, 동제나 마을굿으로 이어지는 이웃들 간의 모임은 이질적인 사회적 문화의 교류나 경제적 이해관계의 조정, 집단적 일체감이 조성을 위한 계기가 되었다. 이러한 개인적, 집단적 만남과 모임이 연중 일정한 기간에 주기적으로 이루어지면서 세시풍속을 형성시키는 계기가 된 것이다.

세시풍속의 범주는 시간적 전승의 범주와 문화적 전승의 범주로 나누어 볼 수 있다. 1년을 단위로 하여 명절을 중심으로 주기적으로 순환되는 시간적 범주는 계절과 생업이 결부되면서 이루어졌다. 문화적 전승은 첫째, 구비전승의 영역을 지적할 수 있는데, 세시풍속과 결부되는 것은 노동요 등이다. 모내기노래, 김매기노래, 보리타작노래, 베틀노래, 물레노래, 벼베기노래, 배따라기, 꼴베기노래 등은 모두 농업, 어업, 채취, 가내공업 등 생업에 관련된 것들로서 사계절의 변화에 따라 이루어지고 불리는 민요들이다. 민담, 전설 등도 명절이나 절기의 유래에 대한 것이 많다. 한식, 칠석, 한가위,

동지 등에는 각각 이에 대한 이야기가 전래된다. 둘째, 신앙전승의 영역도 월별로 다양한 모습을 보여준다. 즉 1월의 안택굿 등 봄철의 재수굿과 동제, 10월의 성주굿, 풍년굿, 천신제, 11월의 동지굿, 12월의 고사 등이 주류를 이룬다. 이외에도 철에 맞추어 행해지는 민간신앙은 다양하다. 셋째, 의식행사 전승인데 설날과 추석날의 차례가 가장 큰 의식으로 여기에 포함된다. 각 명절에는 거기에 해당되는 의식과 행사가 반드시 있게 마련이다. 넷째, 기예전승인데 음식, 의복, 주거 등 생활에 관련된 것과 유희, 경기, 춤, 노래 등 예능에 관련된 것으로 나누어 볼 수 있다. 생활에 관련된 것으로는 계절과 명절에 따라 먹는 주식과 부식의 경우가 대표적 예이다. 설날의 떡국, 대보름의 오곡밥, 귀밝이술, 부럼 등과 한가위의 송편, 신도주(新稻酒), 동짓날의 팥죽 등이 대표적인 것들로 꼽힌다. 그 외에도 된장, 고추장 담그기, 계절에 따른 각종 전통과 만들기 등이 있다. 예능에 관련된 것으로는 각종 민속놀이나 경기, 그리고 춤과 노래가 철따라 바뀌면서 행해진 것을 들 수 있다. 농악처럼 연중에 두루 연행되는 것과 계절과 명절에 따라 벌어지는 특유의 놀이를 구별할 수 있다. 정초의 윷놀이와 널뛰기, 대보름의 지신밟기와 답교놀이, 3월의 화전놀이, 4월의 관등놀이, 탑돌이, 5월의 그네뛰기와 씨름, 7월의 백중놀이, 8월의 소놀이, 강강술래 등이 여기에 해당한다.

따라서 세시풍속에 대한 연구는 폭넓은 시야와 다채로운 방법론으로 접근해야 할 것이다. 세시풍속은 전통문화의 바탕을 이루는 독창적 고유문화로서 민족문화의 저변을 이루는 기층문화이기 때문에 일시에 생성되거나 소멸되지 않고 외래문화에 쉽게 동화되거나 변모되지 않는다. 그것은 서민층의 생활문화를 그대로 반영하고 있다. 또한 세시풍속에 포함되어 있는 구비문학에는 계절에 따라 형성된 다양한 문학, 즉 세시가요, 노동요, 의식요, 유희요 등의 민요, 타령 등 기록 또는 구전된 서민층의 문학이 모두 포함된다. 세시풍속이 시가(詩歌)문학에서 나타나는 것은 고려가요 〈동동(動動)〉과 조선 시대 정학유(丁學遊)가 지은 「농가월령가」이다. 그러므로 후대에도 계승되어야 할 정신문화의 정립과 창조를 위해 세시풍속의 시적 수용은 중요한 의의를 갖는다.

> 三月이라 寒食날은 省墓가예지.
> 동태 살에 달걀 무쳐 전야를 굽고,
> 하늘까정 웽하게는 전야를 굽고,
> 白磁병에 찬술 담어 받쳐서 들고,
> 점잖한 흰옷으로 省墓가예지.
>
> 西山나귀 봄풀 뜯는 언덕을 넘어,
> 진달래꽃 속삭이는 山등성이로
> 소나무숲 헤치고 또 헤치면서
> 半萬年의 옛어른들 찾아가예지.
> 찾아가서 통사정을 해나봐예지.

-「삼월(三月)이라 한식(寒食)날은」 전문

한식은 청명절이라 하는데, 동지로부터 105일째 되는 날이며 설날, 단오, 추석과 함께 4대 명절의 하나이다. 조상의 산소에 가서 묘사를 지내는 행사는 설날, 한식, 단오, 추석의 네 명절[4]에 한정된다. 이날 나라에서는 종묘와 각 능원에 제향하고 민간에서는 술과 포, 식혜, 과일, 떡, 국수, 탕, 적 등의 음식으로 제사를 지낸다. 이때 지내는 제사를 명절 제사, 곧 절사라고 한다. 이날은 민간에서 여러 가지 음식을 마련하여 성묘하고 조상의 묘를 돌본다.

---

4) 최대림 역, 『동국세시기』(홍신문화사, 1993), p. 69.

고려시대에는 한식이 대표적인 명절의 하나로 여겨져 관리에게 성묘를 허락하고 죄수의 금형을 실시하기도 하였다.

중국 춘추시대 제(薺)나라 사람들은 한식을 냉절(冷節) 또는 숙식(熟食)이라고 불렀다. 이것은 고대 중국 진나라의 충신 개자추가 불에 타 죽은 것을 마음 아파하고 불쌍하게 여겨서 그 영을 위로하기 위해 불을 때지 않았던 데서부터 유래한 풍속[5]이다. 그 유래를 살펴보면 중국의 춘추시대 때 개자추라는 진나라 사람이 문공(文公)을 모시고 있었다. 그러나 충성을 다해서 모셨지만 오해를 받아 산 속에 숨어 살았다. 문공은 자신의 잘못을 뉘우치고 개추자가 산에서 나오기를 권했지만 나오지 않아 불을 질렀는데, 개추자는 늙은 홀어머니와 함께 버드나무 아래서 불에 타 죽었다. 그래서 이날은 버드나무를 대문에 꽂기도 하고 개자추의 죽음을 위로하여 불을 쓰지 않고 찬밥을 먹는 유래 때문에 냉절[6]이라고도 한다. 이날 조상의 무덤에 성묘를 하며 떼를 다시 입히고 시절 음식으로 쑥탕, 쑥떡을 해 먹었다. 한식날부터 농가에서는 채소씨를 뿌리는 등 본격적인 농사 준비를 한다. 흔히 이날 천둥이 치면 흉년이 들뿐 아니라 국가에 불상사가 일어난다고 믿어 매우 꺼린다. 한식날은 미리 장만해 놓은 찬 음식을 먹고 불을 쓰지 않는다.

모든 길은 신발 코에서 떠나갔다가
돌아 돌아 신발 코로 되돌아오네.
판문점을 동서양을 돌고 돌아도
신발 코로 신발 코로 되돌아오네.

사월이라 초파일 밤 절깐에 가서

---

5) 위의 책, p. 70.
6) 위의 글.

등불 하나 키어놓고 오는 그 길도
山 두견새 울음 딸아 돌고 돌아서
신발 코로 신발 코로 되돌아오네.

-「초파일의 신발 코」 전문

불놀이 행사가 시작된 것은 신라 때부터이다. 신라인들은 불교의 전래에 따라 정월 대보름에 간등을 하였고, 이를 계승하여 고려시대에도 2월 보름에 연등회를 개최하는 것이 관례로 되었다. 특히 고려 중엽부터는 1년에 2번 불놀이 행사를 가졌는데, 이는 석가탄신일이 4월 8일이라 하여 이날도 연등을 했기 때문이다. 그 후 조선왕조는 공적으로 연등행사를 금지했다. 그러나 민간인들 사이에는 초파일 연등행사가 더욱 유명해져 일제 침략 이전까지[7] 중요한 민속명절의 하나로 정착되었다. 이날은 가족의 수만큼 등을 만들거나 각자의 이름을 써서 등을 매달고 가족의 평안과 소원을 빈다. 초파일 며칠 전부터 민가에서는 등간(燈竿)을 세우고 그 꼭대기에 꿩깃을 끼워 장식을 한 다음 울긋불긋한 천으로 깃발을 만들어 매단다. 작은 집에서는 깃대 꼭대기에 소나무 가지를 붙들어 매기도 하는데, 그 집안의 수대로 등을 달고 남보다 크고 높은 것을 자랑으로 여긴다. 이러다가 4월 9일에 가서야 그친다. 이렇게 등을 켜서 밝게 하며 울긋불긋한 천을 매다는 것은 잡귀나 악귀를 물리치기 위한 수단이었다.

등간(燈竿)을 남보다 높이 세우려는 행위는 하늘을 향해 제(祭)를 드리던 제천의식의 잔재라고 볼 수도 있다. 등을 만들 때 종이를 바르기도 하고 혹은 붉고 푸른 천을 바르기도 한다. 운모(雲母)를 상감하여 비선(飛仙)과 화조를 그리기도 하고, 평평한 면이나 각진 모서리마다 삼색의 종이나 길쭉한

7) 장덕순 외, 『한국의 풍속지』(을유문고, 1974), p. 53.

종이쪽지를 붙이기도 한다.

등의 종류에는 수박등, 마늘등, 연꽃등, 칠성등, 오행등, 일월등, 공등, 배등, 종등, 북등, 누각등, 난간등, 화분등, 가마등, 머루등, 병등, 항아리등, 방울등, 알등, 봉등, 학등, 잉어등, 거북등, 자라등, 수복등, 태평등, 만세등, 남산등[8] 등이 있는데 모두 그 모양을 상징하고 있다.

오월이라 단오날에 수리취떡은
해보단도 더 뜨거워 혼자 못 먹네.
오라버니 오라버니 젓가락 줄까
잘 불어서 씹어 삼켜 먹어야 하네.
단군님의 자손이라며 요게 무언가
글쎄?
세 쌍둥이라도 날만한 힘 어따 두고……

오월이라 단오날에 요놈의 살림
고추보단 더 매워서 혼자 못 먹네.
오라버니 오라버니 막걸리 줄까

홀짝 홀짝 마시면서 먹어야 하네.
단군님의 자손이라며 요게 무언가
글쎄?
세 쌍둥이라도 날만한 힘 어따 두고……

–「단오(端午) 노래」 전문

단오는 초오(初午)의 뜻으로 5월 들어 처음 맞는 말의 날을 뜻한다. 그래

8) 위의 글.

서 신라시대부터 5월 5일을 단오절로 정하고 왕실에서 백성에 이르기까지 이날을 경축일로 삼아 잔치를 베풀었다. 유래는 초나라 회왕 시대에 굴원이라는 충신과 관련된다. 그가 인격과 학식이 훌륭했기 때문에 주변에는 늘 그를 질투하는 무리들이 많았다. 그들이 임금에게 중상 모략하는 일이 많아지자 굴원은 깨끗한 자기의 지조를 보이기 위해 멱라수에 투신자살하였다. 그날이 마침 5월 5일이라 해마다 이날을 기념하고 굴원의 억울한 영혼을 위로하기 위해 제사를 지내게 되었다는 고사가 있다. 그의 죽음을 슬퍼하는 뜻으로 대나무통에 쌀을 넣고 소태나뭇잎으로 감아 물 속에 던지는 풍습이 있었는데, 지금은 대나뭇잎으로 싸서 찐떡을 먹는 풍습으로 바뀌었다.

단오날은 흔히 수릿날이라고도 한다. 이는 밥을 물여울에 던져서 굴삼려를 제사[9]지내기 때문이다. 또 이날 산에서 자라는 수리취라는 나물이나 쑥을 뜯어 떡을 하는데 떡의 둥그런 모양이 수레바퀴 같아서 수리라는 이름이 붙게 되었다는 설도 있다. 수리란 고(高), 상(上), 신(神) 등을 의미하는 고어인데 5월 5일이 신의 날, 최고의 날이란 뜻에서 연유된 이름이라고 한다. 이날은 백 가지 풀을 뜯어다 삶아 먹기도 하고 익모초 즙을 내어 아침에 먹기도 한다. 단오날 오시(午時)에 익모초, 쑥을 뜯어 말려 두었다가 일년 내내 약용으로 쓰기도 한다.

단오의 행사로 여자들은 창포물로 머리를 감았다. 그리고 창포 이슬을 받아 화장하고 먹기도 하였으며, 머리를 감고 목욕과 세수를 하였다. 또 음식을 장만하여 창포가 무성한 연못이나 물가에 가서 물맞이 놀이를 하는 풍습도 있었다. 또한 나쁜 귀신을 쫓는다는 뜻에서 창포를 삶은 물로 머리를 감고 얼굴도 씻으며, 붉고 푸른색 옷을 입고 창포 뿌리를 잘라 붉은 물을 들여

---

9) 위의 책, p. 163.

서 '수(壽)' 자나 '복(福)' 자를 새기고 복을 빌기도 했다. 붉은 연지를 발라 비녀를 만들어 머리에 꽂기도 했는데, 이는 붉은색이 양기를 상징하므로 악귀를 쫓는 기능이 있다고 믿었기 때문이다. 즉 벽사의 뜻을 지니고 있는 것으로 이것을 단오장(端午粧)[10]이라 한다. 또 대추나무 사이에 돌을 끼워 많은 열매가 많이 맺기를 기원하는 나무 시집보내기 풍습도 있었다. 이는 단오 무렵이면 대추가 열리기 시작하므로 대추나무 가지 사이에 돌을 끼워 놓아 대추의 풍년을 기원하기 위한 것이었다. 또 단오날 정오에 도끼로 여러 과일나무의 가지를 쳐내려야 과일이 많이 맺는다[11]고 했다. 이처럼 단오행사는 지방에 따라 특색 있게 행해지는데 강원도의 강릉단오제는 대표적인 행사로 규모가 크다.

제액을 예방하기 위하여 단오일에 창포 삶은 물에 머리를 감는다든가, 창포뿌리로 비녀를 만들어 연지를 발라서 머리에 꽂는 것, 부적을 문설주에 붙이는 행위 등은 모두 액을 물리치고자 하는 소망에서 이루어진 것이다. "5월 5일 천중절에 위로는 하늘의 녹을 받고 아래로는 땅의 복을 얻어 치우(蚩尤)의 신(神)의 구리 머리, 쇠, 이마, 붉은 입, 붉은 혀에 404병(病)이 일시에 없어져라 빨리빨리 법대로 시행하라"[12]라는 단오날 부적은 천중절 또는 천중가절로 양기가 가장 왕성하여 악귀를 물리치는 데 가장 효과적이라고 믿었다.

단오 음식으로는 수리취떡, 앵두화채, 준칫국, 붕어찜, 제호탕, 앵두편, 도행병, 준치 만두가 있다. 수리취떡은 수리취나 쑥을 짓이겨 멥쌀가루에 넣어 녹색이 나면 반죽하여 쪄서 쫄깃하게 친다. 친 떡을 굵게 가래떡으로

10) 최대림 역, 앞의 책, p. 91.
11) 유득공 외, 이석호 역, 『조선세시기』(동문선, 1991), pp. 93-94.
12) 최대림 역, 앞의 책, pp. 90-91.

비벼서 수레바퀴 모양의 떡살로 문양을 낸 절편이다. 제호탕은 한약재인 오매말(烏梅末), 백단향(白檀香), 축사(縮砂), 초과(草果)[13] 등을 가루로 하여 꿀에 재웠다가 냉수에 타서 마신다. 이것을 마시면 더위를 먹지 않고 갈증을 없앤다. 앵두편은 앵두를 살짝 쪄서 굵은 체에 걸러 살만 발라 설탕을 넣고 졸이다가 녹말을 넣어 군힌 것이다. 도행병은 복숭아와 살구 등 초여름에 나는 과일을 즙을 내어 쌀가루에 버무려 설기를 쪄 먹는다.[14]

안녕히 계세요
도련님

지난 오월 단오날, 처음 만나던 날
우리 둘이서 그늘밑에 서있던
그 무성하고 푸르던 나무같이
늘 안녕히 안녕히 계세요

저승이 어딘지는 똑똑히 모르지만
춘향의 사랑보단 오히려 더 먼
딴 나라는 아마 아닐 것입니다

천길 땅밑을 검은 물로 흐르거나
도솔천의 하늘을 구름으로 날더라도
그건 결국 도련님 곁 아니어요?
더구나 그 구름이 소나기 되어 퍼부을 때
춘향은 틀림없이 거기 있을거여요!

-「춘향유문(春香遺文)」 전문

---

13) 한복선, 『명절음식』(대원사, 1996), p. 62.
14) 위의 책, p. 64.

인용시는 고사에 대한 상상력을 바탕으로 민속적인 풍토를 시각적으로 진술하고 있다. 이 시에서 저승은 '검은 물'이 흐르는 땅이며 죽음의 낯선 공간으로 상징된다. 그러나 화자는 저승이라는 이별의 공간을 '소나기'라는 물의 이미지를 통해 극복함으로써 임과의 만남을 갈구하고 있다. 여기에서 저승이라는 먼 공간은 임의 곁이라는 역설이 등장하게 된다. 최초의 만남을 이루었던 장소를 상기함으로써, 즉 만남을 이루게 한 장소에 존재하던 푸른 나무 그늘로 인해 과거의 장소는 새롭게 인지되며 이러한 기억은 사랑의 불변성을 확인하고자 하는 의도로 드러난다. 화자는 '처음 만나던' 나무 그늘을 되살리는데, 그 장소는 과거나 현재에 국한된 공간이 아닌 초시간적인 영역의 장소이다. 이는 사랑의 추억이 푸른 나무처럼 영속적인 것이기를 바라는 마음과 사랑하는 대상인 '도련님'이 오월의 나무처럼 활력 있는 시간을 향유하기를 바라는 염원을 담은 이중적 의미로 해석된다.

3연의 저승은 처음 만나던 나무 그늘과는 대조적인 장소이다. 그곳은 검은 물이 흐르는 땅이며 죽음의 낯선 자리이다. 왕성한 생명력을 드러내는 푸른색과 죽음을 상기시키는 검은색이 기본적인 대조를 이룬다. 음양오행사상에 의하면 우주생성의 근본원리에 해당하는 기본색은 백색, 청색, 적색, 흑색, 황색의 5색이다. 이 중에서 청색과 적색이 양에 해당된다. 청색은 방위로 볼 때 태양이 솟는 동방(東方)에 해당하여 창조, 신생(新生), 생식 등을 상징한다. 반면 서방의 백색과 북방의 흑색은 음(陰)에 해당한다. 적색과 청색은 힘과 생명의 상징색으로 인식되었다. 이에 따라 사(邪)되고 악한 기운으로부터 자신을 보호하고자 할 때 적색 또는 청색을 사용했으며 이 관습은 현재까지 이어져 민속의 주요한 일부를 차지하고 있다. 청색은 생명을 상징하며 양기가 왕성한 색으로, 사된 것을 물리치고 복을 기원하는 벽사 기복의 색으로 즐겨 쓰인다. 벽사의 용도로 사용된 것은 적색이 압도적이다. 이는 적색이 태양, 불, 피와 같은 원시신앙의 주요한 대상물과 연관되어 있어 주술적인 위력을 지닌 것으로 믿었기 때문이다. '천길 땅밑'의 '검은 물'은 무거운 물로서 죽음을 의미하지만, 하늘로 올라간 물은 존재의 또 다른 변환 형태이며 죽음의 공간을 벗어난 상승의 상태이다.

물의 순환적 흐름을 통해 화자는 둘이서 만나던 공간과 '저승' 사이의 거리를 극복하고 연모하는 대상과의 합일을 성취한다. 물의 흐름을 감안할 때 '저승'이라는 먼 공간은 '도련님 곁'이라는 역설이 가능하다. 화자는 임을 둘러싸고 변전하는 물을 통해 이별을 극복하고 사랑을 실현한다. 하늘과 물을 결합시키는 시적 상상력에서 물의 민속적 상상력이 엿보인다. 옛날부터 신령을 움직일 최상의 제수는 정화수였다. 이는 한국인의 물 사상이 가장 오래되고 가장 거룩한 원형임을 알 수 있다. 따라서 집 안팎에 찬물을 뿌리면 액이 나간다고 믿었고 사람 머리나 몸에 뿌리면 부정이 나간다고 믿었다. 무속에서 '부정거리'는 물이 절대적이었다.[15] 마을굿을 앞두고 사람이 목욕재계하기에 앞서 우물 둘레를 청소하고 왼 새끼의 금줄을 치고 둘레에 돌아가면서 황토를 뿌려 잡인의 접근을 막았다. 마을 안에서 우물은 성지가 될 수 있었는 신라의 알영지, 고려의 개성대정 등은 국가가 종교적 의례를 바친 우물들이다. 그 우물들은 곧 국모신(國母神)의 안태 우물이라고 신앙된 것[16]이다.

우리나라는 불교 이전에 자연발생적인 내세의 존재 개념이 있었다. 불교 전래 이후는 사후 심판의 성격으로 저승이 있었고, 여기에 선인은 극락으로 악인은 지옥으로 간다는 이분(二分)법적 과정이 있었다. 바리공주가 등장하는 씻김굿이 있는 무당의 망자(亡者)굿에 저승이 나타나며 유교가 성왕한 시대에는 도덕적인 품성을 교육하기 위하여 저승이 거론되었다. 저승이라는

15) 김열규, 『한국인의 문화코드 열다섯 가지』(금호문화, 1997), p. 83.
16) 위의 책, p. 84.

내세 개념에는 이승이라는 현세가 대비되어 있으며 이 현세는 사실상 전생의 연장이라는 사고가 생겨서 삼생(三生)의 사고[17]로 펼쳐졌다. 이처럼 물은 저승에도 있었는데 무속신화인 바리공주는 아버지인 왕이 숨지자 난관을 무릅쓰고 천국에 가서 생명수를 얻어 그 물로 숨진 아버지를 재생시킨다. 무속에서 바리공주는 무당이 모시는 무조신(巫祖神)이다. 사람이 죽은 지 49일 만에 지내는 사령제(死靈祭), 즉 지노귀굿을 할 때 모시는 신으로 이때 무당은 색동옷을 입는다. 이 지노귀굿은 영혼을 천도시키는 굿으로 칠칠재(七七齋)와 같이 하는 수도 있다.

도솔천은 불교의 우주관에서 분류되는 天의 하나로 미륵보살이 머무르고 있는 천상의 정토이다. 범어 듀스타(Tusita)의 음역으로서 의역하여 지족천이라고 한다. 즉 이곳에 사는 무리들은 오욕을 민족하고 있음을 뜻한다. 불교에서는 세계의 중심에 수미산이 있고 그 산의 꼭대기에서 12만 유순 위에 욕계 6천 중 제4천인 도솔천이 있다고 한다. 도솔천은 내원과 외원으로 구성되어 있는데 외원은 수많은 천인들이 즐거움을 누리는 곳이고, 내원은 미륵보살의 정토로서 내원궁이라고 부른다. 이 내원궁은 석가모니가 인도에서 태어나기 직전까지 머무르면서 중생교화를 위한 하생의 때를 기다렸던 곳이다. 미래불인 미륵보살은 현재 이 내원궁에서 설법하면서 남섬부주(南贍部洲)에 하생하여 성불할 때를 기다리고 있다 우리나라에서도 도솔천에 상생하기를 바라고 미륵불이 도솔천에서 내려와 용화회상(龍華會上)에서 설법하는 자리에 참여하게 되기를 바라는 미륵신앙이 크게 유행하였다.[18]

香丹아 그넷줄을 밀어라.

---

17) 한국정신문화연구원, 『한국민족문화대백과사전 7권』(웅진출판사, 1994), p. 397.
18) 한국정신문화연구원, 앞의 책, 6권, p. 862.

머언 바다로
배를 내어 밀 듯이,
香丹아

이 다수곳이 흔들리는 수양버들 나무와
베갯모에 뇌이듯한 풀꽃더미로부터,
자잘한 나비새끼 꾀꼬리들로부터,
아조 내어 밀듯이 香丹아

珊瑚도 섬도 없는 저 하늘로
나를 밀어 올려다오.
彩色한 구름같이 나를 밀어 올려다오.
이 울렁이는 가슴을 밀어 올려다오!

西으로 가는 달 같이는
나는 아무래도 갈 수가 없다.

바람이 波濤를 밀어 올리듯이
그렇게 나를 밀어 올려다오.
香丹아.

–「추천사(鞦韆詞)」 전문

미당은 신화나 전설, 고전 등 다양한 외적 소재를 시 속에 수용하고 있다. 이 시 역시 고대소설 『춘향전』에서 등장하는 춘향의 목소리를 빌려서 쓰였다. 특히 이 시는 지상의 번뇌로부터 벗어나려는 초월적 공간에로의 욕망을 드러내고 있다. 이 시에서 그네는 두 사람의 만남을 가능하게 해주는 계기로 등장한다. 그네는 사랑을 이루는 만남의 공간이지만 그곳은 또한 이별의 고뇌를 안고 있는 장소로 변화한다. 이처럼 그네는 만남과 이별이라는, 과거와 현재와의 차이를 드러내는 구실을 하면서 떠나는 존재를 상징하고 있다.

1연에서 화자는 향단이에게 '머언 바다로 배를 내어 밀 듯이' 그네를 밀라고 말하고 있다. 여기서 '머언 바다'는 현실로부터 벗어나고자 하는 시적 자아의 의지가 포함된 시어이다. 그네는 단순한 놀이가 아니라 괴로움과 운명으로부터 벗어나는 수단으로 기능한다. '그넷줄을 밀어라'와 '나를 밀어 올려다오'라는 간절한 부탁은 바로 괴로움의 정도와 그것으로부터 벗어나려는 몸부림을 나타내고 있다. 2연에서는 떠나버리고자 하는 지상의 사물들이 등장한다. '수양버들 나무'나 '풀꽃뎀이', '나비새끼', '꾀꼬리들'이 바로 그것이다. 이들을 포함한 현실이 자신의 소망을 실현할 수 없는 세계이기 때문에 화자는 '산호도 섬도 없는' 무한히 넓은 세계로 가고자 한다.

3연에서는 '산호(珊瑚)도 섬도 없는 저 하늘로'라고 말함으로써 지상의 세계와 이상향의 세계인 하늘을 대비시키고 있다. 이러한 대비 역시 그러한 구속에서 벗어나 이상향 속에 안주하려는 시적 자아의 의지의 표명에 해당된다. 그러나 4연에서 '西으로 가는 달 같이는 나는 아무래도 갈 수가 없다'는 갈등이 생긴다. 이는 화자가 자신의 한계를 깨닫는 것으로 영원성과 세속성 사이에, 또는 영원한 삶과 세속적인 삶의 갈등에서 나온 것이다. 결론적으로 화자는 이 시에서 그네 타는 행위를 단순한 놀이로서가 아니라 지상의 인연을 벗어나 보려는 고뇌의 상징적 표현으로 묘사하고 있다. 즉 화자는 유교적 신분제도 때문에 사랑을 제한받았기 때문에 자유를 위해 초월세계로의 비상을 꿈꾸고 있다. 그녀는 그네라는 소재를 매개로 이승과 현실로부터 벗어나고자 한다.

그네뛰기는 씨름과 더불어 음력 5월의 대표적인 단오놀이다. 동네 어귀에 있는 느티나무나 소나무 등의 큰 가지에 매어놓고 동네 사람들이 수시로 나와서 뛰어놀았는데, 대개 4월 초파일에서 5월 단오절에 이르는 한 달 동안 계속되며 단옷날에는 그네대회가 열렸다. 『고려사』의 내용으로 미루어 고려 시대의 그네뛰기는 왕궁을 중심으로 한 귀족사회에서도 성행했던 것으로 추측된다. 조선왕조에 들어서면서부터 그네뛰기는 제한된 궁정에서 벗어나 점차 일반에게 보급되면서 단오놀이로 굳어지게 되었다. 그네는 바깥구경을 못하던 젊은 여인네들이 단옷날 하루만이라도 밖에 나와 해방감을 맛보고자 한 데서 비롯되었다. 그네 경기는 외그네, 쌍그네 등 다양한 방법으로 놀 수 있으며, 누가 제일 높이 올라가느냐에 따라 승부를 정한다. 두 사람이 서로 마주 보며 뛰는 것을 쌍그네 또는 맞그네라고 하는데 이것은 여흥적으로 하는 것이고 보통은 외그네를 뛴다.

유월이라 유둣날은 살풀이 가세.
살풀이는 하여서 뭐가 풀리나?
동쪽으로 흐르는 물에 머리 감으면
머리털에 햇빛은 곱게 풀리네.
머리 감고 임네 집 한 번 더 가자.
우리님이 감은 눈을 뜰지도 몰라.

「노세 노세 차라리 몽땅 다 노세」
건달들이 道 깼다고 노래 부르네.
건달아 다 논다고 직성 풀리나?
우리 님이 감은 눈을 뜨게나 되나?
머리 감고 임네 집 한 번 더 가자.
우리 님이 감은 눈을 뜰지도 몰라.

—「流頭날」 전문

음력 6월 15일을 유두라고 하는데 이는 동류두목욕(東流頭沐浴)의 준말이다. 고려 명종 때의 학자 김극기(金克己)의 문집에는 "6월 보름에 동쪽으로 흐르는 물에 머리를 감아 불길한 것을 씻어 버린다. 그리고 계음(禊飮)을 유두연(流頭宴)이라 한다"라는 내용이 있다.

『동국세시기(東國歲時記)』에도 "6월 보름에 동쪽으로 흐르는 물에 머리를 감아 불길한 것을 씻어 버린다. 그리고 액막이로 모여서 술을 마시는데, 이를 유두연(流頭宴)이라 한다"라고 전하고 있다.

조선의 풍속도 신라 이래의 옛풍속으로 말미암아 유두를 속절로 삼게 되었다는 기록이 보인다. 이러한 문헌의 기록들을 통하여 유두는 최소한 신라 시대부터, 또는 그 훨씬 이전부터 전해 내려온 우리의 풍속임을 짐작할 수 있다.

유두의 풍속은 신라 때에도 있었는데 동류(東流)에 가서 머리를 감는 것은 동쪽이 청(淸)이며 양기가 가장 왕성한 곳이기 때문이다. 6월 15일에 동쪽으로 흐르는 물에 머리를 감아 부정된 것을 씻어 버리며, 또 맑은 물이 흐르는 계곡이나 폭포에 가서 온몸을 씻으면 1년 동안 질병을 물리치고 여름에는 더위를 먹지 않는다고 한다. 인용시의 화자 역시 동쪽으로 흐르는 물에 머리를 감고 사랑하는 임을 만나러 가려는 것이다. 감긴 눈이 떠질지도 모른다는 희망을 갖고 신성한 물에 머리를 감는 것이다.

인용시에 등장하는 '살풀이'란 무녀가 살(煞)을 풀기 위하여 행하는 간단한 의례를 말한다. 살은 민간신앙에서 사람을 죽일 수 있는 독기로 구체적인 형상을 하고 있지는 않다. 다만 '살이 간다', '살이 낀다', '살이 붙다', '급살맞다' 등의 용례로 보아 살이 인지되고 있었음을 확인할 수는 있다. 살풀이는 무녀가 살이 낀 사람의 생일을 잡아 행한다. 간단히 음식을 차리고, 안마당에 콩, 팥, 좁쌀, 수수, 쌀 등의 곡식을 그릇에 담아 놓고, 복숭아 나뭇가지로 활을 만들어서 메밀로 떡을 하여 화살에 꽂아 밖으로 쏘면서 주언(呪言)을 한다. 때로는 살이 낀 사람에게 키를 쓰고 앉게 한 다음 거기에 얼굴을 그려 맞히어서 '살을 잡았다' 또는 '살을 풀었다'[19]라고 하기도 한다. 살풀이는 병이 생겨 치료하는 푸닥거리와 구별된다. 원칙적으로 살풀이는 운이 좋지 않은 경우, 즉 병이나 구체적인 것을 고치기 위한 것이 아니고 예방에 가깝다. 구체적으로 환자가 생겨서 병을 치료하는 주술의례는 푸닥거리이고 잡귀의 침입을 미리 막거나 예방성이 강한 것이 살풀이다.

유두일에 햇밀가루로 국수와 떡을, 새로 익은 참외와 수박을 마련하고, 유두차례를 지내며 피와 기장, 조, 벼를 종묘에 바치는데 이를 유두천신(流頭薦新)이라 한다. 이처럼 새 곡식이나 새 과일을 먼저 먹지 않고 조상에게 감사하는 것은 조상의 은혜를 잊지 않고 드린다는 마음의 표현이다. 또 이날 떡을 해 가지고 논에 가서 물꼬 밑에 한 덩이씩 놓아둔다. 논두렁에서 물이 새지 않고 농사에 지장 없이 풍년이 들기를 기원하는 행위이다. 또는 떡을 해서 논이나 두렁에 뿌리는 수도 있는데, 이것 역시 풍년을 기원하는 주술행위이다.

유두일의 시절 음식으로는 유두면, 수단, 편수, 밀쌈 등이 있다. 이날 유두 국수를 먹으면 수명이 길어진다고 하여 햇밀로 국수를 눌러 닭국물에 말아먹는다. 수단은 찹쌀이나 멥쌀가루를 쪄서 손으로 길게 비벼 둥근 떡을 만든 다음 잘게 썰어서 구슬같이 만든다. 그런 다음, 녹말을 씌워 삶아 내어 이것을 꿀물에 타서 얼음을 채워 먹는다. 이것을 수단(水團)이라고 하는데 사당에 올려서 제사에도 쓴다. 또 건단(乾團)이라는 것도 있는데, 이것은 물에 넣지 않은 것으로 냉도(冷淘)의 한 종류이다. 밀가루를 반죽해 놓고 콩이나

19) 한국정신문화연구원, 앞의 책, 11권, p. 270.

참깨로 소를 만들어 넣어 찐 것을 상화병(霜花餠)[20]이라 한다. 밀가루를 반죽하여 판 위에 놓고 방망이로 밀어서 넓게 펴 만든 다음 기름에 지지거나 나물로 소를 만들어 넣거나, 콩과 참깨를 섞어 소를 만들어 꿀을 발라 만든 떡을 연병(連餠)[21]이라 한다. 이것들이 모두 유둣날의 시절 음식인데, 이 음식들로 제사를 지내기도 한다. 밀가루를 반죽하여 구슬처럼 만든 것을 유두면(流頭麵)이라 한다. 오색으로 물들인 후 세 개씩 포개어 색실로 꿰어 허리에 차거나, 혹은 문설주에 걸어서 잡귀의 출입을 막고 액을 쫓게 한다.[22] 참밀의 누룩으로 만들면 유두국이라고도 한다.

유둣날에 행하는 용신제는 6월의 용날에 곡식이 잘 성장하도록 용신에게 기원하는 고사이다. 논이나 밭에 제물을 차리고 용신제를 하는데 농작물이 잘 자라기를 기원한다는 점에서 성장의례적 성격을 띤다고 할 수 있다. 용왕제 때 쓸 바가지는 가을이 되면 좋은 박을 타서 양쪽을 부정을 타지 않는 깨끗한 곳에 보관하여 사용한다. 용왕제 지내기 전날은 찬물에 머리를 감고 황토를 마을 입구부터 골목의 군데군데 놓아두며 청솔가지를 매단 금구줄을 마을 입구나 집 대문에 친다. 유두일이 되면 물가에 가서 가족의 서열에 따라 용왕님과 산신님께 절을 하면서 소원을 빌고 소지를 올린다. 하늘로 승천하는 용의 이미지는 신적인 존재이며 물을 지배하는 수신으로 신앙되면서 용신 신앙이 형성된 것이다.

『삼국사기』에도 신라 진평왕 50년에 용의 그림을 그려놓고 화룡제(畵龍祭)를 지낸 것을 시작으로 하여 용왕에게 제사지내는 일을 관장하는 관청인 용왕전(龍王典)을 두어 사해제(四海祭), 사돈제(四瀆祭) 등의 용신제를 거행

---

20) 최대림 역, 앞의 책, p. 100.
21) 위의 글.
22) 위의 글.

하였다는 기록이 전해지고 있다. 『고려사』에서도 고려 현종 12년에 흙으로 용상(龍像)을 만들어 놓고 토룡제(土龍祭)를 지냈으며, 가뭄이 계속된 숙종 13년에는 동, 서, 남, 북, 중앙의 다섯 용왕인 오해신(五海神)에게 기우제를 지냈다는 기록이 있다. 조선 시대에 와서도 국가적인 의식으로 용신에게 제사를 지내는 행사가 그대로 전승되어 토룡제, 화룡제 등을 거행하였는데, 민가에서도 비가 오지 않으면 용자가 들어간 연못이나 강, 바다 산, 바위 등에서 기우제를 지내거나 주술적인 방법을 사용[23]하였다. 일반적인 용왕제는 주로 어촌에서 음력 정초나 2월 초의 만조 때 행해진다. 해변에 제물을 차려놓고 사해(四海) 용왕에게 마을주민과 가족의 안전 및 풍어를 비는 의식제가 끝나면 차려놓은 제물을 골고루 조금씩 떼어 네 덩이를 만든다. 가족 중에 바다에 빠져 죽은 사람이 있을 때는, 그의 몫으로 한 덩이를 더 만들어 그것을 백지에 싸서 바다로 멀리 던지며 용왕으로 하여금 그 제물을 받아주기를[24] 빈다. 기우제는 하지가 지나도록 비가 안 오면 행하는데, 제물로는 개나 돼지 또는 소를 잡아 그 머리만 물속에 넣는다. 그러면 용신이 노하여 비를 내려 이 부정이 씻겨 내려간다고 믿어졌다.[25] 특히 전라도에서는 유두일에 떡, 나물, 밥 등을 장만하여 차례를 지내는데 가족의 무병과 평안을 기원한다. 경상도에서는 안방에 모셔 둔 '할매단지'에 보리를 갈아 넣고 고사를 지내는데 이것이 유두고사이다. 조상신을 모셔둔 신을 '조상할매'라고 부르고 있어 여신임[26]을 알 수 있다. 모시는 형태는 유교적인 조상의 위패를 모시는 벽감(壁龕)과 단지를 안방 시렁 위에 올려놓는 두 가지 형태가 있다. 이 단지를 「조상단지」, 「세존단지」, 「제석오가리」, 「할매단지」라 부른다.[27]

23) 위의 책, p. 235.
24) 위의 책, p. 236.
25) 고려대민족문화연구원, 앞의 책, 5권, p. 691.
26) 장수근, 『한국의 鄕土信仰』(을지문고 190, 을지문화사, 1975), pp. 92-96.

그 안에는 신체(神體)로서 백지를 넣어 두거나 곡식을 넣어 두는데, 조상신은 풍요를 가져다주는 신으로 믿고 있기 때문이다.

우리들의 사랑을 위하여서는
이별이, 이별이 있어야 하네

높았다, 낮었다, 출렁이는 물살과
물살 몰아 갔다오는 바람만이 있어야 하네.

오-우리들의 그리움을 위하여서는
푸른 銀河물이 있어야 하네.

도라서는 갈 수 없는 오롯한 이 자리에
불타는 홀몸만이 있어야 하네!

織女여, 여기 번쩍이는 모래밭에
돋아나는 풀싹을 나는 세이고……

허이연 허이연 구름 속에서
그대는 베틀에 북을 놀리게.

눈썹 같은 반달이 중천에 걸리는
칠월 칠석이 돌아오기까지는,

검은 암소들 나는 먹이고
직녀여 그대는 비단을 짜세.

-「견우의 노래」 전문

27) 고대민족문화연구원, 앞의 책 5권, p. 184.

음력으로 7월 7일을 칠석날이라고 하는데, 이날이 되면 견우와 직녀가 까마귀와 까치들이 만든 오작교에서 만난다. 이에 대한 전설은 중국에서 전래된 것으로 주(周)나라에서 한대(漢代)에 걸쳐 오늘까지 이어진다. 하늘과 땅을 다스린다는 옥황상제에게 예쁜 딸 직녀가 있었고 은하수를 사이에 둔 건너편에 견우라는 젊은이가 있었다. 옥황상제는 견우가 착하고 부지런하며 농사일에 열중하여 직녀와 결혼을 시키기로 하였다. 그런데 너무나 사이가 좋아서 열심히 베를 짜던 직녀는 베틀을 멀리했고, 농사짓기에 힘을 다하던 견우도 맡은 일을 하지 않았다. 이들이 일을 하지 않아 천계(天界)의 현상이 혼란에 빠져 농작물은 열매를 맺지 못하였다. 사람들이 천재(天災)와 기근으로 고통을 받게 되자 옥황상제가 노하여 직녀를 은하수 동쪽에 살게 하고 견우를 은하수 서쪽에 살게 했다. 그렇지만 둘이 서로 만나지 못하게 된 것을 가엾게 여겨서 1년에 한 번 칠석날 밤에만 서로 만나게 해주었다. 이때 지상의 까치들은 하늘로 올라가 은하수에 모여 자기들의 몸을 잇대어 오작교를 놓고, 견우와 직녀가 만날 수 있도록 해 주있다. 또는 까마귀와 까치가 머리로 돌을 날라다 은하수에 다리를 놓았기 때문에, 칠석 이튿날 아침 까마귀와 까치의 머리는 벗겨진다고 한다. 칠석날에는 비가 내리는 것이 보통인데, 이날 오는 비는 견우와 직녀가 1년 만에 만나는 환희의 눈물이며, 또는 이튿날 오는 비는 만나자 이별하는 작별의 눈물[28]이라고 전한다.

인용시도 칠석날의 전설을 소재로 쓴 작품인데, 이 시는 화자인 견우의 말을 통해 사랑에 대한 의미를 구체화하고 있다. 이 시에는 오랜 기다림이라는 정한의 전통이 스며 있다. 그 한의 세계는 고통과 아픔이 아니라 그것을 받아들이는 성숙한 자세, 즉 한의 체념과 허무의 패배가 아닌 드높은 세계로

---

28) 한국민속대사전편찬위원회, 『민속대사전』 2(민족문화사, 1991), p. 1413.

고양되는 정신의 세계이다. 물의 이미지는 사랑을 갈라놓으면서 사랑을 이어주는 정감적 사물을 부각시킨다. '눈썹 같은 반달이 중천에' 도달하기 이전의 지루한 기다림의 시간은 인내를 위한 묵묵한 과정일 뿐이다. 이별은 합치될 수 없는 견우와 직녀의 그리움을 간절하게 만든다. '불타는 홀몸'은 사무치는 그리움의 정염으로 가득 찬 견우와 직녀를 붉은 색의 강렬한 이미지로 형용한 것이다. 이 붉은 색채는 이별의 공간을 가르는 '푸른 은하'와 선명한 색채적 대조를 이루면서 이별의 정서를 강조하는 구실을 한다. 소를 먹이고 비단을 짜는 일은 엄격히 구분된 생활 영역을 가지는 것으로, 견우와 직녀가 각자 고립되어 자신의 일에만 전념해야 하는 상황을 보여준다. 은하수물은 견우와 직녀 사이의 공간을 가르고 흘러가며 현재는 고립되어 있으나, 미래의 시간에는 고립된 공간을 이어주는 만남의 장으로 자리하게 된다. 이들이 만남을 성취하기 위해서는 '칠석'까지의 시간의 흐름을 필요로 한다. 그러므로 그들의 사랑은 자연의 질서에 힘입어 만남을 성취하는 길을 순리로 삼고 있다. 이처럼 '검은 암소'를 먹이는 견우와 '비단을 짜는' 직녀는 자연의 순리에 순응하는 태도를 반영한다.

칠석의 풍습으로 각 가정에서 부인들은 장독대 위에 정화수를 떠놓고, 가족의 장수와 집안의 평안을 빈다. 처녀들은 별을 보며 바느질 솜씨가 좋게 해 달라고 기원했다. 장독대 위에 정화수를 떠놓은 다음 그 위에 고운 재를 평평하게 담은 쟁반을 올려놓고 다음날 재 위에 무엇이 지나간 흔적이 있으면 영험이 있어 바느질 솜씨가 좋아진다고 믿었다. 또한 인가쇄의상개고속야(人家曬衣裳蓋古俗也)[29]로 민가에서는 책과 옷을 꺼내어 햇볕에 말리고 거풍을 한다. 즉 앞으로 다가올 가을이나 겨울에 입을 옷을 햇빛에 말리는

29) 최대림 역, 앞의 책, p. 104.

것인데, 이때 말려두면 좀먹는 일이 없이 겨울을 날 수 있다고 믿었다. 장마와 습기로 축축한 옷을 햇볕에 쪼이지 않으면 좀이 먹을 것을 의식한 것이다. 또한 이날 칠석 차례라고 하여 올벼를 사당에 천신하였고, 칠석제 또는 칠성제라고 하여, 부인들이 밤에 칠석단을 모아 놓고 음식을 차려 집안의 복을 빌기도 했다. 칠석날 고사를 지낼 때는 붉은 팥을 통으로 삶아 찧어 쌀가루를 시루에 안치고 그 위에 얹어 쪄낸 시루떡을 한다. 또 샘제를 지내는데 그날 샘을 깨끗이 퍼내고 청결하게 한 뒤 샘 옆에 시루떡을 해 놓고 그 위에 불을 밝힌다. 칠석에 주부들이 미리 바늘 한 쌈을 준비하고 있다가 밤이 되면 별빛 아래에서 실을 꿴다. 단번에 실이 꿰진 바늘은 잘 간수해 두었다가 집안에서 시험 보는 사람이 있을 때 그 바늘을 그 사람의 옷에 몰래 꽂아두면 합격한다고 믿었다. 또 이날 떡을 해서 논에 가 용신제를 지내고 혹은 농사짓기 시합을 하였다.

중부지방에서는 칠석맞이가 있는데, 단골무당에게 자녀의 무사성장의 기원을 부탁했던 부인들이 자녀의 수양어머니인 단골무당을 찾아간다. 또 고령지방에서는 칠석날 잡귀를 막는다고 아이들이 복숭아 가지로 소를 마구 때리면서 집으로 몰고 들어온다. 복숭아 가지는 모든 잡귀를 통제하는 선목(仙木)으로 양귀(穰鬼)와 축사(逐邪)에 효용이 있는 것으로 믿었다. 특히 동쪽으로 뻗은 복숭아나무 가지는 오행으로 보아 동은 양이기 때문에 음의 정령인 귀신의 퇴치에 효과가 크다고 생각되었다.[30) 복숭아의 벽사력(辟邪力)에는 복숭아나무가 꽃이 잎보다 먼저 피고 양기의 꽃으로 음기(陰氣)를 쫓는 힘이 있으며, 특유의 약미(藥味)가 흉사(凶邪)의 기를 쫓는다는 등 여러 설이 있다. 도탕(挑湯), 도열(挑茢), 도호(挑弧), 도경(挑梗), 도인(挑人), 도수

30) 임동권, 『한국민속학논고』(선명문화사, 1971), pp. 125-126.

(挑殳), 도판(挑板) 등 중국 문헌에는 복숭아나무를 벽사에 사용한 고사가 많이 소개되어 있다. 우리나라에서도 이러한 속신의 영향이 있었음이 『삼국유사』의 도화녀(挑花女), 비형랑(鼻荊郞) 이야기에 나타나 있다. 현전하는 속신에도 정신병이나 말라리아, 장티푸스 등의 예방이나 치병(治病)에 복숭아 나뭇가지로 환자를 때리고 복숭아나무의 동쪽으로 뻗은 가지를 금줄에 달아 문에 걸면 귀신을 막는다[31]고 한다.

시절 음식으로는 밀국수, 밀전병을 해 먹고 잉어를 재료로 음식을 만들며, 오이김치나 복숭아, 수박으로 과일 화채[32]를 만들어 먹었다. 밀국수는 밀가루에 생 콩가루를 섞어 끓는 물로 오래 반죽하여 칼국수를 만들어 끓는 물에 삶아낸다. 미역을 넣어 끓인 장국에 삶은 국수를 담고 고명으로 호박나물과 고기를 다져서 만든 섭산적, 달걀 지단채를 얹어낸다. 밀전병은 밀가루를 체에 쳐서 묽게 반죽한 것에 곱게 채를 썬 호박을 넣고 번철에 기름을 두르고 지져서 따끈할 때 양념장에 찍어 먹었다.

까치야 까치야 다리를 놀까?
견우도 직녀도 다 어디로 갔나
기다려도 기다려도 오지 않지만,
三八선에 은하수, 칠석 은하수
미안해 미안해서 어떻게 하지?

까치야 까치야 다리를 놀까?
만나는 다리 놓던 재주라면은
기다리는 다리도 놀 수 있겠지.

---

31) 한국민속대사전편찬위원회, 앞의 책 1권, p. 668.
32) 위의 책, p. 72.

까치야, 배가 흰 우리 까치야.
한 백년 더 기다리는 다리나 놀까?

-「칠석(七夕)」 전문

인용시의 화자는 명절을 기억하면서 분단된 조국의 현실을 떠올리고 있다. 화자는 '다리 놓던 재주'가 있는 까치가 '기다리는 다리도 놀 수 있겠지'라며 기다리는 다리를 열망하고 있다. 그래서 '한 백년 더 기다리는 다리'도 참고 기다리겠다고 말한다. 이것은 조상으로부터 물려받은 국토가 분단되어 오늘에 이르고 있는 현실에 대한 성찰의식을 보여준다. 이 시에 등장하는 새의 암시성과 예시성은 오늘날에도 찾아볼 수 있다. 아침에 까치가 울면 반가운 손님이 오고, 까마귀가 울면 사람이 죽거나 불길한 징조라는 속언(俗言)이 이어져 내려오고 있다. 까치는 길상의 새로 우리 민족에게 가장 친근한 새이다. 소박하고 간결한 흑백의 배색으로 사람들의 주위에서 친근하게 지내며 마을을 수호하고, 민간의 길흉화복을 주관하는 서낭신의 사자(使者)로서 신탁(神託)을 맡는 영물(靈物)로 인식되고 있다. 민화 중 길상을 상징하는 길상화로서 봉황, 용, 거북, 기린의 그림과 함께 까치 그림인 군작도(郡鵲圖)를 꼽을 수 있다. 까치의 길상적 그림을 문자로 도안하여 공예품이나 의복의 장식, 무늬로 사용하거나 뒤주나 곳간의 자물쇠에 희(喜)자의 문양을 넣는데, 이는 양식과 재물의 넉넉한 기쁨을 누리려는 조상의 삶의 지혜가 엿보인다.

설날 새벽에 까치소리를 들으면 청참(聽讖)이라 하여 그해 농사가 잘되고 행운이 온다는 속설이 있다. 또 중부지방에서는 까치가 물을 치면 날이 개고 정월 열나흘 까치가 울면 수수가 잘되며, 까치집 있는 나무 밑에 집을 지으면 부자가 된다는 얘기도 전해진다. 호남지방에서는 까치 둥우리가 있는 나무의 씨를 받아 심으면 벼슬을 한다는 속설이 있다. 충청도에서는 까치집을 뒷간에서 태우면 병이 없어진다고 한다. 이 밖에도 설화나 전설에서는 까치가 인간에게 도움을 받고 은혜를 갚기 위해 자신을 희생했다는 내용이 많다. 가장 대표적인 것이 까치의 보은으로 뱀에게 잡혀 먹힌 까치를 구해준 사람이 그 뒤 뱀의 독이 있는 딸기를 먹고 죽었는데, 까치가 온몸을 쪼아 독을 제거하여 은인을 살렸다[33]는 설화이다.

추석 전날 달밤에 마루에 앉아
온 식구가 모여서 송편 빚을 때
푸른 풋콩 송편에 안 끼이면은
휘영청 달빛은 더 밝어오고
뒷산에서 노루들이 좋아 울었네.

「저 달빛엔 꽃가지도 휘어지겠다」
달 보시고 어머니가 한마디하면
대수풀에 올빼미도 덩달아 웃고,
달님도 소리내여 깔깔거렸네.

-「추석 전날 달밤에 송편 빚을 때」 전문

이 시는 추석 전날 가족이 모여서 송편을 빚는 화목한 모습을 그리고 있다. 음력 8월 15일은 보름날로서 추석, 추석절, 중추, 중추절, 가위, 가윗날 등으로 불린다. 추석은 1년 중 가장 큰 명절이다. 『삼국사기』에는 "신라 유리왕 9년에 국내 6부(六部)를 둘로 갈라 왕녀 두 사람으로 하여금 각각 한 부의 여자들을 거느리게 하고, 7월 16일부터 길쌈(베짜기)을 해서 8월 보름

33) 具美來, 『한국인의 상징세계』(교보문고, 1994), pp. 169-173.

에 이르러 그 사이에 성적을 비교, 평가해 보고 진 편에서는 술과 음식을 마련하여 이긴 편에 주며 치하한다. 위로는 임금과 백관 대신을 비롯하여 아래로 서라벌(신라 경주)에 수십만 군중이 지켜보는 가운데 왕녀와 부녀자들이 밤이 지새도록 강강술래와 회소곡의 노래를 부르고 춤을 추며 질탕하고 흥겹게 놀았다. 이것을 그때 말로 가배-가위라고 하였다"[34]라는 기록이 전해진다.

추석에는 농점(農占)이 있는데 옥수수 알이 빽빽하게 들어 있으면 풍년이며 보름달이 맑고 뚜렷하게 보이면 풍작이라고 점친다. 쌀독점도 치는데 추수가 끝나고 벼를 방아에 찧어 흰쌀을 깨끗이 손질하며 쌀독에 가득 담아 놓았다가, 8월에 쌀독을 열어 보아 그 양이 줄었거나 색이 변하거나 냄새가 나면 그 이듬해 집안이 불길하고, 반대로 쌀의 양이 줄지도 않고 변색도 없이 그대로 있으면 대길하다고 여겼다.[35] 또 추석에는 햅쌀로 밥과 송편을 만들고 술도 빚었는데 이 술을 신도주(新稻酒)라 한다. 추석에는 먼저 차례를 통해 조상께 수확의 기쁨을 알린다.

추석의 대표적인 시절 음식으로는 송편, 인절미, 율단자, 토란국, 햇과일, 오려 송편, 배숙, 화양적 등이 있다. 송편은 멥쌀가루를 반죽하여 콩이나 깨, 녹두, 팥, 대추 등으로 소를 넣고 반달같이 만든 떡이다. 인절미는 찹쌀가루를 쪄서 넙적하게 떡을 만들고 볶은 검은 콩가루나 누런 콩가루 또는 깨소금을 묻힌 떡이다. 율단자는 찹쌀가루를 쪄서 계란같이 둥근 떡을 만들고 삶은 밤을 물에 개어 붙인 것이다. 오려 송편은 올벼로 찧은 오려쌀로 만들어서 오려 송편[36]이라고 한다. 쌀가루에 쑥, 송기, 치자로 맛과 색을 달리하

34) 최대림 역, 앞의 책, p. 245.
35) 고대민족문화연구원, 앞의 책, 5권, p. 235.
36) 위의 책, p. 84.

여 끓는 물로 익반죽하여 오래도록 치대어 마르지 않게 젖은 보자기로 덮어 둔다. 송편소로 거피팥, 햇녹두, 청대콩, 꿀이나 설탕과 소금으로 맛을 낸 깨 등이 있다. 송편 반죽을 밤톨만 하게 떼어 가운데 우묵하게 구멍을 파서 소를 넣고 빚는다. 화양적은 꼬치에 쇠고기 산적, 통도라지, 당근, 표고, 오이, 달걀을 각각 익혀서 꼬치에 색색이 꿴다. 접시에 둥글게 색동으로 돌려 담고 잣집을 얹어낸다. 잣가루에 참기름, 소금, 후추를 섞어 만든 것을 잣집이라고 한다. 추석 명절을 계기로 해서 조상의 은혜에 보답하는 천신과 차례, 성묘 등의 행사가 있었다. 천신(天神)은 새로 나온 과일이나 곡물을 조상신에게 올리는 것으로 접시에 담아 사당에 잠시 놓았다가 먹는다. 영천 지방에서는 추석날 송편을 나뭇가지에 꿰어 지붕 위에 세워 두는데 이것은 송편을 천신(天神)에게 천신하여 풍년을 비는[37] 뜻이 있다.

곰아.
곰아.
제 발바닥이나 핥는 재주 밖에 없는
곰아.
곰아.

쑥 먹고
마늘 먹고
고쉰번 인도환생 해 보아도,
쌍둥이를 만들거나,
역적 도모할까 또 등골을 빼 보아도,

---

37) 김영진, 「세시풍속-가을」, 『한국민속의 세계』 5(고려대출판부, 2001), p. 236.

초가 집붕에 박꽃,
초가 지붕에 붉은 고추, 고추, 고추,
모조리 몽땅 마스라 먹는대도
시원치 안은 시원치 안은
추석 달이 뜨네요 추석 달이 뜨네요.

-「추석(秋夕)」 전문

인용시 「추석」에는 '제 발바닥이나 핥는 재주 밖에 없는' 곰이 미련함의 상징으로 등장한다. 이처럼 미련함의 상징으로서의 곰이 나타나고 2연에서 신화적 상상력을 표현하고 있다. 『단군신화』의 기록을 보면 환웅에게 곰과 호랑이가 찾아와 사람 되기를 비니 쑥 한 다발과 마늘 스무 개를 주면서 백 일 동안 이것만을 먹고 햇빛을 보지 않으면 사람이 될 거라고 하여 곰은 금기를 지켜 사람이 되었다는 신화적 기록이 있다. 이는 죽음을 상징하는 동굴에서 곰이 죽음의 계절인 겨울을 지나고 사람으로 변할 수 있다는 의미로 받아들일 수 있다. 겨울이나 동굴이 죽음을 의미한다는 점에서 동굴이라는 공간은 인간으로 환생할 수 있는 장치를 갖고 있는 신성한 공간[38]이라고 할 수 있다.

동굴은 일반적으로 사물을 은닉, 도피시키는 것을 상징하며 어둠과 죽음의 이미지와 연결된다. 또 동굴은 여성의 몸 또는 모체의 자궁 이미지와 연관되어 모성성을 지닌 재생의 장소가 되기도 한다. 한편 동굴은 구멍 이미지와 연관되면서 다른 세계를 향한 열림의 장소를 상징하기도 한다.[39]

思索하고 고민하는 이마로써 길을 내 걸어가는

38) 김종대, 『우리문화의 상징세계』 (다른세상, 2001), p. 81.
39) 김재홍, 『한국현대시 시어사전』 (고려대학교 출판부, 1997), p. 301.

늦가을날 雁旅의 기러깃 길을 아시는가
五六月의 칙덤불과 七八月의 싸리재에
한동안씩 잊었던 이 葉錢 선비의 길.
十月 상달 날 맑으니 또 北으로 뻗치는구나!
十月은 내 새 雁旅의 길이 서슬푸리 열리는 달.
내 書齋 속 새 雁旅의 길이 불 밝히어 열리는 달.

-「십월유제」 전문

서재는 '사색하고 고민하는' 내면 성찰의 장소로 기능하면서 물리적인 개념으로는 측량할 수 없는 넓은 공간으로 열린다. 사색의 공간이면서 내면의 공간인 서재는 기러기의 길을 빌어 시야를 확대하게 된다. '칙덤불'과 '싸리재'가 폐쇄성을 가진다면 기러기는 맑은 가을 창공을 의미한다. 기러기는 화자에게 창공의 무한함을 지시해주는 동시에 삶의 행로를 안내하는 매개적 역할을 한다. 화자는 기러기와 자신의 길을 동일시함으로써 자신이 추구하는 길이 창공처럼 지고하다는 사실을 일깨운다.

이처럼 기러기는 가을에 오고 봄에 돌아가는 철새로서 가을을 알리는 새인 동시에 소식을 전해주는 새로서 인식되었다. 기러기는 울음소리가 가을이라는 풍광과 어울려 처량한 정서를 나타내주는 새이며, 사람이 왕래하기 어려운 곳에 소식을 전해주는 동물로 인식되었다. 그래서 기러기를 신조(信鳥)라고도 한다. 또한 암컷과 수컷이 사이가 좋은 동물로 알려져 있어 혼례식에서 목안(木雁)을 전하는 습속에도 나타난다. 이처럼 기러기는 가을을 알리는 새, 소식을 전해주는 새, 정의가 두텁고 사랑이 지극한 새로서 인식되었다. '안여(雁旅)'가 보여주는 길은 겨울나기의 일종인데, 겨울은 삶의 혹독한 시간으로 화자의 내적 공간을 열린 공간으로 다지는 계기가 된다.

눈내리는 동짓날에 팥죽을 쑤면
먼 山에 까치들이 생각이 나지.
그렇지, 그러고는 옛날 옛날의
黃眞伊 黃眞伊도 생각이 나지.

동짓날 긴긴 밤에 혼자 누웠던
떠돌이 黃眞伊의 외로운 허리,
쓸쓸하디 쓸쓸했던 그 時調 가락,
눈에 뵐듯 삼삼히는 생각이 나지.

눈 오시는 동짓날에 팥죽을 쑤면
山에 사는 까치들의 안씨런 숨결,
黃眞伊 黃眞伊들 서러운 입김
사방에서 피어나지, 피어나 오지.

–「冬至날」 전문

인용시는 동짓날의 팥죽을 통해 황진이의 시조 가락과 까치의 숨결을 묘사하고 있다. 팥죽의 따끈한 후각적 이미지는 황진이의 입김으로 화하여 동질화된다. 동지는 24절기의 하나로서 1년 중에 밤이 가장 길고 낮이 가장 짧은 날이다. 동지는 음력 11월 초순에 들면 '애동지', 중순에 들면 '중동지', 그믐께 들면 '노동지'라고 하는데, 이는 동지가 드는 시기에 따라 달리 부르는 말이다. 동짓날에는 팥죽을 쑤는데 찹쌀가루로 만든 새알 모양의 떡이 새알심이라고 하여 시절 음식으로 삼아 제사에 쓴다. 즉 팥죽을 다 만들면 먼저 사당에 올리고 각 방과 장독, 헛간 등 집안의 여러 곳에 담아 놓았다가 식은 다음에 식구들이 모여서 먹는다. 팥죽에는 귀신을 쫓는 기능이 있다고 보았기 때문에 집안의 여러 곳에 놓아 집안에 있는 악귀를 쫓아내려고 한 것이다. 팥은 색이 붉어 양색이므로 음귀를 쫓는 데 효과가 있다고 믿었다. 이처럼 붉은색은 벽사 신앙으로, 벽사는 인간을 괴롭히는 천재지변, 병마, 액운, 맹수 등을 쫓는다는 것이다. 동지는 1년 중 낮이 가장 짧고 밤이 가장 길어 음이 극에 이르지만 이날을 계기로 다시 길어지기 시작하기 때문에 사실상 새해의 시작을 알리는 절기이다.

사람이 죽으면 팥죽을 쑤어 상가에 보내는 관습이 있는데, 이는 상가에서 악귀를 쫓기 위한 것이며 동짓날에 팥죽을 쑤어 사람이 드나드는 대문이나 문 근처의 벽에 뿌리는 것 역시 악귀를 쫓는 주술행위의 일종[40]이다. 병이 나면 팥죽을 쑤어 길에 뿌리기도 하였는데, 이것 역시 팥의 붉은 색이 병마를 쫓는다는 생각에서 연유한 것이다. 따라서 팥죽은 단순한 음식이 아니고 신앙적인 의미까지 지니고 있다. 『형초세시기』에 보면 고대 중국 고사에 공공씨(共工氏)가 못된 아들을 두었는데, 그 아들이 동짓날에 죽어서 역질 귀신이 되었다. 그런데 그 아이가 살아 있을 때 팥을 무서워했으므로 동짓날에 팥죽을 쑤어 쫓는 것[41]이라 했다. 팥은 빛깔이 붉은 데서 귀신을 쫓는 힘이 있는 것으로 믿어 역귀뿐 아니라 모든 잡귀를 쫓는 데 사용되어 왔다.

또한 내의원에서는 전약이라 하여 쇠가죽을 진하게 고아 계피, 생강, 정향, 후추, 꿀 등에 섞어 기름에 엉기도록 만들고 이를 굳혀서 궁중에 진상하였다. 민가에서는 붉은 팥으로 죽을 쑤어 그 속에 찹쌀로 옹서래미라는 단환자(丹丸子)를 만들어 먹는다. 옹서래미의 맛을 좋게 하기 위해 꿀에 재어 먹기도 하고 시절 음식으로 삼아 제사에 쓰기도 하며 역귀를 쫓는다. 그리고 불교신도들은 절에 가서 동지불승을 드리기도 한다.[42] 또 동짓날 부적으로

---

40) 박계홍, 『한국민속학개론』(형설출판사, 1983), 399쪽.
41) 위의 책, p. 120.
42) 위의 책, p. 121.

뱀, 사자를 써서 벽이나 기둥에 거꾸로 붙이면 악귀가 들어오지 못한다고 전해진다. 동짓날 일기가 온화하면 다음해에 질병이 많아 사람이 죽는다고 하며 눈이 많이 오고 날씨가 추우면 풍년이 들 징조라고 전한다.

동지의 팥죽으로 농사를 점치기도 한다. 동지 팥죽을 쑤어 조상에게 천신(天神)하고 집안의 잡귀를 주술한 뒤에 12개의 접시를 가지런히 놓고 맨 처음 접시는 정월 접시, 두 번째 접시는 2월 접시로 하여 12개의 접시에 달(月)을 정하고 각 접시에 한 국자씩 팥죽을 담아 식은 뒤에 팥죽 모양을 보는데 이것이 월별 농점이다. 팥죽이 식어도 표면에 금이 생기지 않는 그릇은 그달에 농작이 순탄하고 금이 생기면 나쁘다고 한다. 특히 그릇 가에 물기가 있으면 그 달에 비가 많이 오고 물기가 없으면 가문다고 한다.

궁중에서는 원단과 동지를 가장 으뜸의 축일로 생각하고 군신과 왕세자가 모여 잔치를 하는 회례연을 베풀었다. 그리고 해마다 중국에 예물을 갖추어 동지사를 파견해서 이날을 축하하였고, 지방에 있는 관원들은 국왕에게 전문을 올리어 진하하였다. 또 관상감에서는 달력을 만들어 동문지보란 임금의 옥새를 찍어서 모든 관원들에게 나누어주었다. 이 달력에는 황색으로 단장한 황장력과 백색으로 단장한 백장력 등이 있다. 이것은 단옷날 여름에 부채를 주고받는 풍속과 아울러 하선동력(夏扇冬曆)[43]이라 한다. 경기도 지방에서는 팥죽으로 사당에 차례를 지낸 후 방을 비롯한 집안 여러 곳에 팥죽 한 그릇씩 떠놓기도 한다. 지방에 따라서는 전염병이 유행할 때 우물에 팥을 넣으면 물이 맑아지고 질병이 없어진다고 한다. 또 동짓날 팥죽을 쑤어 먹지 않으면 쉬이 늙고 잔병이 많이 생기며 잡귀가 성행한다는 속신이 있다. 경상도 지방에서는 동지에 팥죽을 쑤어 솔가지에 적셔 집안 대문을 비롯하

43) 최대림 역, 앞의 책, p. 120.

여 담벼락이나 마당에까지 뿌리며 동구 밖에 있는 신목에도 금줄을 치고 팥죽을 뿌려 마을에 있는 잡귀까지도 쫓아낸다. 그러나 그해 집안에 괴질로 죽은 사람이 있으면 팥죽을 안 쑨다.

온 세상이 꽁꽁꽁 얼어서 붙는
섣달이라 깡깜한 그믐밤이면
깊은 山에 호랑이는 양기가 뻐쳐
江 건너 江 건너서 장가 간다네.
얼씨구, 우리도 장가나 가 볼까?

섣달이라 그믐밤의 강치위래야
소나무 대나무도 제빛 낸다네.
호랑이보다야 松竹보다야
으쑤 더 쓸모있는 大韓 총각들
얼씨구 섣달그믐 장가나 듬새.

–「섣달그믐」 전문

섣달그믐은 12월의 마지막 날로 '제석' 또는 '제야'라고도 한다. 궁중에서는 연종방포(年終放砲)라 하여 대포를 쏘았는데 지금은 보신각에서 33번 종을 친다. 제석과 설날에 폭죽을 터뜨리는 것은 귀신을 놀라게 하기 위한 것이다.[44] 이날은 집 주변을 청소하며 쓰레기를 태우는데, 이것은 묵은해의 잡귀와 액을 물러가게 하는 의미가 있으며 잡귀를 불사른다는 것은 신앙적 속신이기도 하다. 또 집안 곳곳에 불을 밝혀두고 잠을 자지 않는 것이 수세인데, 불을 밝혀놓은 것은 잡귀의 출입을 막고자 하는 것이며, 수세를 하는

44) 위의 책, p. 128.

것은 눈썹이 희어진다는 속신[45]이 있기 때문이다. 이날 아침에는 남보다 일찍 우물물을 길어오고 집안을 청소하며 대문에 소금을 뿌려 부정을 막는다. 납일에 눈이 내리면 그것을 받아 녹인 물을 약용으로 쓰는데 특효가 있어 부스럼 생긴 데 바르거나 체한 데 먹는다. 내의원에서는 여러 종류의 환약을 만들어 올리는데 이것을 납약이라고 한다. 청심원(淸心元)은 심경(心經)의 열을 푸는 데 쓰는 약이고 안신원(安神元)은 열을 다스리는 데 쓰는 약이며 소합원(蘇合元)은 곽란을 다스리는 데 쓰는 약이다. 납일에 농사와 관련된 여러 신에게 올리는 제사인 납향에는 멧돼지와 산토끼를 제물로 쓴다. 참새를 잡아서 어린아이에게 먹이면 마마를 곱게 한다고 하여 이날 그물을 쳐서 참새를 잡기도 한다.[46]

위 시에 나타나듯이 호랑이는 단군신화를 비롯해 신화나 민담, 전설, 민화의 주제가 되기도 한다. 호랑이의 신앙적인 양면성은 인간을 보호해 주는 수호신의 상징으로 신앙되며, 인간을 가해하는 두려운 존재에서 호환(虎患)을 예방하기 위해 신앙된다.[47] 수호신으로 상징되는 것은 산신(山神)으로 믿는 것인데, 지역에 따라서 산신으로 상징되어 서낭제에 호랑이가 산신으로 복합 신앙되고 있다. 호랑이는 무신도(巫神圖)의 산신상(山神像)에서 산신(山神)의 사자(使者)로서 수호신적 의미를 갖게 된다. 산신도에서 묘사되는 호랑이의 모습은 무섭고 사납기보다 점잖고 친근한 만화 풍으로 그려지는 것이 일반적이다. 호랑이 자세도 공격적이거나 서 있기보다는 산신의 옆이나 앞에 다소곳이 엎드려 있는 것이 대부분이다. 또 절의 산신각에도 수호신적 의미가 있다. 이러한 수호적 의미는 장신구에서도 발견된다. 노리개에

45) 한국민속대사전편찬위원회, 앞의 책, p. 842.
46) 최대림 역, 앞의 책, p. 128.
47) 국립민속박물관, 『한국민족문화의 탐구』(국립민속박물관, 1996), p. 28.

칠보로 장식된 호랑이 발톱을 달거나 상여나 무덤가의 호상(虎像) 등이 벽사 기복의 소망을 담고 있으며, 청룡, 백호, 주작, 현무 등의 12지신에서도 호랑이는 수호신으로서의 위치를 차지하고 있다.

『조선왕조실록』을 보면 기우제를 지내면서 한강에 호랑이의 머리를 넣는 기록[48]으로 보아 기우제를 지낼 때 희생으로 바쳐진 것을 알 수 있다. 따라서 호랑이는 산신의 상징으로 마을의 동신(洞神)으로 신앙되었으며 일상적인 호신(護身)의 상징으로 제의(祭儀)에서 희생으로 바쳐지는 의미를 지닌 것을 알 수 있다. 호환(虎患)의 예방으로 지역에 따라 범굿이 동제(洞祭)가 행해지기도 했다. 범굿은 호탈굿이라고도 하는데 한지에다 물감으로 범의 안면과 몸뚱이를 그려서 사람이 범의 꺼풀을 입고 짚으로 방망이를 만들어서 범의 꼬리가 되게 한다. 범굿은 범에게 물려가 죽은 영혼을 위로하고 호환(虎患)을 예방하기 위해서 하는 것이다.[49] 호랑이에 대한 정초의 풍속에서 정월의 첫 호랑이날 산골 부녀자들은 바깥출입을 꺼렸다. 그 이유는 이날에 여자가 외출하여 남의 집에서 용변을 보면 그 집의 가족이 호랑이에게 피해를 입는다는 속설 때문이었다. 호랑이는 음양오행사상에 따라 음양으로 발톱이 다섯 개이므로 양이며, 오행으로는 목(木)이고 방위로는 동쪽에 해당한다.

매년 정초가 되면 대궐과 민가에서 벽사용(辟邪用) 세화(歲畫)로서 호랑이 그림을 대문에 붙이고, 기둥이나 출입문 위에 호축삼재(虎逐三災) 용호오복(龍虎五福)이라는 방문을 써 붙여 귀신을 쫓고 액땜을 하고 복을 빈다. 특히 호랑이가 등장하는 부적은 삼재(三災)를 쫓는 부적이라 하여 '삼재부적'이라 부른다. 삼재는 風, 水, 火에 의한 재난으로서 인간의 병으로는 심화

48) 『太宗實錄』 太宗 卷31 16年 丙申 5月條.
49) 국립민속박물관, 앞의 책, p. 33.

(心火) 풍병(風病) 수종(水腫)을 들 수 있는데 인패, 재패, 우환 등의 재난을 뜻한다. 조선 시대 풍속 중에 '쑥범'이라 하여 단오에 궁중에서 쑥으로 호랑이를 만들어 신하들에게 나누어주기도 하였다. 무관의 표시로 관복의 흉배에 용맹을 상징하는 호랑이를 수놓았는데 정3품 이상은 호랑이 두 마리를, 종3품 이하 종9품까지는 호랑이 한 마리를 수놓았다.[50] 이처럼 악귀와 나쁜 기운을 물리치는 호랑이의 주술적인 힘을 빌어 기복과 벽사를 소망하기도 하였다.

어머님이 끓여주던 뜨시한 숭늉,
은근하고 구수하던 그 숭늉 냄새,
시월이라 상달되니 더 안 잊히네
평양에 둔 아우 생각하고 있으면
아무래도 안 잊히네. 영 안 잊히네.

고추장에 햅쌀밥을 맵게 비벼 먹어두,
다모토리 쐬酒로 마음 도배를 해도,
하누님께 하누님께 꿇어 업드려
미안해요 미안해요 암만 빌어도,
하늘 너무 밝으니 영 안 잊히네.

–「시월이라 상달되니」 전문

이 시에서 화자는 후각적 이미지를 통해 평양에 둔 아우를 생각하고 있다. '다모토리'는 독한 소주(燒酒)를 말하는 함경도, 북간도의 방언이다. 세시풍속에서는 10월을 상달이라 하여 집에서 성주신을 모시고 집안의 평안을 비

50) 위의 책, p. 204.

는 성주굿을 한다. 성주는 성주(城主), 성조(成造), 성주(星主) 등으로 표기[51]되는데, 가택의 모든 신을 통솔할 뿐만 아니라 그 집안의 평안과 무병, 행운, 장수 등을 좌우하는 가신이다. 떡과 과일을 차려놓고 무당을 불러다가 집을 지키는 신령인 성주신에게 가내의 평안함을 비는 고사를 지낸다.[52] 이 성주는 서울에서는 백지에 동전을 넣고 접어서 대들보에 붙이고, 충청북도에서는 상기둥에 붙이며, 평안도와 함경도에서는 항아리에 쌀을 담아 대들보 위에 모시고, 전라도에서는 독에 쌀이나 벼를 담아 마루에 모신다.[53] 이 성주굿은 단군이 처음으로 백성들에게 집을 짓고 사는 법을 가르쳐 주어 백성들이 그 근본을 잊지 않고 단군이 내려온 달에 굿으로써 그 공을 보답하는 것[54]이라고 한다. 그래서 함경도에서는 이 성주와 비슷한 성격의 향산제(香山祭)를 지내는데 그 제신은 성주가 아니고 단군이다.

또 성주신 이외의 모든 가신에게 제사를 지내는 것을 안택(安宅)이라고 한다. 10월의 길일을 택하여 대문에 황토를 깔고 금줄을 쳐 부정을 막고 햇곡으로 술, 시루떡과 과일을 차리고 재앙과 질병, 화액을 쫓고 집안의 태평을 목적으로 고사를 지낸다. 이때 무당을 불러 안택굿을 하기도 한다. 터주를 비롯하여 조상, 조왕, 삼신 등 모든 가신에게 제사한다. 전라도에서는 조상굿을 하고 터주단지, 조상단지, 삼신단지를 새로 모시는데 그것은 햇곡으로 다시 갈아 넣는 것을 말한다. 제의에 쓰는 떡은 붉은 팥시루떡이다. 이는 주력(呪力)을 지닌 붉은색이 축귀(逐鬼)를 함으로써 온갖 액(厄)과 병마를 물리칠 수 있다[55]고 믿기 때문이다.

---

51) 김영진, 앞의 책, p. 257.
52) 최대림 역, 앞의 책, p. 114.
53) 李能和, 「朝鮮巫俗考」, 『啓明』 19호(1927), pp. 54-55.
54) 大宗敎 編, 『神檀實記』.
55) 김명자, 『한국세시풍속』(경희대 박사논문, 1989), p. 49.

또 10월에 동제를 지내는데 마을을 중심으로 마을의 수호신에게 비는 것이다. 마을의 수호신은 산신, 서낭신, 국사신, 탑신 등으로 마을 동구 밖에 있는 수목, 암석 등 자연물을 신체(神體)로 삼거나 그곳에 단을 만들거나 당우를 지어 그 안에 위패나 그림을 모셔놓는다. 제의는 동민을 대표하여 생기복덕에 맞는 남자가 제주, 축관 등이 되어 밤중에 제당에 올라가서 유교식 제를 지내고 동민을 위한 소지를 올리는 것으로 끝내나, 지방에 따라서는 다수가 참가하거나 농악대까지 동원하는 수가 있다. 제관은 목욕재계하는 등 금기가 엄하며 동민들도 동제 기간에는 금한다. 동제를 10월에 지내는 것은 수확제의 신월(神月)이기 때문이다.

그리고 10월의 오일(午日)은 말의 날(馬日)이라 하여 길일로 여겨진다. 농가에서는 팥으로 시루떡을 쪄서 마구간에 차려놓고 말의 무병건강을 비는 고사를 지낸다. 그러나 병오일(丙午)에는 고사를 지내지 않는다. 병(丙)과 병(病)의 음이 서로 같기 때문이다. 그러므로 말의 고사는 무오일(戊午日)에 가장 많이 지낸다. 무오의 무(戊)와 무(茂)가 음이 같으므로 번성을 기대한다[56]는 뜻에서 그렇게 한 것이다. 특별히 무로 떡을 하여 고사를 지내는데, 그것은 무오(戊午)의 발음이 무오(茂午)와 같으므로 역시 말의 무성함을 비는 뜻이다.

충남 천안에서는 10월에 농가에서 고사를 지낼 때 가축의 외양간 문 앞에 헝겊을 묶어 달아 신체(神體)로 삼고 가축을 맡은 신인 구신(廐神), 또는 마부신에 제사를 지냈다. 함경도에서도 가축의 외양간 입구 벽에 종이 또는 삼베 헝겊을 묶어 달고 신체로 삼아 이를 마부신이라 했다. 또한 봄과 가을 두 번 제사하는 말의 건강과 증식을 위한 마제(馬祭)가 있었다. 경상남도에서

56) 최대림 역, 앞의 책, p. 112.

는 첫 말날에 장을 담그는데, 콩은 말이 가장 좋아하는 먹이로 말날에 장을 담그면 말의 피처럼 장의 색깔도 진하고 맛이 좋다고 생각하였기 때문이다.

시절 음식으로는 화로에 숯불을 피워 그 위에 전철(煎鐵)을 올려놓고 화롯가에 둘러앉아 쇠고기에 기름장, 계란, 파, 마늘, 고춧가루 등 양념을 하여 구워 먹는다. 이것을 난로회(煖爐會)라 한다. 이것은 이달부터 시작해서 오는 추위를 막는 시절 음식이다. 또 쇠고기나 돼지고기에 무, 오이, 마늘, 파, 계란을 섞어 넣고 장국을 끓인다. 이것을 열구자탕(悅口子湯) 또는 신선로라고 한다. 『동국세시기』에도 10월 초하루에 술을 걸러놓고 둘러앉아서 얇게 썬 고기를 화로에 구워 먹으며 마시고 즐기는데, 이것을 난로(煖爐)라 한다[57]라고 쓰여 있다. 『동경몽화록』에도 10월 초하루에 사무를 맡은 유사(有司)가 화로와 숯을 올리면 일반 백성들도 모두 술을 가지고 와서 난로회(煖爐會)를 한다[58]고 했다. 그 외의 시절 음식으로 메밀가루로 만든 만두와 멥쌀떡, 꿩고기, 김치, 쑥국, 쑥단자, 꿀단고강정 등이 있다.

서정주의 시에서 민속은 계몽적 · 도구적 이성이 과학의 이름으로 자연을 파괴하기 이전의 세계를 지향하고 있다. 민속학적 상상력에 따르면 인간은 자연적 유기체의 일부분이다. 유기체적 세계관에 바탕을 둔 서정주의 시는 자연 순응적 세계관을 바탕으로 우주와 자연의 리듬을 시화하고 있다. 민속이란 이처럼 서정주 시에서 자연적 리듬으로 나타난다.

2. 주술과 무속적 상상력

자연과 인간의 유기적 관계를 바탕으로 하는 민속의 세계에서 세계와 인

57) 위의 책, p. 114.
58) 위의 글.

간이 분리 이전의 단계를 형성하고 있다. 이는 민속이 근대의 불연속을 뛰어넘어 우주 전체의 생명들을 유기적으로 연결시켜 준다는 것을 의미한다. 그러므로 민속은 인간과 자연, 신과 인간, 인간과 세계 사이에 어떠한 단절도 가져오지 않는다. 그리고 이러한 유기적 세계관 내에서 시는 인간과 자연, 인간과 신의 소통 방식이기도 하다.

서정주의 『질마재 신화』에서는 주술적인 상상력이 가장 두드러진다. '질마재'는 전북 고창군 부안면 선운리에 있는 마을이다. 이곳에서 미당은 어린 시절을 보냈는데, 그는 1915년에 선운리에 태어나서 1929년 상경하여 중앙고등보통학교에 입학할 때까지 선운리에서 자랐다. 이 마을에서 지낸 과거의 추억을 시로 표현한 것이 『질마재 신화』이다. 이렇게 볼 때 '질마재'라는 출생지의 마을에 '신화'라는 개념을 지닌 어휘를 접목하여 영원성을 간직한 토착적인 이야기가 『질마재 신화』이다. 『질마재 신화』는 신화적 요소와 샤먼적 요소를 서사적으로 융합하면서 민족사적 근원을 도출(導出)하고 있다. 그것이 다시 신화적 측면과 무속적 측면에서 예술적 본질로 흡수되면서 현대 의식이 지닌 저항감을 해소시킴으로써 신화 창조에의 가능성을 제시해 주기도 한다. 따라서 『질마재 신화』는 신화와 무속의 원시성을 현대의식으로 재현시킴으로써 새로운 신화 창조라는 가능성을 보여주고 있다. 『질마재 신화』에서 샤머니즘 세계관은 어린 시절 자연과의 교감을 통하여 보이지 않는 세계가 열리는 것이다. 이는 우주적 감각과 세계에 눈뜨게 하는 원초적 경험으로, 또한 토착정서와 결합되어 한을 풀어내는 주술적 신명의 힘으로 나타난다.

고대의 시가 가운데는 제의와 관계되는 것이 많은데, 그것들은 대체로 주술성을 지니고 있다. 가야의 건국신화에 나오는 「구지가」는 무속적 주술성을 가진 작품이다. "거북아 거북아/ 네 머리를 내어라/ 내어놓지 않으면/ 구워서 먹겠다"는 내용으로 가야의 백성들이 이 노래를 부르며 춤을 추었더니 하늘에서 수로를 내려 보내 수로왕을 맞이하게 되었다는 것이 주요한 내용이다. 이처럼 한국의 시가문학은 무속과 깊은 연관을 맺으며, 현대시에 이르러서도 이러한 연관은 계속되고 있다. 이외에 「처용가」나 「비형랑가」 등도 귀신을 쫓는 기능을 지니고 있었다. 이는 노래를 통해 귀신을 쫓는 것인데, 이 노래들이 무속적 주술성을 지녔음을 말해준다. 또 「도솔가」, 「혜성가」, 「원가」, 「보현십원가」 등의 향가도 주술성을 지닌 노래이다. 즉 귀신을 쫓고 하늘의 괴변을 퇴치하거나 병자를 낫게 하는 마력을 지닌 주술성이 있는 노래들인 것이다.

우리 고대 민족의 고유신앙(固有信仰)이요 세계관이었던 샤머니즘에 대해서는 미신(迷信)이다 비과학적(非科學的)이다 하고 금기의 딱지만 붙일 것이 아니라, 먼저 그것에 대한 새로운 고찰과 평가가 있어야 할 줄 안다. 무엇보다 중요한 것은 그러한 미신적 습속(迷信的 習俗)을 넘어서 고대 우리 민족이 신과 인간, 자연과 현실 사이에 가졌던 생의 '근원적(根源的) 관계'를 볼 줄 알아야 한다는 것이다. 물론 샤머니즘이 일종의 신앙인 이상 초인적인 신비력과 교섭하기 위해서 어떤 의식(儀式)이 발생한 것은 사실이다. 길흉화복(吉凶禍福)을 예언하는 점이나 원화초복(遠禍招福)의 굿이나, 그 밖에 단군신화 가락국기(檀君神話 駕洛國記) 등에서 보는 개국신화(開國神話)와 향가에서 볼 수 있는 주술적 행위까지를 포함하여 의식이라 할 수 있다. 이러한 근원적인 몸짓이 현대인에겐 과연 없는가.

샤머니즘은 자연과 인간이 공존할 수 있다는 전이론적(前理論的)인 가정을 전제로 한 일종의 마술적 세계관(魔術的 世界觀)이다. 신화에서 중요한 것은 신과 인간과의 관계에 분열이 없이 소원과 기구에 의하여 융즉(融卽, participation)할 수 있다는 영혼적 생명이라는 사실이다. 고유 신앙인 샤머니즘이 유·불·도 삼교(儒佛道 三敎)를 수용, 융합할 수 있었던 힘은 샤머니즘 자체에, 신앙으로서, 자연과의 관계에서, 정치적 행사였다는 현실성에서 삼교를 포섭, 융합할 수 있는 소지를 가지고 있었다는 결론이 나온다.[59)]

민간신앙은 샤머니즘의 터전 위에 유교와 불교, 도교 등 삼교가 융합된 세계로 고유의 정신세계이다. 오랜 세월 속에서 무속이 인간의 생활에 전승되면서 스며들어 많은 영향을 끼쳐온 것은 주지의 사실이다. 이처럼 과거와 현재, 미래에 걸쳐 민족의 정신과 문학에서 중요한 위치를 차지하는 무속은 올바르게 고찰되어야 할 것이다.

> 麝香 薄荷의 뒤안길이다.
> 아름다운 베암……
> 얼마나 크다란 슬픔으로 태어났기에, 저리도 징그러운 몸둥아리냐
>
> 꽃대님 같다.
>
> 너의 할아버지가 이브를 꼬여대든 달변의 혓바닥이
> 소리잃은 채 낼룽그리는 붉은 아가리로
> 푸른 하늘이다…… 물어뜯어라. 원통이 물어뜯어,
>
> 달아나거라 저놈의 대가리!
> 돌팔매를 쏘면서, 쏘면서, 麝香 芳草길
> 저놈의 뒤를 따르는 것은
> 우리 할아버지의 아내가 이브라서 그러는 게 아니라
> 석유 먹은 듯…… 석유 먹은 듯…… 가쁜 숨결이야

---

59) 문덕수, 「新羅精神에 있어서의 永遠性과 現實性」, 『현대문학』 통권 100호(1963), pp. 367-368.

바늘에 꼬여 두를까부다. 꽃다님보단도 아름다운 빛……
크레오파투라의 피먹은양 붉게 타오르는 고흔 입설이다…… 슴여라! 베암
우리 순네는 스믈난 색시, 고양이같이 고흔 입설…… 슴여라! 베암.

–「화사(花蛇)」 전문

이 시에서 '베암'은 동적(動的)인 생명체의 이미지이며 어둠과 혼돈을 상징하고 있다. 뱀으로 상징되는 혼돈 가운데 침몰해 버린 불확실한 상태는 강신무(降神巫)가 병미(病微)을 일으킨 후 무(巫)로 재생하기까지 성무(成巫)를 위한 입사의례(入社儀禮, initiation) 과정에 있을 때의[60] 혼돈과 암흑의 상태와 같은 것으로 볼 수 있다.

화자는 뱀에 대해 일종의 두려움을 가지고 있다. '뒤안길'이라는 세속과 차단된 신성한 공간에는 제의의 시간이 부여되고 있다. 종교적인 제의는 세속적인 것과 현실적인 것을 성스럽게 승화하며 그것들의 존립을 확고히 보장해 주는 규범이다. 무속에서 제의의 시공은 신과 인간이 만나는 특수한 의미를 지니는 시간이고 장소이다. 제의의 시공에서 중요한 것은 정화(淨化)이다. 시간의 정화는 세속의 일상사로부터 침해당하지 않는 시간을 택함으로써 정화의 의미가 드러나게 된다. 낮이든 밤이든 제의는 먼저 시간적으로 일상사와 단절되는 상징성[61]을 띠어야 하는 이유가 바로 여기에 있다.

그리고 이 시에서 뱀의 존재는 '아름다운 베암', '얼마나 크다란 슬픔', '징그러운 몸둥아리'로 표현되고 있는데, 이는 신성한 제의의 시간 및 공간과 그 제장(祭場)에 등장하는 신, 즉 '베암'에 대한 원형적[62] 인식의 산물이다.

---

60) 이몽희, 『한국현대시의 무속적 연구』(집문당, 1990), p. 169.
61) 김태곤, 『한국무가집』 1(집문당, 1979), p. 66.
62) 이몽희, 앞의 책, p. 173.

뱀은 재생하려는 힘을 상징하며, '슴여라' 라는 주술적 언어로 점층되고 있다. 석유 먹은 듯 가쁜 숨결에서 제의는 페르소나와 섀도우의 통일 또는 신, 인, 합일의 극점에 이르게 되며, 시는 시정의 하강 없이 끝맺는다. 이 시는 신화가 서술하고 있는 죽음과 재생 제의의 원형에 들어맞는 구조와 전개양상을 가진다. 화자와 뱀은 카오스 상태에서 합일되어 코스모스로 회귀함으로써 재생한 강신무의 원형에 들어맞는 제의 과정임을 보여주는 것이다.[63]

뱀의 상징성은 다양한 거주 방식과 관련된다. 뱀은 나무, 숲, 모래, 물속, 호수, 연못, 우물, 샘 등에 걸쳐 다양하게 존재한다. 나라마다 뱀에 대한 상징은 약간 다르다. 인도의 경우 뱀의 정신을 기리는 뱀 의식이 있는데 이것은 바닷물의 상징과 관련된다. 이때 뱀은 생명의 샘과 수호자, 불멸성을 상징하며 탁월한 풍요성을 상징한다. 이집트에서는 Z라는 문자가 뱀의 운동을 재현하는데, 이 상형문자는 원초적 발생 단계의 힘이나 우주적 힘을 상징한다. 일반적으로 여신들의 이름은 뱀이 재현하는 기호에 의해 결정되는데, 이는 뱀이 물질과 악의 세계로 전락한 정신, 곧 여성과 동일시되기 때문이다. 뱀은 자신의 껍질을 벗고 다시 소생하기 때문에 힘을 상징하며 그 악덕 때문에 뱀은 자연의 악을 상징한다.[64] 따라서 뱀은 원초성 곧 생명의 가장 원시적인 단계를 상징한다. 동물신으로서 신격을 지니고 민간에서 가장 신앙되고 있는 것이 뱀신이다. 이 뱀신은 각기 차원이 다른 두 가지 면에서 신앙되고 있는데 첫째는 수호신적 성격을 많이 띠고 있다. 일반 가정에서 업 또는 구렁이라 하여 가옥의 밑바닥에 살면서 집을 지키는 것이 뱀이라고 믿었는데 마을의 큰 고목이나 큰 바위나 산속에도 있다고 믿는 지신적 성격의 뱀신이다. 집안에서는 이 뱀이 사람의 눈에 띄게 나오면 가정의 운수와 가옥

63) 위의 책, p. 179.
64) 이승훈 편, 『문학상징사전』(고려원, 1995), pp. 208-209.

의 수명이 다 된 것으로 믿는다. 뱀신의 다른 일면은 뱀을 잔인하게 죽였을 때 그 뱀이 죽은 후 귀신이 되어 복수한다는 원귀적 성격을 띤 것이다.

무속에서의 뱀은 사신이나 죽음의 신, 혹은 유사한 양상으로 상징복합의 현상[65]을 드러낸다. 내세관에서 뱀은 사악한 저주의 존재로 인식되는데, 현세에서의 뱀은 수호신 또는 재복신으로서의 자리를 차지하고 있다. 제주도 무속에서는 뱀을 당신 혹은 가신으로 모시는 경우가 있는데, 차귀당(遮歸堂)이 있는 마을 사람들은 뱀을 위하는 신앙성을 지닌다. 이는 순종과 위무로써 뱀의 가해를 막으려는 지혜에서 비롯된 것이다. 이처럼 뱀은 족제비, 두꺼비 등의 동물과 함께 재신으로 숭앙[66]받고 있다. 다음으로 세시풍속에서의 뱀을 살펴보자. 상사일(上巳日)은 첫 뱀날로 남녀노소를 막론하고 머리를 빗거나 감지 않는다. 이날 머리를 빗거나 감으면 뱀이 집안으로 들어와 재앙을 가져다준다고 믿었다.

> 질마재 사람들 중에 글을 볼 줄 아는 사람은 드물지마는, 사람이
> 무얼로 어떻게 神이 되는가를 요량해 볼 줄 아는 사람은 퍽으나
> 많읍니다.
> 李朝 英祖때 남몰래 붓글씨만 쓰며 살다 간 全州 사람
> 李三晩이도 질마재에선 시방도 꾸준히 神 노릇을 잘하고 있는데,
> 그건 묘하게도 여름에 징그러운 뱀을 쫓아내는 所任으로섭니다
> 陰 正月 처음 뱀 날이 되면, 질마재 사람들은 먹글씨 쓸 줄 아는 이를
> 찾아가서 李三晩 석 字를 많이 많이 받아다가 집 안 기둥들의
> 밑둥마다 다닥다닥 붙여 두는데, 그러면 뱀들이 기어 올라 서다
> 가도 그 이상 더 넘어선 못 올라온다는 信念 때문입니다. 李三晩

---

65) 이몽희, 앞의 책, p. 172.
66) 김태곤, 『한국 무속 연구』(집문당, 1995), p. 283.

이가 아무리 죽었기로서니 그 붓 기운을 뱀아 넌들 행여 잊었겠느냐는 것이지요.
글도 글씨도 모르는 사람들 투성이지만, 이 요량은 시방도 여전합니다.

–「이삼만(李三晩)이라는 신(神)」 전문

정월 첫 사일(巳日)을 상사일이라 하는데 이날은 남녀 모두 머리를 빗거나 감지 않았다. 만일 그렇게 하면 뱀이 집안에 들어와서 화를 입게 된다고 믿었기 때문이다. 또한 이날은 빨래를 하지 않으며 땔나무를 옮기거나 집안에 들여놓지 않는데, 이 역시 뱀이 들어오는 것을 저어하였기 때문이다. 뱀이 많은 전남 지방에서는 상사일에 뱀의 침입을 예방하는 뜻에서 뱀 입춘문을 써 붙인다. 옛날 뱀을 잘 잡았다는 '적제자(赤帝者)' '패왕검(覇王劍)' 등을 써서 붙이는데, 이는 입춘문의 주술적 힘으로 뱀의 침입을 막자는 뜻이다.[67)]

전라도의 12지일 세시풍속으로 용날은 눌 짓고 일하면 비가 온다고 하여 하루를 쉰다. 뱀날은 아침 해뜨기 전에 들기름으로 먹을 갈아서 청사, 홍사, 백사 이삼만적제자사(李三晩赤帝子蛇)라는 비방을 써서 기둥나무 아래에 거꾸로 붙인다. 말날은 간장을 담고 개날은 점을 보러 가거나 신수를 보러 간다. 신날은 귀신날이라 하여 일하지 않고 집에서 하루를 논다. 뱀이나 족제비는 업신의 심부름꾼으로 보기도 하는데, 집안에 이러한 짐승이 나타나면 업을 소홀히 모신 탓이라고 하여 무당을 불러 푸닥거리를 하거나 집안의 주부가 떡을 해놓고 비손을 하기도 한다.

제주도의 가신신앙으로 칠성신앙이 있는데 이는 뱀을 신격화한 것이다.

67) 임동권, 「세시풍속-봄」, 『한국민속의 세계』 5(고려대출판부, 2001), p. 67.

칠성본풀이를 보면 귀가의 무남독녀가 중의 도술로 잉태를 하게 되자, 그 딸을 무쇠석갑에 넣어 바다에 띄웠다. 그것이 제주도에 표착하여 어미뱀과 일곱딸 뱀으로 변해서 어미뱀은 외칠성, 막내딸은 내칠성이 되고 다른 뱀들도 각각 자리를 찾아서 좌정한 것으로 되어 있다. 즉 밧칠성은 어미뱀이고, 안칠성은 일곱째의 막내딸 뱀이다. 이처럼 제주도에서는 뱀을 조상으로 모시고 있는데, 봉안처는 고팡의 독 밑이다. 기원내용으로는 벼슬과 부가 대부분이다. 제주도의 사신 숭배는 뱀 자체를 위하는 토테미즘이라기보다는 뱀의 정령을 숭배하는 애니미즘적 성격이 강하다고 볼 수 있다.

인용시는 이삼만이라는 사람의 일화를 기반으로 하고 있다. 창암 이삼만의 집은 가난하여 아버지가 약초를 캐서 생활했는데, 약초를 캐다가 독사에게 물려 세상을 뜨자 그 후 그는 독사가 눈에 띄면 잡아먹곤 하였다. 그래서 뱀은 이삼만을 보면 기가 질려 움직이지 못하고 잡히곤 했다. 호남지방에서 정월의 첫 사일에 뱀 방어를 위해 이삼만이라는 이름 석자를 거꾸로 써 붙이면 뱀이 접근하지 못했다. 이삼만(李三晩)이라는 신은 무속에서 말하는 사령(死靈)이나 조상이라는 인간신이다. 무속에서는 사람이 죽어 정상적인 절차를 원만히 마치면 신이 된다고 믿는다. 이러한 무속에서의 사고는 영혼불멸관(靈魂不滅觀)과 제사(祭祀)의 관습이 한국인의 신관을 이루고 있음을 말해준다. 그래서 생활의 도처에 별 의심 없이 영혼의 거처를 설정해 놓고 있다.[68]

인사령(人死靈)은 실재(實在)로서 보통의 한국인에게 인식되고 관념으로 형성되며 때로는 제사(祭祀)나 무제(巫祭)의 대상도 된다. 이삼만이라는 신도 그런 신 중의 하나라고 할 수 있다.

---

68) 이몽희, 앞의 책, p. 198.

눈물 아롱아롱
피리 불고 가신임의 밟으신 길은
진달래 꽃비 오는 西域 三萬理.
흰옷깃 염며염며 가옵신 임의
다시 오진 못하는 巴蜀 三萬理.

신이나 삼아 줄ㅅ걸 슲은 사연의
올올이 아로새긴 육날 메투리.
은장도 푸른날로 이냥 베허서
부즐없는 이머리털 엮어 드릴ㅅ걸.

초롱에 불빛, 지친 밤 하늘
구비구비 은하ㅅ물 목이 젖은새,
참아 아니 솟는가락 눈이 감겨서
제 피에 취한 새가 歸蜀途 운다.
그대 하늘 끝 호올로 가신 님아.

-「귀촉도(歸蜀途)」 전문

이 시에서 화자는 돌아올 길 없는 삶과 죽음의 거리를 표현하고 있다. 화자는 파촉(巴蜀)으로 간 임에게 헌신적인 태도를 보여주지 못했음을 자탄한다. 화자와 임은 '삼만리'라는 거리로 인해 단절된 상태에 놓여 있다. 1연에서 '눈물'과 '진달래꽃 비'는 슬픔을 강조하는 시어들이다. 눈물과 비는 하강의 심상으로, 이별의 비애를 효과적으로 표현하고 있다. 이처럼 화자와 가신 임 사이에는 극복할 수 없는 거리가 존재하는데, 화자는 서역이나 서방정토라는 저승을 상징하는 말을 사용함으로써 임과의 영원한 이별인 죽음을 환기시킨다.

2연에서 화자는 임에게 '신이나 삼아' 주지 못한 것을 후회함으로써 임에 대한 자신의 애정을 극화시킨다. 화자는 머나먼 곳으로 떠나가는데 필요한 임의 신발을 자신의 머리카락으로 만들어줌으로써 임에게 못다 한 연모의 정을 표현하려 한다. 신을 삼는 재료로 자신의 머리카락을 택한 것은 자신의 신체 중 일부분이나마 '신' 의 형태로 임과 동행시키고자 하는 의지를 표명한 것이다. 화자는 자신이 갈 수 없는 '서역 삼만리'를 머리카락의 형태로 임과 함께 가고자 했던 것이다. 슬픈 사연의 '육날 메투리'는 이승에서는 살아있는 화자의 머리카락이지만 '서역 삼만리'라는 공간에서는 임의 소유물이다. 그러므로 '육날 메투리'를 통해 상징적으로나마 공간의 공유를 꾀하고자 하는 화자의 의도는 좌절될 수밖에 없다.

짚신 미투리는 가장 대중적인 신발이다. 삼, 볏짚, 부들, 한지, 닥 같은 재료로 삼았다. 짚신은 4날에 제총박이로 삼았고 미투리는 6날에 딴총박이로 삼았다. 제총박이란 바닥을 삼으며 바로 총을 빼는 것이고, 딴총박이는 총을 따로 꼬아 박아 가며 삼는 것이다.[69] 그러므로 짚신은 거칠고 투박한 반면 미투리는 매끈하고 곱다. 미투리는 삼이나 모시껍질로 삼은 신이기 때문에 승혜(繩鞋), 망혜(芒鞋), 마구(麻屨), 마혜(麻鞋)라고도 한다. 재료는 삼, 왕골, 면사 등을 이용해서 정교하게 만들었다. 미투리는 조선 시대의 대표적인 신으로 보통 서민층의 남녀가 신었으며 섬세한 것은 사대부 계층에서 사용했다. 이런 점으로 미루어 신분의 차이에 따라 신의 구조나 재료가 달랐음을 추정할 수 있다. 미투리는 재료인 삼의 정제도에 따라 삼신, 무리바닥, 지총미투리, 왕골신치, 청을치신, 절치, 탑골치[70] 등으로 구분된다. 삼신은 생삼으로 거칠게 삼은 신이고, 절치는 본래 절(寺)에서 만들어 신었다는 거

69) 인병선, 「짚풀공예」, 『한국민속의 세계』 6(고려대출판부, 2001), p. 521.
70) 조효순, 『복식』(대원사, 1996), p. 53.

칠게 삼은 신이다. 탑골치는 동대문 밖 탑골에서 삼았다는 튼튼하게 잘 삼은 신이고, 무리바닥은 쌀무리를 바닥에 먹인 신이며, 지(紙)총미투리는 총을 종이로 꼬아 만든[71] 미투리를 말한다.

3연에서 귀촉도의 울음은 임이 부재해 슬퍼하는 화자의 심정과 조응된다. '차마 아니 솟는 가락'은 비애를 더욱 강조시킨다. '제 피에 취한 새가 귀촉도(歸蜀途) 운다'에서 붉은 이미지는 슬픔을 더욱 배가시킨다. 여기에서 '서역'은 임이 가버린 곳으로 화자가 갈 수 없는 공간이다. '삼만리'라는 거리감은 화자와 '가신 임' 사이의 거리를 상기시키는데, 이것은 결국 임과 화자가 합치될 수 없음을 의미한다. 한 번 죽으면 돌아올 수 없으므로 '제 피에 취한 새'의 울음소리는 처절한데, 그것은 단순한 슬픔이 아니라 완성되지 못한 사랑과 그 한의 초월이다.

머리털로 메추라기를 만든다는 내용에서 민속적 상상력이 엿보인다. 전통적 장례에서는 염을 하고 입관할 때에 낙발(洛髮: 고인의 머리털)과 수조(手爪: 고인의 손톱), 족조(足爪: 고인의 발톱)를 함께 합힘하었으니, 민속으로는 거기에 곡물(생쌀), 돈, 짚신 등도 봉헌하는 것이 관례[72]였다. 곡물은 저승길을 갈 때 먹는 음식이요, 돈은 저승길의 노자요, 짚신은 저승길을 걸어갈 때 신는 신이다. 따라서 화자가 육날 미투리를 엮어 드리겠다는 것은 바로 이 관에 넣는 짚신, 즉 임이 저승길을 걸어갈 때 신고 갈 신을 마련해 드리겠다는 뜻이다. 상례 때 사자가 저승에 편히 가도록 관 속에 미투리 또는 메투리를 넣어주는 풍습이 있다. 그런데 이 신은 짚으로 만든 신이 아니라 화자의 머리칼로 만든 신이다. 머리카락이 사람의 혼 그 자체라는 생각은 무속에서 찾을 수 있다. 오구굿에서 익사자의 혼을 건질 때 무당은 무명천을

71) 박계홍, 『한국민속학 개론』(형설출판사, 1994), p. 82.
72) 오세영, 『한국현대시 분석적 읽기』(고려대 출판부, 2001), p. 335.

길게 늘어뜨려 그 끝에 쌀을 봉합한 주머니를 달고 강바닥을 훑어내는 의식을 거행하는데, 이때 무명천에 머리카락이 건져지면 사자의 혼도 건져진 것으로 간주된다. 즉 머리카락은 인간의 혼 자체라는 믿음[73]이 있는 것이다.

> 우리가 옛부터 만들어 지녀 온 세가지의 房-溫突房과 마루방과 土房중에서, 우리 都市 사람들은 거의 시방 두 가지의 房-溫突房하고 마루房만 쓰고 있지만, 질마재나 그 비슷한 村마을에 가면 그 토방도 여전히 잘 쓰여집니다. 옛날엔 마당말고 土房이 또 따로 있었지만, 요즘은 번거로워 그 따로 하는 대신 그 土房이 그리워 마당을 갖다가 代用으로 쓰고 있지요. 그리고 거기 들이는 정성이사 예나 이제나 매마찬가지지요.
> 陰 七月 七夕 무렵의 밤이면, 하늘의 銀河와 北斗七星이 우리의 살에 직접 잘 배어들게 된 온 食口 모두 나와 딩굴며 노루잠도 살풋이 부치기도 하는 이 마당 土房. 봄부터 여름 가을 여기서 말리는 山과 들의 풋나무와 풀 향기는 여기 저리고, 보리 타작 콩타작 때 연거푸 연거푸 두들기고 메어 부친 도리깨질은 또 여기를 꽤나 매끄럽겐 잘도 다져서, 그렇지 廣寒樓의 石鏡 속의 春香이 낯바닥 못지않게 반드랍고 향기로운 이 마당 土房. 왜 아니야. 우리가 일년 내내 먹고 마시는 飮食들 중에서도 제일 맛좋은 풋고추 넣은 칼국수같은 것은 으레 여기 모여 앉아 먹기 망정인 이 하늘 온전히 두루 잘 비치는 房. 우리 瘧疾 난 食口가 따가운 여름 햇살을 몽땅 받으려 홑이불에 감겨 오구라져 나자빠져있기도 하는, 일테면 病院 입원실이기까지도 한 이 마당 房. 不淨한 곳을 지내온 食口가 있으면, 여기 더럼이 타지 말라고 할머니들은 하얗고도 짠 소금을 여기 뿌리지만, 그건 그저 그만큼한 마음인 것이지 迷信이고 뭐고 그럴려는 것도

73) 위의 책, p. 336.

아니지요.

-「마당房」 전문

이 시는 지금은 사라져 마당으로 대용하게 된 마당방에 대한 그리움을 나타내고 있다. 화자는 마당방에 대한 풍경을 묘사함으로써 마당방이 예사로운 장소가 아님을 강조하고 있다. 마당방은 마당과 방이 통합된, 따라서 마당의 특성을 유지하면서 방의 기능이 합치되어 밤하늘과 별을 볼 수 있는 외부와 자유롭게 접촉할 수 있는 열려 있는 공간이며 친목의 기능을 지닌 포용적 공간이다. 집안에 잔치나 큰일이 있을 때는 마당에 멍석을 깔고 차일을 쳐서 손님을 접대하였으며, 추수철이 되면 마당에서 타작을 하고 곡식을 말렸다. 뿐만 아니라 농악대가 모여 노는 곳도 마당이었고, 더운 여름날 저녁 더위를 피해 온 가족이 모여 앉아 이야기를 나누는 곳도 마당이었다. 이와 같이 마당은 생산, 작업을 위한 기능, 의식을 위한 기능, 정서를 조성하기 위한 기능, 채광과 통풍을 위한 기능, 통로를 위한 기능, 공간의 분리를 위한 기능, 공무를 위한 기능 등으로 구분할 수 있는데, 이들 기능 중 한 가지만을 위하여 형성되는 것은 없고 복합적으로 작용한다. 농촌 민가에서는 일반적으로 안마당과 뒷마당으로 구분되는데, 농작물의 타작, 건조, 가공 등 작업을 위한 공간은 주로 안마당이 된다.

관혼상제와 같이 많은 사람을 접대하고 의식을 행해야 하는 행사는 주로 안마당에서 이루어졌다. 뒷마당은 안마당의 보조적인 역할을 담당하며 주거생활의 저장, 공급, 정서를 이루는 기능을 수행한다. 즉 장독대나 물을 공급하는 우물이 설치되는 장독대와 우물을 가진 식생활의 원천적인 기능을 가진다. 또 한적하여 꽃과 나무를 심어 정서적인 생활을 조성하는 공간으로 되며 터줏대감이나 집구렁이를 모시는 토속 종교의 공간도 된다.[74]

인용시에서 나타나듯이 마당방은 곡식을 타작하는 풍성한 수확의 공간이며, '은하와 북두칠성(北斗七星)'이 '살에 직접 잘 배어'드는 자연의 변화를 실감할 수 있는 장소이다. 또한 '병원 입원실'과 같은 치유의 능력으로 위력을 가지기도 한다. 이러한 소금을 뿌리는 행위는 정화의 역할을 상징적으로 수행함으로써 공간의 청정함을 유지하려는 의도 때문이다. 이러한 마당방은 불길하거나 부정한 것들로부터 사람들을 보호해 주는 역할을 하고 있다. '부정(不淨)한 곳을 지내온 식구(食口)가 있으면, 여기 더럼이 타지 말라고 할머니들은 하얗고도 짠 소금을 여기 뿌리지만'에서 마당방은 노동에 찌든 일상의 공간을 성스러운 곳으로 삼으려는 민속적인 상징으로 나타나고 있다.

이러한 신과 인간과의 작은 신앙의 형태가 가신신앙이다. 대개 집안의 부녀자가 담당하거나 때로는 가족 전체가 참여하기도 한다. 이러한 가신 신앙은 지역마다 나타나는 신위가 약간씩 다르고 지내는 방법의 차이가 있으나, 대개 터주, 성주, 제석, 삼신, 조왕과 칠성, 용왕과 칙신, 수문장 등이 있다. 터주는 집을 관장하는 신으로 집안의 동티나 불상사를 막아주고 집안의 안전을 보호하는 신이다. 특히 집안에 동티가 나서 불상사가 생기게 되면 터주신의 노여움을 탔다고 하여 길일을 잡고 3일전부터 대문에 금줄을 치고 황토를 편 다음 제주는 냉수에 목욕을 하는 등 금기를 지키고 있다가 터주신에게 원을 하게 된다. 무속의 제의는 무당이 신을 만나 인간의 소망을 비는 형식으로 나타난다. 제의의 공간과 시간은 일상적인 현실계 밖의 것을 의미하므로 특수한 절차가 필요하게 되는 것이다. 제의를 하는 공간은 금줄을 치고 향토를 펴서 부정을 가리는데, 일상적인 것을 차단시켜 세속의 인간 출입을 제한하는 것이다. 황토는 땅 위에 뿌려지는 경우도 있으나 입구 좌우의 길가

---

74) 한국정신문화연구원, 앞의 책 7권, p. 526.

에 각각 세 무더기씩을 놓는 것[75]이 일반적이다. 팥죽을 쑤어 문이나 벽에 뿌리는 동지의 습속과 유사하며, 미리 산신을 맞이해 들임으로써 다른 잡귀의 접근을 방지하기 위한 의도에서 황토를 놓는다.

> 내가 여름 학질에 여러 직 앓아 영 못 쓰게 되면 아버지는 나를
> 업어다가 山과 바다와 들녘과 마을로 통하는 외진 네갈림길에
> 놓인 널찍한 바위 위에다 엎어 버려 두었읍니다. 빨가벗은 내
> 등때기에다간 복숭아 푸른 잎을 밥풀로 짓이겨 붙여 놓고,「꼼
> 짝말고 가만히 엎드렸어. 움직이다가 복사잎이 떨어지는 때는 너
> 는 영 낫지 못하고 만다」고 하셨읍니다.
> 누가 그 눈을 깜짝깜짝 몇천 번쯤 깜짝거릴 동안쯤 나는 그 뜨
> 겁고도 오슬오슬 추운 바위와 하늘 사이에 다붙어 엎드려서 우아
> 랫니를 이어 맞부딪치며 들들들들 떨고 있었읍니다. 그래, 그게 뜸
> 할 때쯤 되어 아버지는 다시 나타나서 홑이불에 나를 둘둘 말아
> 업고 갔읍니다.
> 그래서 나는 다시 고스란히 성하게 산 아이가 되었읍니다.
>
> –「내가 여름 학질에 여러 직 앓아 영 못 쓰게 되면」 전문

속신은 고대의 신앙 및 주술이 종교에까지 이르지 못하고 민간에 퇴화하여 잔존한 것으로 종교의 하부적 요소가 민간에 탈락한 주술 종교적 심의 현상이라 할 수 있다. 따라서 신앙과 속신은 중복되거나 관계없는 부분도 있지만, 속신은 초인간적인 힘의 존재를 믿고 거기에 대처하는 지식이나 기술이라 할 수 있다. 이 시에서 아버지가 학질에 걸린 나의 치유를 위해 사용한 돌은 신성한 돌이다. 평범한 바위도 모양과 빛깔, 장소에 따라 신앙적인 주력

---

75) 박계홍, 앞의 책, p. 282.

을 가지고 있음을 보여주고 있다. 들돌은 거의 마을의 수호신을 모신 당산나무 밑에 있다. 당제를 지낼 때는 유두, 칠석, 백중, 추석 등의 명절에 술을 들돌에 붓고 마을의 태평과 풍년 그리고 무병을 기원하며 들돌놀이를 했다.

이처럼 신성한 바위에 몸을 맡기고 복숭아 푸른 잎을 밥풀로 짓이겨 등에 붙을 때 복사잎이 떨어지면 낫지 못한다는 속신이 있는데, 이 역시 초인간적인 힘에 의지하고 있는 것이다. '네 갈래' 길에 놓인 바위는 길의 교차점에 놓인 것으로 사방으로 통하는 마을의 중심이다. '산과 바다와 들녘과 마을'로 통하는 이 길은 결국 하늘과 통한다. 이는 질병으로 쇠잔해진 생명이 의탁하는 죽음과 삶의 교차점이라는 상징적인 공간성을 동시에 지닌다. 서정주는 다른 글에서 네 갈래길과 생사의 문제에 대해 다음과 같이 회고하고 있다.

> 맨 처음에 내가 이 네 갈래길의 넓은 바위에 와 앉은 것은 학질 때문이었다. 나는 어렸을 때는 웬일인지 여름엔 학질덩어리였는데 한번은 지독히 걸려 할머니의 잡귀 쫓기 쯤으로는 낫지 않아 지나치게 으스스하던 중에 , 마침 아버지가 줄포에서 오시어, 이번엔 좀 漢字文도 섞인 방법으로 복숭아 잎사귀를 누구네 집에선가 구해다가 거기에 뭐라고 먹글씨로 몇 개 漢字를 써서 내 웃통을 벗기고 등뒤에다 밥풀로 붙여 데리고는 이 바윗돌 위에다 갖다 놓으시며 떼놓고 가시어 그 뜨겁고 외진 돌 위에 비로소 자리하게 된 것이다 하여간 그것은 할머니가 하신 귀신쫓기 요법과 한 계통의 정신요법인 것만은 틀림없는 일이었을 것이다[76]

질병에 걸리는 것은 일상에서 벗어난 상황으로 삶과 죽음이 대면하고 있는 것이다. 화자는 삶과 죽음이 교차하는 네 거리의 바위에서 죽음을 극복하

---

76) 서정주, 『미당 자서전 1』(민음사, 1994), p. 25.

고 생명력을 회복한다. 여기에서 바위는 새롭게 태어남을 매개하는 공간으로서 강한 힘을 지니고 있다. 학질의 치료로 바위가 선택되는 것은 바위가 지닌 상징적 무속성 때문이다. '바위와 하늘' 사이의 공간에서 치유를 기다리는 것은 곧 주술적임을 의미한다.

한편 고령지방에서는 칠석날 잡귀를 잡기 위해 복숭아 가지로 소를 마구 때리는 풍습이 있다. 이때 복숭아 가지는 모든 잡귀를 통제하는 선목으로 양귀(禳鬼)와 축사(逐邪)에 효용이 있는 것으로 여겨진다. 특히 동쪽으로 뻗은 복숭아나무 가지는 오행으로 보아 동은 양이기 때문에 음의 정령인 귀신의 퇴치에 효과가 크다.[77] 복숭아나무를 깎아서 걸고 다니면 귀신이 접근을 못한다는 속신이 있다. 이와 같이 복숭아는 귀신을 쫓는다고 믿어져 왔다. 따라서 집안에 복숭아나무를 심는 것을 금기하였으며 제상에도 복숭아를 올리지 않았다. 이것은 조상신이 찾아와도 복숭아가 지닌 축귀의 힘 때문에 집안으로 들어오지 못하고 제사 올린 것도 응감하지 못한다고 생각하기 때문이다. 복숭아는 『서왕모와 천도복숭아』라는 실화에 기인하여 장수를 의미하는 기복적 민화의 소재가 되기도 했으며, 남자아이를 상징[78]하기도 한다.

> 바닷물이 넘쳐서 개울을 타고 올라와서 삼대 울타리 틈으로 새어 옥수수밭 속을 지나서 마당에 흥건히 고이는 날이 우리 외할머니네 집에는 었었읍니다. 이런 날 나는 망둥이 새우 새끼를 거기서 찾노라고 이빨 속까지 너무나 기쁜 종달새 새끼 소리가 다 되어 알발로 낄낄거리며 쫓아다녔읍니다만, 항상 누에가 실을 뽑듯이 나만 보면 옛날이야기만 무진장 하시던 외할머니는, 이때에는 웬일인지 한 마디도 말을 하지 않고 벌써 많이 늙은 얼굴이 옮은

77) 임동권, 『한국민속학 연구, '도지고(桃枝考)'』(선명문화사, 1971), pp. 125-126.
78) 한국정신문화연구원, 앞의 책, 9권, p. 927.

> 노을빛처럼 불그레해져 바다쪽만 멍하니 넘어다보고 서 있었읍니다.
> 그때에는 왜 그러시는지 나는 아직 미처 몰랐읍니다만, 그분이
> 돌아가신 인제는 그 이유를 간신히 알긴 알 것 같습니다. 우리
> 외할아버지는 배를 타고 먼 바다로 고기잡이 다니시던 漁夫로, 내
> 가 생겨나기 전 어느 해 겨울의 모진 바람에 어느 바다에선지
> 휘말려 빠져 버리곤 영영 돌아오지 못한 채로 있는 것이라하니,
> 아마 외할머니는 그 남편의 바닷물이 자기집 마당에 몰려 들어오
> 는 것을 보고 그렇게 말도 못하고 얼굴만 붉어져 있었던 것이겠지요.
>
> –「海溢」 전문

'해일'이란 바다와 육지가 이루는, 공간의 경계를 허무는 자연 현상이다. 인용시에서 외할아버지와 외할머니를 바다와 육지로 나누는 경계는 해일을 통해 허물어진다. 다시 말하면 외할머니는 이승과 저승의 경계를 허무는 해일에 힘입어 외할아버지와 해후하게 된다. 해일은 집을 떠나 먼 바다로 나아가 돌아오지 않았던 외할아버지가 집으로 돌아오는 계기를 마련하는 회귀의 물이라고 할 수 있다. 그리고 '안마당'과 '먼 바다'는 대립적인 특성을 지닌다. 외할머니는 '안마당'을 수호하며 외할아버지는 '먼 바다'를 떠돈다. 안마당이 여성적인 안위와 보호의 공간이라면 먼 바다는 모험과 유랑의 장소이다. 바다는 외할아버지가 떠난 곳인 동시에 되돌아오는 공간이다. 이 시에서 바닷속 또는 저 너머는 죽은 이들의 영역, 즉 죽음의 영역이다. 살아 있던 외할아버지는 외할머니의 기억 속에 남아서 존재하므로 살아 있음과 죽음의 한계를 벗어난 초현실적인 신화의 세계에 속하는 인물이다. 그리고 삶의 세계로 되돌아온 넋과 살아 있는 자가 만나는 영적인 만남은 접신이고 신들림이다. 그러므로 이 시는 물에 빠져 죽은 넋이 이승에 되돌아오는 무속적 영혼관을 담고 있으며 인간과 바닷물이 구분되지 않는 무속적인 반혼(返魂) 관

념의 표출이라고 생각할 수도 있다.

이 시의 장면은 오구굿에서 산 사람이 죽은 영혼과 만나는 장면과 유사하다. 오구굿에서 사람들은 무당을 매개로 해서 되돌아 온 넋과 만난다. 그러나 이 시에서 외할머니는 무당을 거치지 않고 직접 돌아온 혼과 만나고 있다. 사람이 죽은 후에 영혼을 저승으로 보내어 영생하게 해주는 굿으로는 서울 지역의 진오기굿, 부여지역의 오기굿, 고창지역의 씻김굿, 부산지역의 오구굿, 제주도의 十王맞이굿, 평안도의 수왕굿 등이 있다. 이들 제의는 죽은 자들의 영혼을 저승으로 보내어 영생하도록 해주는 데 목적이 있다.

외할먼네 마당에 올라온 海溢엔요.
예쉰살 나이에 스물한살 얼굴을 한
그러고 천살에도 이젠 안 죽기로 한
신랑이 돌아오는 풀밭길이 있어요.

생솔가지 울디리, 옥수수밭 시이를
올라 오는 海溢 속 신랑을 마중 나와
하늘안 천길 깊이 묻었던델 파내서
새각시 때 연지를 바르고, 할머니는

다시 또 파, 무더기 웃는 청사초롱에
불 밝혀선 노래하는 나무나무 잎잎에
주절히 주절히 매어달고, 할머니는

갑술년이라던가 바다에 나갔다가
海溢에 넘쳐오는 할아버지 魂神 앞
열아홉살 첫사랑적 얼굴을 하시고

-「외할머니네 마당에 올라온 해일(海溢)-쏘네트 시작(試作)」 전문

무속에서는 인간을 육신(肉身)과 영혼(靈魂)의 이원적(二元的) 결합체로 보고, 영혼이 육신의 생존적(生存的) 원력(原力)이라고 믿는다. 즉 영혼은 무형의 기운으로 인간 생명의 근원이 된다. 이는 영혼이 육신에서 떠나간 상태를 죽음으로 봄으로써 인간의 생명 자체를 영혼의 힘으로 믿는 것이다. 영혼은 육신이 죽은 후에도 새로운 사람으로 세상에 다시 태어나거나 내세인 저승으로 들어가서 영생하는 불멸의 존재[79]이다.

이와 같이 위의 시는 죽은 넋이 이승으로 되돌아오는 무속적 영혼관을 그리고 있다. 해일 속에서 '천 살에도 이젠 안 죽기로 한' 신랑의 영혼을 보는 할머니의 홍조 띤 얼굴이 연지를 바른 것 같다는 이 시는 할머니의 영혼불멸관을 바탕으로 하고 있다. 외할머니는 무당을 거치지 않고 직접 돌아온 신랑의 혼과 만나고 있다. 할머니는 '첫사랑쩍 얼굴'로 '새각시 때'로 돌아가서 육체적 죽음을 초극하는 삶을 살게 되는데, 이러한 영적 교류는 무당의 넋두리와 같이 초혼가를 부르게 되어 무속적 상상력으로 표현된다.

> 여름 하늘 쏘내기 속의 천둥 번개나 벼락을 많은 질마재 사람들은
> 언제부턴가 무서워하지 않는 버릇이 생겨 있읍니다.
> 여자의 아이 낳는 구멍에 말뚝을 박아서 멀찌감치 내던져 버리는
> 놈하고 이걸 숭내내서 갓 자라는 애기 호박에 말뚝을 박고 다니는
> 애녀석들만 빼놓고는 인젠 아무도 벼락을 무서워하는 사람은 거의
> 없이 되어서, 아무리 번개가 요란한 궂은 날에도 삿갓은 내리는 빗
> 속에 머윗잎처럼 自由로이 들에 돋게 되었읍니다.
> 변산의 逆賊 具蟾百이가 그 벼락의 불칼을 분지러 버렸다고도
> 하고, 甲午年 東學亂때 古阜 전병준이가 그랬다고도 하는데, 그건
> 똑똑히는 알 수 없지만, 罰도 罰도 웬놈의 罰이 百姓들한텐 그리도

79) 김태곤, 『한국무속연구』(집문당, 1991), p. 300.

> 많은지, 逆賊 구섬백이와 전병준 그 둘 중에 누가 번개치는 날 일부러 우물 옆에서 똥을 누고 앉았다가, 벼락의 불칼이 내리치는 걸 잽싸게 붙잡아서 몽땅 분지러 버렸기 때문이라는 이야깁니다.
>
> -「분지러 버린 불칼」 일부

이 시는 자연이 주는 재해를 무속의 초자연적 힘으로 물리칠 수 있다는 주술적 노래이다. 또한 이 시는 역사적으로 뛰어난 인물이나 한을 품은 인물이 마을에서 무속의 신 노릇을 하게 되는 현상을 가리킨 것으로 여겨진다. 즉 혼령(魂靈) 가운데는 원통하게 죽은 사람의 넋이 많은데, 그 원귀가 무신(巫神)으로 숭배되어 제사의 대상이 되는 경우를 살펴볼 수 있다.

일반적으로 신앙되는 인신(人神)은 왕신(王神)과 장군신(將軍神), 대감신(大監神) 등이 있다. 이들 신은 일반적인 인간보다 뛰어난 인물의 영혼이다. 왕신으로는 단군(檀君)이나 태조대왕, 공민왕, 뒤주대왕, 경순왕 등이 신으로 숭상된다. 장군신의 경우는 억울하게 죽은 임경업장군이나 최영장군, 남이장군, 득제장군, 김유신장군, 관우장군 등이 신으로 신앙된다. 대감신의 경우도 막강한 관좌에 앉았던 고관(高官)의 영혼이 신으로 추앙되는 경우로 살펴볼 수 있다.

무당의 기본 능력 중의 하나는 불을 지배하거나 다루는 능력이다. 따라서 무당은 신이한 자연 현상이 위협하는 것을 조절할 초자연적인 힘을 가진 존재로 나타난다. 이러한 무속신앙은 오랫동안 전승되어 내려온 전통적인 믿음이며 잠재의식인데, 이 시는 그런 인간의 원형적 심성을 보여주고 있다.

> 姦通事件이 질마재 마을에 생기는 일은 물론 꿈에 떡 얻어 먹기 같이 드물었지만 이것이 어쩌다가 走馬痰 터지듯이 터지는 날은 먼저 하늘은 아파야만 하였읍니다. 한정없는 땡삐떼에 쏘이는

> 것처럼 하늘은 웨-하니 쏘여 몸서리가 나야만 했던 건 사실입니다.
> 「누구네 마누라허고 누구네 男丁네허고 붙었다네!」 소문만 나는 날은 맨먼저 동네 나팔이란 나팔은 있는 대로 다 나와서 〈뚜왈랄랄 뚜왈랄랄〉 막 불어자치고, 꽹과리도, 징도, 小鼓도, 북도 모조리 그대로 가만 있진 못하고, 퉁기쳐 나와 법석을 떨고, 男女老少, 심지어는 강아지 닭들까지 풍겨져 나와 외치고 달리고, 하늘도 아플 밖에는 별 수가 없었읍니다.
> 마을 사람들은 아픈 하늘을 데불고 家畜 오양간으로 가서
> 家畜用의 여물을 날라 마을의 우물들에 모조리 뿌려 메꾸었읍니다. 그러고는 이 한 해 동안 우물물을 어느 것도 길어 마시지 못하고, 山골에 들판에 따로 따로 生水 구멍을 찾아서 渴症을 달래어 마실 물을 대어 갔읍니다.
>
> -「간통 사건과 우물」 전문

인용시에서 질마재에서 있었던 간통 사건은 사건이 일어난 사람의 집만이 아니라 온 마을이 떨고 기우뚱거리게 만들었다. 꽹과리도 징도, 소고도 북도 모조리 '퉁기쳐' 나와 법석을 떤다. 이러한 악기들은 축제를 위해서 동원되지만 여기서는 주술적 요소가 다분히 깃들어 있다. 꽹과리쟁이, 징쟁이, 소고쟁이, 북쟁이 등이 모두 법석을 떨며 소란을 피우는 것은 간통 사건과 같은 잡귀를 쫓아내는 주술적 요소이다. 즉 질마재 마을의 평온함을 찾으려는 기원이다. 인용시에 의하면 간통 행위는 도덕적 질서의 파괴를 의미하는데, 이에 대응하는 것이 우물 파기이다. 따라서 '강아지 닭들까지 풍겨져 나와 외치고' 있음은 간통이라는 한 질서의 파괴행위에 대한 하늘과 마을 전체의 소란이자 관심의 표명이다. 사람들은 우물을 파기 위해 산골이고 들판이고 헤맨다. 낡은 행위의 파괴에서 새로운 생수를 찾는 행위는 새 질서에 대한 기원이며, 따라서 무속적 행위라고 할 수 있다.

이 땅 위의 場所에 따라, 이 하늘 속 時間에 따라, 情들었던
여자나 남자를 떼내 버리는 方法에도 여러 가지가 있겠읍죠.
그런데 그것을 우리 질마재 마을에서는 뜨근뜨근하게 매운 말피를
그런 둘 사이에 쫘악 검불고 비리게 뿌려서 영영 情떨어져 버리
게 하기도 했읍니다.
모시밭 골 감나뭇집 薛莫同이네 寡婦어머니는 마흔에도 눈썹에서
쌍긋한 제물香이 스며날 만큼 이뻤었는데, 여러해 동안 도깝이란
別名의 사잇서방을 두고 田畓 마지기나 좋이 사들인다는 소문이
그윽하더니, 어느 저녁엔 대사립 門에 인줄을 늘이고
뜨근뜨근 맵고도 비린 검붉은 말피를 쫘악 그 언저리에 두루
뿌려 놓았습니다.
그래 아닌게 아니라, 밤에 燈불 켜 들고 여기를 또 찾아 들던 놈팽
이는 금방에 情이 새파랗게 질려서 「동네 방네 사람들 다 들어 보
소…… 이부자리 속에서 情들었다고 예편네들 함부로 믿을까 무섭
네……」 한바탕 왜장치고는 아조 떨어져 나가 버렸다니 말씀입지요.
이 말피 이것은 물론 저 新羅적 金庾信이가 天官女앞에 타고 가던
제 말의 목을 잘라 뿌려 정 떨어지게 했던 그 말피의 효력
그대로서, 李朝를 거쳐 日政初期까지 온 것입니다마는 어떨갑쇼?
요새의 그 시시껄렁한 여러 가지 離別의 方法들보단야
그래도 이게 훨씬 찐하기도 하고 좋지 안을갑쇼?

–「말피」 전문

인용시는 비천한 계급인 장돌뱅이의 어조로 질마재 마을에서 일어났던 일을 담담히 표현하고 있다. ‘설막동(薛莫同)이네 과부(寡婦)어머니는 마흔에도 눈썹에서 쌍긋한 제물향(香)이 스며날 만큼 이뻤었는데’라는 표현은 제물향에서 연상되는 비인간적인 미모, 즉 귀신세계와 통하고 있는 심상을 나타낸다. 민간신앙에 의하면 도깨비는 초자연적 존재의 하나인데, 도채비,

독각귀(獨脚鬼), 독갑이, 허주(虛主), 허체(虛體), 망량(魍魎) 등[80]의 이름으로 불리기도 한다. 도깨비는 인간에게 긍정적인 면과 부정적인 면의 양면성을 보이고 있는데, 가시적인 도깨비와 형체가 보이지 않는 비가시적인 도깨비가 있다. 민간에서는 음력 정월 14일 밤과 상원날 밤에 도깨비불을 보아 그해 농사의 흉년과 풍년을 점치기도 하는데, 그날 밤에 도깨비불이 동에서 서로 가면 풍년이고 서에서 동으로 가면 흉년의 징조라고 해석한다. 도깨비의 종류는 모양과 생김새에 따라 여러 가지 종류가 있는데, 사람이 죽은 다음 그 영혼이 변해서 되는 귀신과는 달리 도깨비는 나무, 돌 등의 자연물이 변해서 되고 산과 들에서 흔히 나타난다. 또한 도깨비를 만나는 사람에 따라서 도깨비의 종류도 달라진다. 즉 사람이 사용하던 것이 변해서 되는 경우는 빗자루, 부지깽이, 짚신, 절굿공이, 체, 키, 솥 등 사람의 손때가 묻은 것을 가리킨다.

장계이(張繼弛)의 『해동잡록(海東雜錄)』[81]에 의하면 도깨비는 산과 바다의 음령(陰靈)한 기운이며 풀, 나무, 흙, 돌의 정기가 변해서 된 것이라고 한다. 도깨비의 거처는 일정하지 않으나 음기의 영이고 음귀라고 불리기 때문에 음침하고 그늘진 곳에 거처하고 있다가, 사람이 왕래하지 않는 곳이나 야음에 나타난다. 활동 시기도 어두운 때나 밤에 주로 나타나 닭이 울면 활동을 멈추고 사라진다. 꾀가 없고 미련하여 인간이 도깨비의 미련함을 이용하여 재물을 얻거나 이득을 보기도 한다. 도깨비가 말피를 무서워하는 이유는 말이 신의 사자 혹은 신을 대신하는 존재이기 때문이다.[82] 도깨비는 귀신과 다르다. 귀신은 사람이 죽어서 음양으로 구분되어 귀와 신으로 자리 잡게 되

---

80) 한국정신문화연구원, 앞의 책 6권, p. 768.
81) 위의 책, p. 769.
82) 김종대, 『우리문화의 상징세계』(다른세상, 2001), p. 191.

지만, 도깨비는 음귀적인 속성[83]을 지니고 있어서 귀신과는 다르다. 따라서 도깨비와 말피는 서로 대립적인 양상을 띤다.

인용시의 화자는 '설막동(薛莫同)이네 과부(寡婦)어머니'와 사잇서방이 밀피로 인해서 정분을 떼어낸 이야기를 고대 설화인 김유신과 천궁녀와 연결시키고 있다. 김유신의 말이 그를 태운 채 천궁녀의 집으로 가자 그 말의 목을 베어서 정을 떼어 버렸다는 장면을 인용한 것이다. 말피를 정들었던 여자나 남자를 떼내 버리는 방법으로 사용했다는 것은 말피가 잡귀를 물리친다는 무속적 상상력이 개입하고 있는 부분이다. 여기서 말피는 이별의 방법으로 제시되었다. 속신은 민간전승에서 행동의 지침이며 그것에 기대어 믿음을 갖는 것으로 여겨진다. 따라서 '대사립 문(門)에 인줄을 늘이고 뜨근뜨근 맵고도 비린 검붉은 말피를 좌악 그 언저리에 두루 뿌려' 놓는 행위는 악귀나 부정의 출입을 막는 금기성을 암시한다. 이러한 속신적 행위는 '사잇서방'과의 이별이 범상한 사람의 힘으로는 불가능함을 의미한다. 말은 화성이어서 성질이 급하고 화성인 병이 겹쳐서 나쁘다. 말이 강한 양성이라는 데서 역귀나 병마를 쫓는 방편으로 이용[84]하기도 하였다. 즉 막동이네 과부의 행위는 전통적 속신에 근거하고 있는 것이다. 이러한 속신은 민간전승에서 행동의 지침이고 관념의 줄기가 되는데 전통사회에서 사람들은 그것에 기대어 행동하고 그것에 의지해서 믿음을 갖는다. 그것은 금기와 주술을 거느리고 종교적인 속담으로서 주어진 사회 속에서 기능한다. 구속력을 가진 사회적 규범이 되지만 그 구속력은 오히려 주술력이라고[85] 부르는 것이 옳다고 여겨진다.

---

83) 김종대, 『대문위에 걸린 호랑이』(다른세상, 1999), p. 98.
84) 『한국민족문화대백과사전 7권』(한국정신문화연구원, 1994), p. 676.
85) 김열규, 「속신과 신화의 서정주론」, 『미당연구』(민음사, 1994), p. 160.

금줄은 부정한 것의 접근을 막기 위하여 문이나 길 어귀에 매거나 신성한 대상물에 매는 새끼줄이다. 인줄이라고도 하는데 볏짚 두 가닥을 새끼손가락 정도의 굵기로 왼 새끼를 꼬아서 여기에 다른 물건을 첨가시켜서 만든다. 아이를 출산하면 대문에 금줄을 치는 경우와 간장을 새로 담아서 간장독에 금줄을 치는 경우, 또 동제를 지낼 때 제사지낼 장소나 당집은 물론 동네 주위에 있는 당산나무와 장승에도 금줄을 치고 공동 우물이나 제관의 집과 제사 음식을 만드는 집에도 금줄을 친다. 동제 때 금줄을 쳐 놓으면 외부 사람의 출입은 금지된다. 이와 같이 금줄은 여러 면에서 쓰이는데 기본적 의도는 금(禁)하는 기능을 하고 있다. 즉 인간 생활에 해를 끼치는 것을 접근시키지 않고 침범할 수 없게 하는 것이다. 이러한 속신적 행위는 인용시에서 '사잇서방'과의 이별이 범상한 사람의 힘으로는 불가능함을 의미한다.

> 세상에서도 제일로 싸디싼 아이가 세상에서도 천한 단골 巫堂네
> 집 꼬마둥이 머슴이 되었읍니다. 단골 巫堂네 집 노란 똥개
> 는 이 아이보단 그래도 값이 비싸서, 끼니마다 얻어먹는 물누렁지
> 찌끄레기도 개보단 먼저 차례도 오지는 안 했읍니다.
> 단골 巫堂네 長鼓와 小鼓, 북, 징과 징채를 늘 항상 맡아 가지고
> 메고 들고, 단골 巫堂 뒤를 졸래졸래 뒤따라 다니는 게 이 아이의
> 職業이었는데, 그러자니, 사람마다 職業에 따라 이쿠는 눈웃음-
> 그 눈웃음을 이 아이도 따로 하나 만들어 지니게는 되었읍니다.
> 「그 아이 웃음 속엔 벌써 영감이 아흔 아홉 명은 들어앉았더라」
> 고 마을 사람들은 말하더니만 「저 아이 웃음을 보니 오늘은 싸락눈
> 이라도 한 줄금 잘 내리실라는가 보다」고 하는 데까지 가게 되었
> 읍니다. 「이 놈의 새끼야. 이 개만도 못한 놈의 새끼야. 네 놈 웃는
> 쌍판이 그리 재수가 없으니 이 달은 푸닥거리 하자는 데도 이리

줄어 들고 만 것이라……」 단골 巫堂네까지도 마침내는 이 아이
의 웃음에 요렇게쯤 말려 들게 되었읍니다.
그리하여 이 아이는 어느 사이 제가 이 마을의 그 敎主가 되었다
는 것을 알았는지 몰랐는지, 어언간에 그 쓰는 말투가 홰딱 달라져
버렸읍니다.
「…….헤헤에이, 제밀헐 것! 괜스리는 씨월거려 쌌능구만 그리여.
가만히 그만 있지나 못허고……」 저의 집 主人-단골 巫堂 보고도
요렇게 어른 말씀을 하게 되었읍니다.
그렇게쯤 되면서부터 이 아이의 長鼓, 小鼓, 북, 징과 징채를 메고
다니는 걸음걸이는 점 점 점 더 점잖해졌고, 그의 낯의 웃음을 보고
서 마을 사람들이 占치는 가지數도 또 차차루히 늘어났읍니다.
-「단골 巫堂네 머슴 아이」 전문

위의 시에서 '머슴아이'는 마을 사람들의 집단적 스승이라는 자기 원형의 투사대상이다. 어린이에 투사되는 자기 원형은 그를 신격화하는 그 집단의 무의식적 요구, 즉 '저 아이 웃음을 보니 오늘은 씨락눈이라도 한 줄금 살 내리실라는가 보다'라는 기대감에 의해서 형성된다. '그리하여 이 아이는 어느 사이 제가 이 마을의 그 교주(敎主)가 되'어서 마을의 여러 가지 통과의례나 생사화복, 건강에 대한 종교적 책임을 맡게 된다.

무당은 신을 섬기는 일에 종사하여 굿을 전문으로 하는 사제자인데 무인(巫人), 무(巫), 무격(巫覡), 무녀(巫女), 단골, 심방이라고도 하며 특히 남자 무당을 지칭할 때는 격(覡) 또는 박수[86]라고 한다. 무당의 고유기능을 둘로 나누면 사제 기능과 예언, 점술 기능이다. 무당의 사제자적 역할은 무구에서 보다 근원적으로 나타나고 있다. 무속에서는 칼, 거울, 방울을 삼보라 하

86) 한국정신문화연구원, 앞의 책, 8권, p. 295.

는데, 이는 통치권을 의미하는 상징물이다. 무구는 무당이 굿할 때 사용하는 제의 도구로서, 꽹과리, 장구, 징, 제금 등의 무악기(巫樂器)와 신칼, 작두 등의 도검류(刀劍類), 엽전, 산통 등의 무점구(巫占具) 및 방울, 지전, 부채, 오색기 등의 소도구가 있다. 그러나 무구는 지역적으로 차이를 보이며, 이는 무당의 기능에 따른 제의상의 차이에서 오는 원인이라 생각된다.[87] 무당의 예언, 점술 기능은 풍년과 안녕을 위한 기복과, 두 번째로 역신을 몰아내고 건강을 되찾아주는 치병, 세 번째는 망자의 한을 풀어주어 저승으로 보내는 송령 등으로 나누어진다. 동신제나 안택굿 등은 첫 번째의 경우이고 푸닥거리는 두 번째이며 씻김굿이나 오구굿은 세 번째의 경우로 볼 수 있다. 이러한 무속은 불교가 토착화되어 가는 과정에서 습합되었다. 무당들이 제석거리에서 입는 옷은 그대로가 불교 복장인 장삼이며, 제석본풀이에서는 고승이 낳은 사생아들이 삼불제석으로 승상되고 있다. 사찰 안에는 불교 본래의 것이 아닌 산신각이 자리 잡고 있고 무당들이 이 산신각에서 기도를 올리는 현실도 불교와 무속이 습합된 모습이다. 그러므로 무당은 마을의 여러 가지 통과의례나 생사화복에 관한 의례, 건강에 대한 종교적 책임을 맡는 등 넓은 의미의 종교적 책임자로 여겨진다.

이처럼 무속은 과거로서의 역사성을 지니면서 동시에 현재와 미래를 수용하고 문학작품에 수용되어 생성, 변모해 새로운 흐름을 보여준다. 이러한 상상력과 무속성이 시에서 전체적인 세계의 조망을 보여주며 현대시의 다양성을 보여주고 있다.

> 질마재 마을의 단골 암무당은 두 손과 얼굴이 질마재 마을에서
> 제일 희고 부들부들 했는데요. 그것은 남들과는 다른 쌀로 밥을

87) 위의 책, p. 142.

> 지어 먹고 살았기 때문이라고 했읍니다. 남들은 농사 지은 쌀로 그냥 밥을 짓지만 단골 암무당은 귀신이 먹다 남긴 쌀로만 다시 골라 밥을 먹으니까 그렇게 된다구요.
> 골머리 배앓이 종기 태기 등 허기진 귀신한테 뜯어 먹히우노라고 마을에 몸 아픈 사람이 생길 때마다, 암무당은 깨끗한 보자기에 그 집 쌀을 싸 가지고 「엇쇠 귀신아, 실컨 먹고 잠자거라」며 「하낫쇠,돌쇠 셋쇠……」하고 귀신을 잠재우는 그 잠밥이라는 걸 아픈 데에 연거푸 눌러 먹이는 것인데, 그런 쌀로만 골라다가 씻어서 밥을 지어 자시기 때문이라 했읍니다. 그리곤 자기도 역시 잠밥 먹은 귀신같이 방안에서 평안하게 늘 실컨 자고 놀며 손발과 얼굴을 깨끗하게 깨끗하게 씻고 문지르기 때문이라고 했읍니다.
>
> -「단골 암무당의 밥과 얼굴」 전문

중부 이북 지방에서 강신무라는 샤먼의 유형을 '무당'이라 부르고, 남부의 전라도, 경상도, 강원도 지방에서는 세습무를 '당골'이라 부른다. 인용시의 '단골'은 곧 '당골'을 말한다. 강신무에는 만신무당, 대주무당, 짐바치, 섬상이, 부살 등이 있고, 세습무에는 당골, 심방, 무당 등이 있으며, 학습무에는 독경, 경문장이 맹인 등[88]이 있다. 지방이나 특성에 따라 명칭도 다양하다. 단골은 사회적으로 인정되는 가계의 혈통적 계승이 중요시되며 개인이나 가계, 집단이 종교적 역할을 한다. 무당은 신이 개인을 선택함으로써 수호 신당을 갖는다. 무당이 체험하는 강신 체험은 현실계의 가치 체계 일체를 거부하는 것으로, 현실계의 종말을 의미하는 것이다. 현실의 종말은 죽음을 의미하는 것이고, 이 죽음을 통해 강신 체험자는 현실계 밖에 있는 또 다른 세계, 곧 카오스(chaos)로 들어가게 된다. 생과 사, 지속과 단절이 끝없이 반

88) 한국정신문화연구원, 앞의 책, p. 677.

복되어 가난과 질병, 죽음이 계속되는 괴로운 현실을 벗어나 영원계인 카오스로 들어가는 것이다.

이 시는 단골 암무당에 대한 무속신앙의 일상성을 표현하고 있다. 무속신앙에 몸 바친 무녀의 형상을 질마재 마을에서 제일 희고 부들부들한 모습으로 묘사하고 있다. 신이나 귀신은 초인간적인 능력을 가지고 있어 이러한 믿음이 한민족의 정신적 측면에 큰 영향을 준 사실을 부인할 수 없다. 신과 귀신의 관계를 음과 양에 비유해보면 양기의 정령은 혼이고 음기의 정령은 백이다. 귀신은 무서운 존재로 사람의 생활에 영향을 주기 때문에 귀신을 소중히 여기는 민속이 생겼을 것으로 생각된다. 따라서 귀신을 대하는 데 있어서도 소극적으로 물러가게 하는 방법과 적극적으로 대결하여 맞서서 구축하는 방법이 있다. 무격(巫覡)에 의해서 굿하고 독경하고 주언을 외는 수도 있고 타협하는 척해서 공물을 올리고 가무로 공손하게 맞이해서 지혜롭게 봉박하는 수도 있다.

이러한 퇴송의 주술은 오랫동안 계승되고 반복되는 동안에 생활화되어 민속으로 전승되고 있다. 여기에는 구타법(毆打法)과 자공법(刺攻法), 화공법(火攻法), 봉박법(封縛法) 등이 있다. 구타법은 귀신을 적대시해서 위협과 폭력을 가해서 물러가게 하는 방법인데, 도지(桃枝) 사상은 민간에 널리 퍼진 축귀법의 일종[89]이다. 특히 동쪽으로 뻗은 복숭아나무 가지로 구타하는 것은 양기가 강하기 때문으로 여겨진다. 또 섣달그믐날 새해를 맞이하기 위해서 대청소를 하고 잡귀를 몰아내는 세시풍속도 있다. 자공법은 환자나 환자의 상처 부분에 예리한 칼이나 침, 대나무 꼬챙이 등으로 자상(刺傷)하고 공격해서 귀신을 물러가게 하는 방법이다. 화공법은 화기(火氣)를 이용하여

89) 박계홍, 앞의 책, p. 252.

축귀하는 방법으로 화기로 귀신의 접근을 방지하고 귀신의 의거물(依據物)을 소진해서 축퇴시키는 방법이다. 상원(上元)날의 쥐불놀이가 여기에 해당한다. 봉박법은 질병의 원인이 되는 역귀, 잡귀를 꼼짝 못하도록 봉하거나 결박해서 저지하고 병화(病禍)에서 벗어나는 방법을 말한다.

세 마지기 논배미가 반달만큼 남았네.
네가 무슨 반달이냐, 초생달이 반달이지.

農夫歌 속의 이 귀절을 보면, 모 심다가 남은 논을 하늘에 뜬 반달에다가 비유했다가 냉큼 그것을 취소하고 아무래도 진짜 초생달만큼이야 할소냐는 느낌으로 고쳐 가지는 農夫들의 약간 겸손하는 듯한 마음의 모양이 눈에 선히 잘 드러나 보인다.
그러나,

이 논배미 다 심고서 걸궁배미로 넘어가세.
히는 데에 오면

네가 무슨 걸궁이냐, 巫堂 音樂이 걸궁이지.
하고 고치는 구절은 전연 보이지 않는 걸 보면 이 걸궁배미라는 논배미 만큼은 하나 에누리할 것도 없는 文字 그대로의 巫堂의 聲樂이요, 器樂이요, 또 그 併唱인 것이다. 그 질척질척한 검은 흙은 물론, 거기 주어진 汚物의 거름, 거기 숨어 農夫의 다리의 피를 빠는 찰거머리까지 두루 합쳐서 송두리째 신나디 신난 巫堂의 음악일 따름인 것이다.
그러고, 걸궁에는 중들이 하는 걸궁도 있는 것이고, 중의 걸궁이란 결국 부처님의 고오고오 音樂, 부처님의 고오고오 춤 바로 이런 것이니까,

이런 쪽에서 이걸 느껴보자면, 야! 참 이것 상당타.

-「걸궁배미」 전문

인용시의 표제인 '걸궁배미'란 걸궁굿을 하는 논을 말하는데, 특히 그것은 공동으로 경작하는 논을 일컫는다. 배미는 논배미인데 걸궁은 방언으로 걸립이 표준어이다. 걸립은 어떤 집단에서 특별히 경비를 쓸 일이 있을 때 풍물을 치고 집집마다 다니며 축원을 해주고 돈과 곡식을 얻는 일인데, 걸궁(乞窮), 걸량(乞糧)이라고도 한다. 마을에서 하는 걸립과 절에서 하는 걸립, 무당이 하는 걸립 등이 있다. 마을에서 하는 걸립은 주로 정월 대보름이나 추석 전후에 행해지는데, 집집마다 농악대가 방문하여 농악대가 앞세우는 신격(神格)에 바치는 공물(供物)이나 농악대의 의례적, 예능적 활동에 대한 대가로 내어놓는 물질을 거두어들이는 일이다. 각 가정이 농악대의 방문을 맞아들여 물건이나 금전을 제공하는 것은 단순히 의례에 대한 대가라는 의미뿐만 아니라 마을공동체 자체를 인정함과 동시에 마을공동체의 성원임을 재확인하는 의미도 포함된다. 절에서 하는 걸립은 절을 중건할 때 모금하기 위해서 중들이 민가로 다니며 경문을 외거나 염불을 하여 시주하는 받는 것을 말한다. 후에는 놀이패가 가담하여 집집마다 다니며 고사를 해주고 돈과 쌀을 걷는 전문적인 걸립패가 나타나기도 했다. 걸립패들은 10여 명 또는 30명에서 40명씩 떼 지어 다니며 풍물을 치거나 고사소리를 하는 전문집단으로 발전[90]했다.

걸립굿은 걸립패들이 걸립을 하며 치는 농악으로 걸궁굿이라고도 한다. 이러한 무리들을 걸립패 또는 걸궁패라고 한다. 걸립이란 말이 언제부터 쓰였는지 구체적인 것은 알 수 없지만 『성종실록』 12년 12월조에 조직적인 걸

90) 한국민속대사전편찬위원회, 앞의 책, p. 85.

립패의 걸립을 '걸량'이라 하여 간단히 기록[91]이 전한다. 무당들의 걸립은 새신(賽神)을 위해 단골네들을 찾아다니면서 하는 것과 마을을 돌아다니는 계면돌기를 하면서 말문(占言)을 주면 그 집에서는 무당이 될 사람으로 인정하고 곡식을 주는 걸립[92]이 있다.

> 질마재 上歌手의 노랫소리는 답답하면 열두 발 상무를 젓고, 따분하면 어깨에 고깔 쓴 중을 세우고, 또 喪輿면 喪輿머리에 뙤약볕 같은 놋쇠 요령 흔들며, 이승과 저승에 뻗쳤읍니다.
> 그렇지만, 그 소리를 안 하는 어느 아침에 보니까 上歌手는 뒤깐 똥오줌 항아리에서 똥오줌 거름을 옮겨 내고 있었는데요.
> 왜, 거, 있지 않아 하늘의 별과 달도 언제나 잘 비치는 우리네
> 똥오줌 항아리, 비가 오나 지붕도 앗세 작파해 버린
> 우리네 그 참 재미있는 똥오줌 항아리, 거길, 明鏡으로 해 망건 밑에 염발질을 열심히 하고 서 있었읍니다. 망건 밑으로 흘러내린 머리털들을 망건 속으로 보기 좋게 밀어 넣어 올리는 쇠뿔 염발질을 점잔하게 하고 있어요.
> 明鏡도 이만큼은 특별나고 기름져서 이승 저승에 두루 무성하던 그 노랫소리는 나온 것 아닐까요?
>
> –「上歌手의 소리」 전문

위 시는 상곤이의 쇠뿔 염발질을 소재로 씌어졌다. '상모'는 농악에 사용하는 모자로 채상모와 부포상모가 있다. 부포상모는 전립 꼭대기에 '석조시'를 붙이고 구슬을 달고 물체로 이어 꼭대기에 부포(꽃상모)를 단다. 그런데 부포상모는 뻿뻿하게 서 있는 뻣상모와 부드러운 부들 상모가 있다. 채상모

91) 한국정신문화연구원, 앞의 책, 1권, p. 774.
92) 위의 책, p. 775.

는 부포와 같이 전립 꼭대기에 석조시를 붙이고 구슬을 단다. 그리고 물체에 이어서 꼭대기에 종이로 만든 짧은 상모와 긴 상모를 달아맨다.[93] 이 시에서 '열두 발 상무를 젓고'는 상모놀이로 벙거지에 달린 상모를 이리저리 돌리는 놀이이다. 즉 열두발 상모놀이를 말하는데 열두 발이나 되는 긴 상모 끈을 앉아서 혹은 누워서 놀리는 것을 말한다. 상곤이는 상여가 나갈 때 상두소리를 담당한다. 일상의 생활에서 필요한 존재지만 두드러지지 않는 것이 상곤이의 특징이다. '질마재 상가수(上歌手)의 노랫소리는 이승과 저승에 뻗쳤습니다'라는 것은 상곤이의 중요성을 보여준다. 사람들의 마음을 밝혀주고 망자의 혼을 달래주는 것이 상가수의 역할인데, 상곤이는 무당을 업으로 하는 사람은 아니지만 똥오줌 항아리를 보면서 염발하는 그의 모습과 명경을 보면서 무업을 시작하는 무당의 모습은 이 시에서 뚜렷하게 대비된다. 상가수가 염발질을 위해서 자신을 비추어보는 똥오줌 항아리라면, '명경'은 인간의 얼굴만 비추어보려는 실용적이며 문화적인 양식이 아니라 하늘도 그 안에 수용되는 자연적 양식이다. 이런 거울에 비추어 보는 세계 속에서 상가수의 소리가 저승까지 도달할 수 있음을 화자는 보여준다.

'상가수'라는 것은 상여 앞에 서서 사자를 저승사자에게 인도하는 영매의 노래를 하는 사람이다. 평소에는 남의 오물이나 치우는 천한 일을 맡던 상가수는 일단 상가에 이르게 되면 이승과 저승을 이어주는 초능력을 지닌 영매가로 변신한다. '이승 저승에 두루 무성하던 그 노랫소리'에서처럼 사자를 저승으로 인도하는 초능력을 얻을 수 있게 되는 것이다. 한편 명경이란 무당이 필수적으로 갖추어야 할 무구(巫具) 가운데 하나이다. 명경은 명두라고 하는데 신비로운 신성(神聲)의 반사경으로 귀신과의 대화를 확성(擴聲)하는

93) 한국민속대사전편찬위원회, 앞의 책, p. 788.

주술적인 무구이다. 이것은 놋쇠로 만들어진 둥글고 가운데가 볼록한 거울 모양인데 지름이 평균 20cm로 보다 작거나 큰 명두도 있다. 오목한 뒷면에는 북두칠성이 양각으로 묘사되어 있거나 명칭이 한자로 양각되어 있다. 명두는 한국 무당에게는 신령의 거울 내지 마음의 거울로 받아들여지는 것으로 여겨진다. 그래서 명두는 상단의 중앙에 걸어놓는데 같은 날 두 집안을 위해 굿을 벌여야 할 경우에는 그날 한 집안을 위해서만 굿을 거행하고 다른 집에는 그사이 명두를 걸어둔다.[94] '명경(明鏡)도 이만큼은 특별나고 기름져서 이승 저승에 두루 무성하던 그 노랫소리는 나온 것 아닐까요?'에서 보듯이 명경은 이승과 저승을 동시에 울릴 수 있는 무속적 상상력의 하나라고 여겨진다.

이상에서 살폈듯이 주술은 단지 비과학적이고 전근대적인 세계관을 의미하는 것은 아니다. 그것은 과학으로는 설명될 수 없는, 그럼에도 불구하고 인간의 삶을 지배하는 우주의 유기적 원리이다. 서정주는 이 유기적 원리를 바탕으로 무속과 주술의 언어를 시에 끌어들인다. 그리고 그것은 곧 신과 인간의 직접적인 소통을 의미한다. 신과 인간의 이러한 소통은 결국 신을 매개로 한 인간 전체의 소통으로 이어진다. 그러므로 민속학적 상상력에서 주술은 결코 비과학으로 치부될 수 없다.

3. 영원성으로의 풍류(風流)의식

풍류란 일반적으로 매우 부정적인 것으로 알려져 있다. 풍류는 음풍농월이라는 부정적이고 퇴행적인 행위를 연상시키지만 실제는 자연과 더불어 살

94) 조흥윤, 『한국의 무』(정음사, 1983), p.201.

아가는 인간의 삶의 한 방식을 가리키는 개념이다. 풍류의식의 세계관에 따를 때, 인간의 궁극적인 행복이란 이처럼 자연의 질서에 순응하면서 살아가는 것이다.

서정주는 풍류를 우리 민족의 저류에 흐르는 사상의 무속적 신앙의 한 형태로 보고 있다.[95] 풍류는 자연의 순리에 따르는 세상의 이치인데, 그는 우리 민족의 정신세계인 풍류 정신에 입각하여 자신의 시세계를 추구하였다. 즉 자연과의 합일을 생의 이상으로 삼아 인생을 슬기롭게 살면서 자연을 노래한 것이다. 풍류의 전형적인 형태는 고대 제천의식과 농악인데, 전자는 종교행사이고 후자는 농경의식이다. 제의는 노래와 춤으로 행하는 집단적인 축제이다. 이는 노래와 춤을 강조한 풍장(風場)과 종교적 의미의 굿 등이 함께 어우러져 종교와 생산과 예술이 전형적인 풍류로 드러나는 것이다.

풍류는 우주적인 영원한 생명과의 교감으로서 자연이나 풍물, 동물, 새 등에 대한 무의식적인 감정이다. 이것은 인간의 근원적인 심성으로까지 화하면서 일체감의 요소로 기능한다. 삼국사기(三國史記)의 신라본기(新羅本紀) 제4(第四)에 나타난 최치원(崔致遠)의 「난랑비서(鸞郎碑序)」를 보면 다음과 같다.

> 최치원난랑비서왈(崔致遠鸞郎碑序曰) 국유현묘지도왈(國有玄妙之道曰)
> 풍류(風流) 설교지원(說教之源) 비상선사(備詳仙史) 실내포함삼교(實乃包含三教)
> 접화군생(接化群生) 차여(且如) 입즉효어가(入則孝於家) 출즉충어국(出則忠於國)

95) 정진홍, 『한국 종교문화의 전개』(집문당, 1986), p. 20.

노사구지지야(魯司寇之旨也) 처무위지사(處無爲之事) 행불언지교(行不言之教)
주주사지종야(周柱史之宗也) 제악막작(諸惡莫作) 제선봉행(諸善奉行) 죽건태자지화야(竹乾太子之化也).[96]

국역하면 난랑비서에 이르기를 나라에 현묘한 도가 있으니 풍류라 한다. 이 종교를 창설한 연원은 선사(仙史)에 상세히 실려 있거니와 근본적으로 도·불·유 삼교(三敎)의 사상을 이미 자체 내에 지니어 모든 생명을 가까이 하면 저절로 감화한다. 이를테면 효도하고 나라에 충성함은 노나라 사구(공자의 벼슬)의 교지와 같고, 하염없는 일에 머무르고 말없이 가르침을 실행함은 주나라 주사(노자의 벼슬)의 종지와 같으며, 모든 악한 일을 짓지 않고 모든 선한 일을 받들어 실행함은 죽건태자(인도의 석가)의 교화와 같다.[97] 도·불·유 합일의 삼교 사상은 이미 자체 내에 지니고 있다고 볼 수 있다. 즉 풍류도가 도·불·유 사상을 선천적 고유 사상으로 보고 있다고 할 수 있다.

즉 여기에서는 유·불·선의 통합을 풍류도라고 말하고 있는 것으로 최치원이 말하는 풍류도는 고대 한국의 창의적인 신선도임을 알 수 있다. 또한 그것이 고대 한국의 독특한 사상체계였음을 알 수 있다. 도교의 형성과정에서 바탕이 된 요소는 노장사상이지만 중요한 바탕이 된 또 하나의 요소가 민간 전래의 신앙 습속이다. 신선, 역, 방술, 도참, 점복, 무축, 천문, 천인 상감, 둔갑, 음양오행, 의학 등등이 도교 속에 혼재되어 나타난다. 여기서 방술은 주술, 부적, 기도의식 등의 부문으로 불교나 민간신앙에서 행해지는 것과 유사하다. 본래 신선 사상은 한국의 토양 위에 가꾸어져 있었으며, 그것이 중국에서 이루어진 도교를 수용[98]하는 바탕이 되었다고 평가된다.

96) 『삼국사기』, 신라본기 제4, 진흥왕 37년조.
97) 안창범, 『한민족의 신선도와 불교』(국학자료원, 1993), p. 21.

〈싸움은 이겨야 멋이다〉는 말은 있읍지요만 〈져야 멋이라〉는
말은 없사옵니다. 그런데, 지는 게 한결 더 멋이 되는 일이
陰曆 正月 대보름날이면 이 마을에선 하늘에 만들어져 그게 1年
내내 커어다란 한 뻔보기가 됩니다.
勝負는 끈질겨야 하는 거니까 山海의 끈질긴 것 가운데서도
가장 끈질긴 깊은 바다 속의 민어 배속의 부레를 끄내 풀을 끓
이고, 또 勝負엔 날카론 서슬의 날이 잘 서 있어야 하는 거니까
칼날보다 더 날카로운 새금파리들을 모아 찧어 서릿빨같이 자자
란 날들을 수없이 만들고, 勝負는 또 햇빛에 비쳐 보아 곱기도
해야 하는 것이니까 고은 빛깔 중에서도 얌전하게 고은 梔子의
노랑 물도 옹기솥에 끓이고, 그래서는 그 勝負의 鳶실에 우선
몇번이고 거듭 번갈아서 먹여야 합죠.
그렇지만 選手들의 鳶 자새의 그 긴 鳶실들 끝에 매달은 鳶들
을 마을에서 제일 높은 山 봉우리 우에 날리고, 막상 勝負를 겨
루어 서로 걸고 재주를 다하다가, 한 쪽 鳶이 그 鳶실이 끊겨
나간다 하드래도, 敗者는 〈졌다〉는 歎息속에 놓이는 게 아니라
그 반대로 해방된 자유의 끝없는 航行 속에 비로소 들어섭니다.
山봉우리 우에서 버등거리던 鳶이 그 끊긴 鳶실을 단 채 하늘
멀리 까물거리며 사라져 가는데, 그 마음을 실어 보내면서
「어디까지라도 한번 가 보자」던 전 新羅 때부터의 한결 같은
鄕愁感에 젖는 것입니다.
그래서 그들은 마을의 生活에 실패한 한정없는 나그네 길을
떠나는 마당에도 보따리의 먼지 탈탈 털고 일어서서는 끊겨 풀
려 나가는 鳶같이 가뜬히 가며, 보내는 사람들의 인삿말도
「팔자야 네몸 팔자가 상팔자구나」 이쯤 되는 겁니다.

–「지연승부(紙鳶勝負)」 전문

98) 황준연, 『한국사상의 이해』(박영사, 1996), p. 179.

인용시에서 화자가 연싸움을 준비하는 과정은 매우 진지하다. 연실을 만드는 과정에 정성을 들임으로써 연의 제작과 연싸움은 단순한 놀이의 차원을 넘어서 삶의 고단한 과정으로 확장된다. '바다' 속의 민어 부레가 끈질긴 힘을 위하여, '땅' 속의 산물인 사금파리가 날카로움을 위하여, 그리고 고운 빛깔을 내기 위하여 식물인 치자가 필요하다. 이 시에서 연은 마을 사람들에게 무한한 공간에서 누리는 자유의 이미지로 각인된다. 그러므로 실을 끊고 날아가는 연의 자유로움에서는 결코 패배의 씁쓸함을 찾아볼 수 없다.

명칭은 이미 『삼국사기』에 '풍연'(風鳶)으로 기록되어 있고, 『고려사』와 조선조의 여러 문헌에는 '지연'(紙鳶)[99]이라 기록되어 있다. 전승되고 있는 연의 형태와 종류는 두 유형으로 분류할 수 있다. 사각장방형의 중앙에 방구멍이 뚫려 있는 연형(鳶形)으로 이 연의 면에다 어떤 색깔의 색지를 어떤 모양으로 오려 붙였고, 또 어떤 그림을 그렸는가에 따라 그 명칭이 붙여지는 경우와, 또 다른 하나는 연의 생긴 모양, 즉 외형에 따라 그 이름이 붙여지는 연의 종류이다.[100] 꼭지연은 백색의 사각장방형 연의 이마 가운데에 둥근 달 모양으로 원형의 색종이를 오려 붙여 그 빛깔에 따라 명칭이 붙여진 연인데, 먹꼭지, 청꼭지, 홍꼭지, 김꼭지, 쪽꼭지, 별꼭지 연 등이 있다. 반달연은 사각장방형의 연의 면 이마 가운데에 반달형의 색지를 오려 붙여 그 빛깔에 따라 명칭이 붙은 것인데, 종류로는 먹반달, 청반달, 홍반달, 임반달, 쪽반달 등이 있다. 치마연은 사각장방형의 연의 면 상반부는 백색 그대로 놓아두고 하복부만 여러 가지 빛깔을 칠한 것으로 빛깔에 따라 먹치마, 청치마, 홍치마, 황치마, 보라치마, 이동치마, 삼동치마, 사동치마 등이 있다. 또 동이연은 사각장방형 연의 면 머리나 허리를 동인 연으로 그 동이의 빛깔에 명

99) 고대민족문화연구소, 『한국민속의 세계』 4(고려대출판부, 2001), p. 321.
100) 위의 책, p. 324.

칭을 붙인 것인데, 종류로는 먹머리동이, 청머리동이, 홍머리동이, 보라머리동이, 반머리동이, 실머리동이, 눈깔머리동이, 허리동이, 눈깔허리동이 등이 있다. 다음으로 초연은 사각장방형 연의 꼭지만을 두고 전면을 같은 색깔로 칠한 연인데, 종류로는 먹초, 청초, 홍초, 황초, 보라초 등이 있다. 박이연은 사각장방형의 연에다 전면이나 그 어떤 부분에 돈 같은 점이나 눈, 코 같은 모양을 박은 것인데, 종류로는 돈박이, 귀머리장군, 긴코박이, 눈깔귀머리장군 등이 있다. 또 발연은 사각장방형 연의 하반부나 좌우측에 족형의 종이를 잘라 붙인 것인데, 종류로는 사족발, 국수발, 지네발 등이 있다.

연 날리기는 음력 12월 중순경부터 시작하여 정초에 성행하다가 대보름 밤이나 그 전야인 열 나흗날 밤에 액막이 연 날리기로 끝을 맺는 놀이이다. 연 날리기는 남녀의 성별과 신분의 구별 없이 즐겨오던 놀이이지만 지방에 따라 연을 날리는 계절은 조금씩 다르다. 남부지방은 주로 정월 초하루부터 대보름날까지가 한창이었고, 북부지방에서는 대개 가을 추수가 끝날 무렵부터 시작되었다. 연놀이는 높이 띄우기, 재주부리기, 끊어먹기 외에 얼레 하나에 얼마나 많은 연을 매달아 띄울 수 있는가를 겨루는 놀이도 있다. 연 날리기 놀이는 오락성과 민속신앙적인 양면성을 지니고 있다. 민속신앙적인 측면의 놀이가 액막이 연 날리기이다. 이러한 풍속은 오늘날에도 전승되어 정월 대보름 밤이나 지역에 따라 14일 밤에 액막이연을 날려 보내는 것이다. 한 해의 액운을 멀리 날려 보낸다는 뜻에서 '액막이 연날'이라고 하는데 연의 꼬리에 액, 송액(送厄), 송액영복(送厄迎福) 등의 축원문을 쓰고 연 날리는 이의 생년월일과 이름을 써서 날려 보내면, 지난해에 묻혀온 모든 액(厄)과 앞으로 1년 동안 있을 나쁜 운수가 일소된다고 믿었다.

연을 날리다가 다른 사람의 연줄과 서로 맞걸어 남의 연줄을 끊어 승부를 가리는 것이 연싸움이다. 연 날리기 놀이는 오락성과 민속신앙적인 양면성을 지니고 있다. 민속신앙적인 측면으로는 액막이 연 날리기를 들 수 있다. 연을 날릴 때는 연실에 솜고치나 쑥 비빈 것, 담배꽁초, 숯가루를 뭉쳐 창호지를 바른 것[101] 등을 매달아 띄운다. 또는 액의 종류를 나열해 얼레에 감았던 연줄을 풀어 올려서 연과 밑 연줄을 대 밑에서 끊어 날린다. 액막이연은 될 수 있으면 멀리 날아가 축액(逐厄)의 기능을 간직하고 있는 물에 빠지면 좋다고 전한다. 지방에 따라서는 액막이연을 날려 보내는 것이 아니라 정월 대보름 밤에 달집태우기 때 달집에 걸어 태우기도 한다. 즉 액막이연을 불로써 연줄을 끊어 물에 빠지면 좋다든가 달집에 걸어 태우는 행위는 물이나 불이 민속적으로 축액하는 기능을 간직하고 있다고 생각되었기 때문이다. 이처럼 연 날리기는 주술적인 면에서 보면 단순한 오락이 아니라 민속신앙이 바탕을 이룬 민속놀이라 할 수 있다.

> 땅위에 살 자격이 있다는 뜻으로 〈在坤〉이라는 이름을 가진
> 앉은뱅이 사내가 있었읍니다. 성한 두 손으로 멍석도 절고 광
> 주리도 절었지만은, 그것만으론 제 입 하나도 먹이지를 못해,
> 질마재 마을 사람들은 할 수 없이 그에게 마을을 앉아 돌며
> 밥을 빌어먹고 살 권리 하나를 특별히 주었었읍니다.
> 「在坤이가 만일에 제 목숨대로 다 살지를 못하게 된다면
> 우리 마을 人情은 바닥난 것이니, 하늘의 罰을 면치 못할
> 것이다」 마을 사람들의 생각은 두루 이러하여서, 그의 세
> 끼의 밥과 추위를 견딜 옷과 불을 늘 뒤대어 돌보아 주어
> 오고 있었읍니다.
> 그런데, 그것이 甲戌年이라던가 乙亥年의 새 무궁화 피기
> 시작하는 어느 아침 끼니부터는 在坤이의 모양은 땅에서도

101) 한국민속대사전편찬위원회, 앞의 책, p. 880.

하늘에서도 一切 보이지 않게 되고, 한 마리 거북이가 기어
다니듯 하던 살았을 때의 그 무겁디 무거운 모습만이 산 채로
마을 사람들의 마음 속마다 남았읍니다. 그래서 마을 사람들은
하늘이 줄 天罰을 걱정하고 있었읍니다.
그러나, 해가 거듭 바뀌어도 天罰은 이 마을에 내리지 않고,
農事도 딴 마을만큼은 제대로 되어, 神仙道에도 약간 알음이 있다는
좋은 흰수염의 趙先達 영감님은 말씀하셨읍니다. 「재곤이는 생긴 게 꼭
거북이 같이 안 생겼던가. 거북이도 학이나 마찬가지로 목숨이
千年이 된다고 하네. 그러니, 그 긴 목숨을 여기서 다 견디기는
너무나 답답하여서 날개 돋아나 하늘로 신선살이를 하러 간
거여……」
그래 「在坤이는 우리들이 미안해서 모가지에 연자맷돌을 단단히 매어
달고 아마 어디 깊은 바다에 잠겨 나오지 안는 거라」
마을 사람들도 「하여간 죽은 모양을 우리한테 보인 일이 없으니
趙先達 영감님 말씀이 마음적으로야 불가불 옳기사 옳다」고 하게는
되었읍니다. 그래서 그들도 두루 그들의 마음속에 살아서만 있는
그 在坤이의 거북이 모양 양쪽 겨드랑이에 두 개씩의 날개들을 안 달
아 줄 수는 없었읍니다.

—「신선(神仙) 재곤(在坤)이」 전문

이 시에는 앉은뱅이 재곤이를 돌보는 일을 자신들의 의무라고 생각하는 선인들의 삶의 모습이 토속적인 신앙과 함께 깊이 배어 있다. 재곤이라는 인물과 거북이의 형태적 유사성이 돋보이는 이 시는 죽음처럼 인간이 해결할 수 없는 문제를 신성한 듯 묘사한다. 재곤이를 신선의 칭호를 붙여서 나타내는 것이 그것인데, 날개의 비상에 의한 육신의 제거를 보여주는 마지막 문장은 신성한 육체가 범속한 현실에서 겪게 되는 고난의 초월성을 상징한다. 이

초월성으로 인해 제한적인 삶은 영생으로 화할 수 있게 된다. 마을 사람들은 세 끼의 밥과 견딜 수 있는 옷과 이불로 재곤이를 돌봐줬지만 그는 어느 날 갑자기 죽음의 세계 속으로 사라져버린다. 그는 마을 사람들의 마음속에서 날개를 단 모습의 신선으로 승화됨으로써 영원성을 부여받는다. 비천한 삶의 주인공이 신선으로 재탄생하는 과정을 통해 시인은 재곤이의 초월자로서의 면모를 보여준다. 즉 그는 '목숨이 천 년(千年)'이나 되는 시간성을 부여받고, '날개 돋아나 하늘로 신선살이'처럼 무한한 공간을 부여받았다. 이러한 재곤이의 초월적인 모습은 마을 사람들의 지상적 삶과 대조적인 의미를 가진다.

옛날부터 거북은 상서로운 동물로 인식되었다. 그래서 거북은 영험하고 장수하는 동물인 십장생의 하나로 여겨져 왔다. 집을 짓고 상량할 때 대들보에 거북을 뜻하는 하룡(河龍) 또는 해귀(海龜)라는 문자를 써넣었고, 비석에 귀부(龜趺)를 받쳐 장생과 길상을 염원하기도 했다. 『삼국사기』의 「구지가」에서 곤경에 빠진 주몽을 도운 자라는 신의 사자라는 의미를 지닌 것으로 여겨진다. 시기적으로 볼 때 「구지가」라는 거북신앙을 탄생설화로 가지고 있던 김수로왕의 12대 손인 김유신계와 태종무열왕 김춘추가 결합하는 7세기경에 신라에서 귀부를 비롯한 거북신앙이 본격적으로 유행된 것으로 보인다. 또한 고구려 벽화의 사신도가 무덤 밖으로 나온 귀부로 바뀌어 전개되는 전기(轉機)가 되었던 것으로 생각된다. 이는 조선왕조 중종 때에 이르면 거북신앙의 본래 의미는 사라지고 관례에 의해 여러 형태의 거북신앙으로 전승되어 온 흔적이 남아 있다.

거북은 점복의 상징으로 사용되기도 했다. 즉 거북의 등을 불에 태워 갈라지는 것을 보고 점을 치기도 했는데, 이것을 귀복(龜卜)이라고 하였다. 또한 고구려 고분에 그려진 사신도의 하나인 현무(玄武)는 거북을 상징한다.

현은 검은색으로 북쪽을 뜻하며 동시에 죽은 이를 지키는 신들 중 하나였다. 즉 죽은 이를 지켜주는 수호자로서 내세에서도 권능을 발휘할 수 있도록 도와주는 호법 역할을 맡고 있었다. 예축의례(豫祝儀禮)와 수확의례(收穫儀禮)에 관련된 민속놀이에도 거북놀이가 있다. 장수무병 또는 부락의 잡귀를 떨어버린다 하여 정월이나 한가위에 거북놀이나 거북청배놀이가 행해져 왔다. 추석 무렵에 거북놀이를 하는데 이것은 수신인 거북을 즐겁게 함으로써 비를 흡족히 내려 농사가 잘되게 해 달라는 뜻에서 생긴 기풍의례에서 유래한 놀이이다.[102] 장정 두 사람이 나란히 엎드려 그 위에 멧방석을 덮어 마치 거북의 등처럼 만든 다음 앞사람은 거북머리를 만들어 들고 뒷사람은 빗자루를 들어 꼬리처럼 내밀어 거북을 만든다. 놀이의 방법은 용 기수(龍 旗手)를 선두로 하고 가장한 질라아비가 거북을 끌고 그 뒤에 농악대가 풍장을 치며 부잣집을 찾아다닌다. 먼저 질라아비가 '이 동해 거북이 바다를 건너오느라고 시장하니 맛있는 것을 한 상 차려주시오' 하면 집주인은 미리 장만한 술, 떡, 과일을 차린 상을 내주어 그 일행을 대접한다. 이때 질라아비는 그 집에 덕담을 하고 농악대는 집터를 눌러주고 거북이 한바탕 놀고는 음식을 먹고 즐긴다.[103]

이외에도 용 민속놀이가 있는데 경남 밀양시 무안면에서 전승되는 용호놀이는 정월 대보름날 마을의 안녕과 그 해의 풍년을 기원하는 행사로 마을을 동부와 서부로 나누어 용마을과 범마을이 새끼를 꼬아 거대한 줄로 용과 호랑이를 만들고 각각 대장이 진두를 지휘하는 가운데 장정들이 대결을 벌인다. 한 해 동안 용호의 능력으로 사됨을 물리치고 능동적인 기복을 소망[104]하였다. 전북 남원에서는 섣달그믐이나 정월 대보름에 사는 곳을 남과

102) 위의 책, p. 245.
103) 위의 글.

북 두 편으로 나누어 각각 큰 용마를 만든 뒤 오체(五體)에 용의 무늬를 그려 외바퀴수레에 싣고 거리로 나오면서 백 가지 놀음으로 대진하여 승부를 겨루는 용마(龍馬)놀이가 있다. 이 놀이는 악귀를 제어하고 재앙을 쫓으며 그 해의 풍년과 흉년을 점치기 위한 것으로 남쪽이 이기면 풍년이 들고 북쪽이 이기면 흉년이 든다고 한다.

이상에서 고찰했듯이 서정주의 시에서 풍류는 자연과의 합일을 지향하는 삶의 자세로 인식된다. 풍류는 인간의 현실적 삶을 외면하는 수직적 초월의 이미지가 아니라 자연과 인간과 생명이 모두 하나의 유기적 구성체로 인식되는 세계관을 가리킨다. 서정주는 이러한 풍류의식을 시에 끌어들임으로써 민속의 의미를 강조하고 있다. 이러한 그의 풍류의식은 민속을 매개로 하여 결국 전통에 대한 새로운 발견으로 이어진다. 서정주의 떠돌이 의식은 우리의 전통 사상인 '풍류의식'과 만나면서 더욱 구체적인 면모를 띠게 된다. 풍류는 그 기원이 오래되고 유·불·도·샤머니즘 등의 복합적인 사상의 성격을 지니고 있기 때문에 그 개념을 한 마디로 정의하기는 어렵다. 서정주는 풍류 의식을 바탕으로 전통문화와 풍속을 형상화하며, 풍류의 기원을 신라의 풍류도와 단군에까지 소급시키고 있다. 이것은 그가 풍류와 민속을 복합적인 형태로 인식함으로써 그것들을 일종의 민족의식으로 끌어올리고 있음을 의미한다. 결국 서정주가 이해하는 풍류는 자연과 우주의 본성에 합치되는 삶을 살고자 했던 선인들의 정신적 지향성을 종합한 것이라고 말할 수 있는데, 그는 이러한 민족적 삶의 자세를 통해 민속과 역사, 과거와 전통을 모두 현재화하고 있다. 이는 풍류와 민속이 전통적 민족정서의 구성 성분이라는 것을 의미한다.

---

104) 위의 책, p.252.

4. 자연으로 몰입하는 정령성

정령은 넓은 의미에서 영혼, 사령(死靈), 조령(祖靈), 영귀(靈鬼) 등 신성(神性) 한 귀신들을 포함하나 엄밀한 의미에서는 신들과 같은 명확한 개성을 갖지 않는 종교적 대상을 말한다. 이는 인간의 영혼이 외계의 사물에 적용된 것이다. 원시 종교나 민간신앙에서는 정령의 관념이 지배적이어서 정령에 대한 숭배도 성행하였다. 정령은 인간의 길흉화복과 깊은 관계가 있다고 믿어지므로 두려운 마음에서 정령을 위무(慰撫)하기 위한 여러 가지 행위도 행해졌다. 『삼국지』에 보면 「삼한상이오월제귀신(三韓常以五月祭鬼神) 가무음주(歌舞飮酒) 주야무체기무수십인(晝夜無體其舞數十人)」이라 하여 삼한에서는 귀신을 두려운 존재로 소중히 여기고 매년 5월과 10월에 제사하는 행사가 있었음을 알 수 있다. 그러므로 신격(神格)에 따라 개인이나 가정의 화복(禍福)을 좌우하는 신이 있는가 하면 마을이나 일정 지역의 길흉을 좌우하기도 하고 국가의 운명을 좌우하는 신도 있다. 친근감보다는 경외감을 가지고 위력에 의해 재화를 면하고 복을 얻고자 귀신을 숭상하여 제사를 지내는 것이다.

세시풍속의 일종으로 나례(儺禮)가 있는데 음력 섣달그믐날 밤에 민가와 궁중에서 마귀와 사신(邪神)을 쫓아낸다는 뜻으로 베푼 의식이다. 나례에 동원된 인원은 시대에 따라 다르나, 고려의 궁중에서는 12세부터 16세의 소년을 뽑아 24인을 1대(隊)로 6인을 1줄로 가면을 씌우고 붉은 치마를 입혔다. 집사자(執事者) 12인도 붉은 옷을 입었고, 공인(工人) 24인 가운데 한 사람은 방상시(方相氏)가 되었는데 가면을 쓰고 오른손에는 창을, 왼손에는 방망이를 들고 황금으로 된 눈이 4개 달린 곰의 가죽을 뒤집어썼다. 호각군은 22명을 1대로 하고 기(旗)를 잡은 사람 4명, 통소를 부는 사람 4명, 북을 가지는 사람 12명으로 구성하여 잡귀를 쫓아내었다. 이러한 나례의식이 조선 시대까지 전해져 궁중뿐만 아니라 민간에도 널리 퍼져 섣달그믐날 집 안팎을 청소하고 밤에 불을 피우고 폭죽을 터뜨렸는데 나중에는 축사의 의식보다는 잡희의 오락적인 놀이로 변하였다.

무속에서도 영혼을 생령과 사령으로 구분하고 사령 중에서도 조령(祖靈)과 원귀(寃鬼)로 세분하여 생전에 순조롭게 살다가 저승으로 들어간 혼령은 선령이 되고 생전의 원한이 남아 저승으로 들어가지 못하고 부랑(浮浪)하는 혼령은 이승에 남아 악령이 된다고 상정하고 있다. 선령은 격상되어 신령, 신명 등으로 신격이 부여되고 이 중에 왕이나 장군 등 특별한 인물은 국가 전체나 어느 일정 지역인 마을이나 높은 산 등을 수호하는 수호신이 되는 경우가 있다. 즉 동신, 산신 등은 선신에 해당되며 악령은 손각시, 몽달귀신, 영산, 수부 등의 사령(死靈)으로 저승에 가지 못하고 이승에 남아 인간을 해치게 된다고 믿어 왔다. 따라서 원통하게 죽거나 비명에 죽었을 경우 해원굿이나 제를 지내어 죽은 혼령을 풀어주어 저승에 편안히 가도록 하는데 불교의식에서도 죽은 자의 혼령을 극락으로 천도해 주기 위해 절에서 49재(齋)를 지내준다. 종류에는 국조신(國祖神)과 성모신(聖母神), 자연신(自然神), 방위신과 인신(人神), 별신, 원귀 등으로 살펴볼 수 있다. 국조신은 한 민족의 시조나 한 나라를 세운 인물이 사후에도 격이 높은 신으로 상정되어 추앙되는 신을 말하는데 단군이나 주몽신, 혁거세 등으로 살펴볼 수 있다. 단군은 전국 각지에 단군제단이 있어 숭상되고 있으며 주몽신은 고구려, 혁거세는 신라에서 숭상 대상이 되었다. 성모신은 고귀한 신분의 여인으로 한 나라 시조의 어머니이거나 왕실의 여인 또는 국가나 왕을 위해 큰일을 하고 죽은 자의 부인 등이 사후에 신격화된 것이다. 대체로 명산의 산정에 위치하여 숭앙되고 있다. 자연신으로는 천신, 산신, 수신, 지신, 식물신, 동물신, 암석

신 등으로 살펴볼 수 있다. 그 밖에 방위신, 인신, 조령, 무신, 가신, 별신, 원귀로 나눌 수 있다.

한국의 '넋', 미얀마의 '나트'(nat), 태국의 '피'(phi), 인도네시아의 '아니토'(anito) 등이 정령에 속한다. 이러한 정령숭배는 조상숭배, 자연숭배, 샤머니즘과도 관계를 갖는다. 정령은 만물의 근원이 된다고 하는 불가사의한 기운이며 초목이나 무생물 등 물건에 붙어 있는 혼령이다. 자연은 이미 자연의 절대 중립성을 잃어버리고, 시인의 정령관에 의해 새롭게 채색되어 나타나는 혼령의 세계[105]로 나타나고 있다. 신화적 · 고대적 정령사상을 위해 동원된 시는 자연의 원리를 영혼의 반복된 시현으로 봄으로써 현상을 하나의 가상으로서의 허울이 되어 나타나게 한다.[106] 샤먼교적 정령의 종류에는 사람이 사령으로 된 것과, 동물 및 요수의 사혼이 정령으로 된 것, 사물에서 발생하거나 해중괴물 등이 있다. 사람의 사령은 인신에 빙의하여 모두 병 · 사의 원인이 된다. 그리고 인사혼은 청조 · 뱀 등으로 숭빙되거나 또는 복수한다고 믿는다.[107] 정령의식은 인간의 영혼 이외에 동물이나 식물의 체내나 그 밖의 모든 사물에 그것과는 독립된 존재로서 잠정적으로 깃들어 있다고 생각하는 의식이다.

> 질마재 堂山나무 밑 女子들은 처녀 때도 새각씨 때도 한창 壯年에도 戀愛는 절대로 하지 않지만 나이 한 오십쯤 되어 인제 마악 늙으려 할 때면 戀愛를 아주 썩 잘한다는 이얘깁니다. 처녀 때는 친정부모 하자는 대로, 시집가선 시부모가 하자는 대로, 그 다음엔 또 남편이 하자는 대로, 진일 마른일 다 해내노라고 겨를이 영 없어서 그리 된 일일런지요? 남편보단도 그네들은 응뎅이도 훨씬 더 세어서,

105) 육근웅, 『서정주 시 연구』(한양대 박사 논문, 1990), p. 56.
106) 위의 책, p. 57.
107) 손진태, 『손진태 전집 6』(태학사, 1981), p. 181.

사십에서 오십 사이에는 남편들은 거의가 다 뇌점으로 먼저 저승에 드시고, 비로소 한가해 오금을 펴면서 그네들은 戀愛를 시작한다 합니다. 朴푸접이네도 金서운니네도

그건 두루 다 그렇지 않느냐구요. 인제는 房을 하나 온통 맡아서 어른 노릇을 하며 冬柏기름도 한번 마음껏 발라보고, 粉 세수도 해보고, 金서운니네는 나이는 올해 쉬흔 하나지만 이 세상에 나서 처음으로 이뻐졌는데, 이른 새벽 그네 房에서 숨어나오는 사내를 보면 새빨간 코피를 흘리기도 하드라고요. 집 뒤 堂山의 무성한 암느티나무 나이는 올해 七百살, 그 힘이 뻐쳐서 그런다는 것이여요.

–「당산(堂山)나무 밑 여자(女子)들」 전문

수목에도 정령이 있다는 믿음은 고대로부터 하늘의 신이 하강할 때 나무를 통해 내림을 한다는 것이 그 예이다. 환인의 아들 환웅도 태백산의 신단수 아래 내린 기록이 있다. 이러한 예는 나무는 신과 관련이 있고 신성시되었으며, 신이 깃들인 것으로 여겨진다. 강릉단오제때 대관령의 한 나뭇가지에 신이 내려 신을 맞이하는데, 신목(神木)을 굿단에 모셔와 굿을 한다. 당목만이 아니라 크고 오래된 나무에는 신이 깃들은 것으로 믿었으며 그 신목(神木)은 인간들에게 화나 복을 준다고 믿어 왔다. 따라서 정초에는 큰 나무에 새끼로 금줄을 둘러놓거나 비단 조각을 매어 놓고 고사를 올리는 경우를 볼 수 있다. 평상시에도 가정에 우환이나 소원하는 것이 있으며 나무에 간단한 제물을 차리고 비손을 한다. 이러한 것은 애니미즘에 기인한 자연물의 정령관 숭배에서 오는 것으로 볼 수 있다.

당산나무 밑 여자들이란 보편적 삶을 함축하고 있는 인물들이다. '진일 마른일 다 해내노라'처럼 인종과 고난을 겪어야 했던 '朴푸접이네'나 '金서운니네'는 그 이름의 음상이 환기하듯 푸대접과 서운함으로 삶을 이어온 여인네들이다. 그러나 이 범속한 여인네들은 강인한 생명력을 가지고 있다. 서정

주는 이 시와 관련하여 "느티나무 堂山 밑의 내 어린 살 내음새와 땀이 밴 그 바윗돌을 생각하고 있으면, 저절로 내 기억에 떠오르는 것은 〈서운니〉라는 이름의 이상한 소녀-육신의 사람이라고 하기보다는 아무래도 무슨 정령만 같이 느껴지는 죄끄만 이승살이는 하고, 밝은 소녀 귀신으로서만 아는 이들의 기억에 남으려 생겨났던 듯한 그 소녀의 모양이다. 그 서운니라는 갈매(葛梅)빛의 저고리를 입고 봄 보리밭 사이 나물바구니를 겨드랑이에 끼고 있던 그 요절한 소녀 서운니다"[108]라고 회상하고 있다.

인용시의 전체적인 이야기는 여자들이 성적 힘이 강하여 삼종지덕에 얽매여 있을 때에는 그 힘을 발휘하지 못하다가, 그런 구속에서 벗어나면 사내의 코피를 흘리게 할 정도가 된다는 이야기다. 이러한 강력한 성적 능력은 '암느티나무'의 '칠백(七百) 살'이나 되는 나이의 힘이 여인들에게 미쳐서 그렇다는 속신을 바탕으로 하는데, 그것은 나무의 정령이 옮겨 다닌다는 정령관을 기반으로 하고 있다. 이런 본능적이고 주술적인 마력까지 지닌 여인들은 화자의 이야기꾼으로서의 객관적 거리에 의해서 화자와 직접적인 관계를 맺지 않는 여인들로 나타난다.

> 잉잉거리는 불고추로
> 망가진 쑥이파리로
> 또 소금덩이로
> 西歸浦 바닷가에 표착해 있노라니
> 漢拏山頂의 山神女
> 두레박으로 나를 떠서 길어 올려
> 시르미 난초밭에 뉘어 놓고 간지럼을 먹이고
> 오줌 누어 목욕시키고

108) 서정주, 앞의 책, p. 27.

耽羅 溪谷 쪽으로 다시 던져 팽개쳐 버리다.
그네 나이는 九百億歲.
그 자디잔 九百億 개 山桃花 빛 이쁜 주름살 속에
나는 흡수되어 딩굴어 내려가다.
너무 어두워서 옷은 다 벗어 찢어 횃불 붙여 들고
기다가 보니 새벽 세 時
觀音寺 법당마루에 가까스로 와 눕다.
누가 언제 무슨 핀셋으로
九百億 개 그네의 그 山桃花빛 주름살 속에서
나를 도루 집어내 놓았는지
나는 겨우 꺼내어진 듯 안꺼내어진 듯
이 해 한 달 열흘을 꼬박 누워 시름시름 앓다.

-「한라산 산신녀 인상(漢拏山 山神女 印象)」 전문

산신은 산에 존재하며 산을 지키고 담당하는 수호신이다. 이는 모든 자연물에는 정령이 있고 그 정령에 의하여 생성이 가능하다고 믿는 원시신앙의 애니미즘에서 나온 것으로 신체(神體)는 대개 호상이나 신선상으로 나타난다. 즉 산을 주관하는 신으로 호랑이와 함께 그려지는 것이 상례인데 민간에서는 각 주읍에 진산(鎭山)을 정하고 산신당을 지어 진호신(鎭護神)을 모시며 춘추와 정초에 제사를 지내는 풍습이 있었다. 산은 서민들 즉 피지배자의 질병과 재액(災厄)의 질곡(桎梏)을 벗어나게 해 주고 득손(得孫)과 등과(登科)와 풍년(豊年) 등을 이루게 해 주는 신앙의 대상이다. 전통적인 사회에서 산은 우리 선조들의 실생활과 소원(所願)을 들어주는 신앙(信仰)의 대상[109] 이라고 할 수 있다. 높은 산, 명산에는 영험 있는 신이 있어 나라에 전란이나

109) 구중회, 『계룡산 굿당 연구』(국학자료원, 2001), pp. 11-21.

어려운 일이 생겨 신조(神助)를 바랄 때에는 제사를 하고 기원하였으며 마을의 평안이나 풍작(豊作), 기우(祈雨) 등을 산신에게 기원하였다.

위 시에서 산신녀는 '구백억 세(九百億歲)'의 엄청난 생존능력을 지닌 존재로서 그려지는데, 화자가 '이쁜 주름살'에 흡수되는 상태를 상징하는 것으로 나타난다. 그러한 아니마에의 빙의 상태에서 화자를 건져낸 것은 관음사의 법력[110)]임을 알 수 있다. 아니마의 힘은 관음사의 힘보다 '한 달 열흘을 꼬박 누워 시름시름' 앓도록 할 수 있을 만큼 더 많은 영향력을 행사하고 있음을 화자는 드러낸다. 이처럼 정령은 자연을 숭배하고 자연으로부터 삶의 생명력을 부여받고자 하는, 자연과 하나가 되려는 심성이다.

말라붙은 여울바닥에는 독자갈들이 드러나고
그 우에 늙은 巫堂이 또 포개어 앉아
바른 손 바닥의 금을 펴어 보고 있었다.

이 여울을 끼고는
한켠에서는 少年이, 한켠에서는 少女가
두 눈에 초롱불을 밝혀 가지고 눈을 처음 맞추고 있던 곳이다.

少年은 山에 올라
맨 높은 데 낭떠러지에 절을 지어 지성을 드리다 돌아가고,
少女는 할 수 없이 여러 군데 후살이가 되었다가 돌아간 뒤……

그들의 피의 소원을 따라 그 피의 분꽃같은 빛깔은 다 없어지고
맑은 빗낱이 구름에서 흘러내려 이 앉은 자갈들 우에 여울을 짓더니
그것도 하릴 없어선지 자취를 감춘 뒤

---

110) 육근웅, 앞의 책, p. 107.

말라붙은 여울바닥에는 독자갈들이 드러나고
그 우에 늙은 巫堂이 또 포개어 앉아
바른 손 바닥의 금을 펴어 보고 있었다.

-「마른 여울목」 전문

화자가 무당의 시점을 취하고 있는 이 시는 첫 연과 마지막 연이 반복되면서 액자형을 이루고 있다. 이 시는 순환적인 구조 때문에 삽입설화가 반복되는 구조로 이루어져 있다. 무당은 소년과 소녀의 전생담과 후생담, 그리고 그 뒤의 이야기를 침묵으로서 반복하며 지속하고 있다. 영혼으로서 만나고 헤어지는 과정을 바라보는 무당의 '손바닥 금' 속에는 여울과 영혼의 흐름이 집약되어 흐르고 있으며, 탄생과 죽음의 비밀을 알아내고 있다. 점복은 예측할 수 없는 미래의 일이나 부지(不知)의 일을 주술의 힘을 빌려 추리 내지는 판단하고자 하는 행위라고 할 수 있다. 고대인들은 특이한 일이 발생하면 곧 미래에 발생할 어떠한 일의 전조라 믿고 사전의 일을 통하여 미래의 일을 추측하거나 판단하였다. 점복은 자연 현상에 의한 점복과 인사(人事)에 의한 점복, 그리고 신비점(神秘占), 인위점(人爲占) 등으로 나눌 수 있다. 기타의 점복으로는 작괘점(作卦占)과 관상점으로 살펴볼 수 있는데 작괘점으로는 육효점(六爻占), 산통점(算筒占), 송엽점(松葉占), 사주점(四柱占), 단시점(斷時占), 오행점(五行占), 사점(柶占) 등이[111] 있다. 이러한 점복이 비합리적, 비과학적인 것이라 하더라도 오랜 생활 속에서 전승시켜 왔고, 또 그 영향을 벗어나지 못했다. 현대 문명사회 속에서도 점복은 크게 성행되고 있고 조상들의 생활을 지배하여 온 것이 사실이다.

111) 한국정신문화연구원, 앞의 책, 19권, pp. 668-669.

이처럼 서정주의 시에는 전통적인 민족정서를 나타내는 소재가 많이 나타나고 있다. 그의 시는 세시풍속을 통하여 자아를 성찰하는 의지로 일관되어 있으며, 시어는 토착정서와 결합되어 한을 풀어내는 주술적 신명의 힘을 나타내기도 한다. 이처럼 민속은 과거로서의 역사성을 지니면서 동시에 현재성과 미래성을 수용하고, 또 문학작품에 수용되어 생성, 변모해 새로운 흐름을 보여준다.

제4장 연구결과

이상으로 서정주의 시를 민속과 풍속, 즉 전통 지향성의 관점에서 살펴보았다. 민속과 풍속을 통한 민족 공동체의 동일성 회복은 그것이 서구적 모더니티에 대한 비판적 자세를 취한다는 점에서 전통지향적 의식과 일맥상통한다. 그러나 이것은 과거적 유물의 단순한 계승이나 그것들의 소재적인 차용 이상을 의미한다. 민속과 풍속으로서의 민족의식은 '지금-여기'라는 현실의 문제로서 생생하게 살아 있으며, 동시대의 민족 구성원들의 의식을 규정하는 중요한 인식론적 기반이 된다. 다시 말해 민속과 풍속으로 대표되는 전통은 인간의 잠재의식 · 언어 · 문학적 유산을 통해 전승되어 경험적 현실의 일부를 구성하고 있을 뿐만 아니라, 시 창작의 원천으로 작용하고 있다. 그러나 이러한 공통점에도 불구하고 서정주의 시적 경향은 사뭇 다르게 형상화되었다. 그것은 일차적으로 시적 방향성의 문제의식이 달랐기 때문에 생겨난 문제이다.

서정주의 경우, '신라' 정신의 예가 보여주듯이, 일차적인 시적 관심은 우리 민족의 시 · 공간을 관통하는 민족정신의 모색에서 출발하고 있다. 서정주에게 있어서 신라는 재래적 무속의식과 자연의식이 유 · 불 · 선 삼도와 결합하여 이루어낸 '풍류'가 있어, 인간과 자연 사이에 유기적 통합이 가능하였던 절대적 과거의 시간이다. 그러므로 서정주의 시에서 무속이나 민속은 일차적으로 민족적 정신의 의미를 지닌다.

이러한 방향성의 문제는 또한 근대적 · 계몽적 이성과 합리주의적 인식론에 대한 태도에서도 확인된다. 서정주는 신라 정신을 시정신의 근간으로 삼고 있는데, 이때 말하는 신라 정신이란 재래적 무속의식과 자연의식이 유 · 불 · 선 삼도와 결합하여 이루어낸 '풍류'로 표상되는 것이다. 풍류적 세계 인식에 있어서 천상적 · 우주적 질서와 인간 세계 사이에는 단절이나 분열이 개입되지 않고 완전한 교감과 합일만이 펼쳐진다. 따라서 인간과 자연(우주) 사이의 화해는 가상으로서가 아니라 실재로서 존재할 수 있었다. 인간이 이러한 화해의 실재성을 상실하고 근원에 대한 향수에 사로잡히게 되는 것은 이성주의적 · 합리주의적 사유방식이 개입하여 인간의 의식을 지배하였기 때문이다. 이성주의적 · 합리주의적 사유방식을 근대의 계몽주의적 사유방식이라고 할 때, 이는 신라로 표상되는 고대적 시간의 초월적 상상력, 즉 반이성주의적 사유방식과는 대립된다.

제5장 연구결과의 기대효과 및 활용방안

서정주의 시에서 전통은 '신라'라는 민족적 뿌리로 표상된다. 그러나 이때의 신라는 구체적 · 역사적 사실로서의 '신라'가 아니라 고대적 시간 일반, 즉 '신라정신'을 의미하는 것이다. 서정주에게 있어서 신라는 재래적 무속의식과 자연의식이 유 · 불 · 선 삼도와 결합하여 이루어낸 '풍류'가 있어, 인간과 자연 사이에 유기적 통합이 가능하였던 절대적 과거의 시간이다. 서정주에게 신라는 천상적 · 우주적 질서와 인간 세계 사이에 단절이나 분열이 개입되지 않고 완전한 교감과 합일만이 펼쳐지고 있는 시간이다. 이러한 시간 속에서 인간의 의식에는 존재의 유한성과 모순에 대한 인식이 개입될 수 없다. 따라서 인간과 자연(우주) 사이의 화해는 가상으로서가 아니라 실재로서 존재할 수 있었다. 인간이 이러한 화해의 실재성을 상실하고 근원에 대한 향수에 사로잡히게 되는 것은 이성주의적 · 합리주의적 사유방식이 개입하여 인간의 의식을 지배하였기 때문이다. 이성주의적 · 합리주의적 사유방식을 근대의 계몽주의적 사유방식이라고 할 때, 이는 신라로 표상되는 고대적 시간의 초월적 상상력, 즉 반이성주의적 사유방식과는 대립된다.

서정주는 「한국성사략(韓國星史略)」이라는 시에서 '신라'적인 초월적 상상력과 대립되는 계몽주의적 사유방식을 '송학(宋學)'에서 찾고 있다. 여기서 송학이란 신라 이후 귀족 계급을 물리치고 지배적 권력을 장악한 사대부 계층의 주자학적 세계관이 지니고 있는 현실주의적 · 합리주의적 사유방식 일반을 가리키는 말이다. 서정주는 「한국 시정신의 전통」이라는 평문에서 주자학의 현실 지향적 사유방식이 풍류 정신으로 표상되는 재래의 초월적 상상력을 억압함에 따라 이 풍류는 민중의 생활과 잠재의식 속으로 축소되었다고 지적하고 있다. 민중의 의식 속에 남아 있는 유기적 세계 인식이 신라의 풍류와 어떤 연관 관계가 있는지를 구체적으로 증명하기는 힘들다. 그러나 사대부 계층의 문화에 의해 '풍류'가 주변적인 문화로 배제되고 억압되었다는 서정주의 판단은 주목할 만하다. 이는 일정한 시기에 있어서 계층 구조와 헤게모니적 권력의 변화에 의해 문화 변동이 발생하는 과정에 대한 인식을 보여주기 때문이다. 그리고 이는 단순히 과거의 문화 변동에 대한 지식의 차원을 넘어, 서정주가 지향하는 전통지향적 의식의 정체를 확인하는 단서가 된다.

서정주는 절망과 허무를 극복하기 위해 근대의 이성적 사유에서 벗어나 초월적 상상력을 회복하고자 하였다. 여기서 그는 근대 이성의 이분법적 사유에 의해, 정신과 대립적으로 정립됨으로써 그 정신에 의해 억압되어 온, 육체의 원시적 생명력을 동원하고 있다. 이는 시적 주체가 초월적 상상력에 기반하여 '내 육체의 광맥'을 동원해 인간과 '별', 즉 자연 사이의 거리를 일시에 제거하려는 데서 나타난다. 하지만 근대의 아이러니적 의식은 주체를 근원적 시간으로부터 분리시킴으로써, 인간과 초월 세계 사이의 유기적 통합을 단순한 가상의 차원으로 전락시키고 만다. 더군다나 그 가상은 주체의 주관적 상상력의 한계를 벗어나지 못한 것이었기 때문에 쉽게 파괴될 수밖에 없었다.

서정주는 인간과 초월 세계 사이의 유기적 통합이 해체될 수밖에 없다는 것을, '별'이 '십이지장'의 '끊어진 곳'을 통해 끊임없이 일탈한다는 말로 표현하고 있다. 이 일탈과 관류의 지속적인 반복은 근대 사회에서는 인간과 자연 사이의 통합이 더 이상 현실적으로 성취될 수 없다는 사실을 역설적으로 보여준다. "끊어진 곳은 한편으로는 유기적 세계상의 파열과 그를 통해 생겨나는 아이러니적 세계상을 상징하는 동시에, 다른 한편으로는 그러한 결과를 초래한 근대적 이성의 폭력성과 물질성을 암시한다. 그런데 근대의 폭력에 대한 인식과 해석은 근대 내부에서 마련되는 것은 아니다. 오히려 그것은 근대에 의해 지속적으로 억압되어 온 것, 즉 신라로 표상되는 고대적 시간의 초월적 상상력을 통해서 이루어지고 있다. 시적 주체는 타자로서의 전통에 스스로를 동일화시켜 그 타자로부터 자기 동일적 주체를 형성하는 가운데, 근대 사회의 위기에 대한 해석적 원리로서 전통을 활용하고 있다.

한편, 서정주의 시에 등장하는 시적 주체가 근대의 타자로서, 전통에 스스로를 동일화하고 있다는 사실은 전통이 근대에 대한 해석적 원리로 기능하고 있을 뿐만 아니라, 근대 사회에서 살아가고 있는 인간 존재에 대해서도 해석적 원리로서 기능할 수 있음을 보여준다. 앞에서 이미 살폈듯이 전통지향적 경향을 보여준 시인들은 전통을 통해 존재의 모순과 경험 세계의 위기를 은폐하고 격리시킴으로써 자아의 정체성을 확립시켰다. 이는 전통이 지니고 있는 시간 의식의 차원에서 설명이 가능하다. 근대의 계몽적 이성은 시간을 양적인 단위로 분할함으로써 그것을 동질적이고 공허한 시간의 집적물로 고정시켜 버렸다. 근대적 주체는 이러한 시간 의식의 기반 위에서 새로운 것에 대해 강박적으로 집착하게 된다. 따라서 모든 사물과 현실은 영원성과 고정성을 상실하고 순간성과 가변성에 사로잡혀, 마침내 스스로의 존재 기반을 부정하게 된다. 여기서 인간은 자신의 내면과 자아의식을 유동하는 현실에 내맡기게 되는데, 이것이 근대인에게 고유한 의식의 분열을 초래하는 원인이 된다. 이러한 의식의 분열은 한편으로는 통합된 자아의식의 상실을 초래하고 다른 한편으로는 현상과 본질, 인간과 자연, 주체와 객체 사이의 단절과 파편화를 야기한다.

그런데 과거적 전통으로의 회귀는 근대인이 처해 있는 시간성과 순간성을 극복할 수 있는 방법이다. 전통은 현재를 형성하는 원천으로, 과거의 시간을 통해 인간 주체가 자신의 현존재를 해석하고, 스스로 불변하는 패턴으로서 자기 동일적 자아의식을 확립하는 계기가 된다. 물론 이것은 시작 주체의 성찰을 통해서 반성적으로 구성되는 것이다. 이러한 과정을 거쳐 시작 주체는 스스로를 경험적 현실에 대립적으로 정립시킴으로써 경험적 사실에 대한 부정과 현실 초월의 가능성을 얻게 된다.

여러 가지 상이점에도 불구하고 서정주의 시는 인간과 자연의 합일을 무속과 풍속, 민속이라는 민족적·공동체적 시간 의식을 바탕으로 형상화하고 있다. 이는 그들의 시가 전통 지향성의 큰 범주로 묶일 수 있음을 의미한다. 또한 이러한 전통 지향성은 전통에 대한 새로운 이해는 물론 전통을 통해 현재를 재발견하는 시각을 지닌다는 점에서 공통점을 지닌다고 말할 수 있다. 다시 말해 백석과 서정주는 우리의 근·현대시가 보여준 서구 지향적으로 변질된 모더니티의 문제를 전통의 관점에서 새롭게 조명함으로써 현대시의 새로운 창작 방법과 시정신을 보여준 대표적 예이다. 물론 이들의 시에 등장하는 민속과 풍속 등이 단순히 소재적인 차원에 머물렀다면 이러한 평가는 불가능할 것이다. 그러나 이들은 그것들을 소재적인 차원이 아니라 민족적 원형 또는 원본의 문제의식에서 접근함으로써 전통 지향성이라는 현대시의 고유한 인식 태도로 발전할 수 있었다.

그러나 서정주로 대표되는 전통 지향적 인식 태도에 전혀 문제가 없는 것은 아니었다. 전통 지향적인 시가 지니고 있는 가장 결정적인 문제점은 탈역사적인 나르시시즘에 갇힌 채 동시대 경험적 현실을 서정시의 경험 구조로 수용하지 못하고 시적 주체의 시선을 개인의 내면세계로 제한시킨다는 점에 있다. '신라' 정신을 형상화한 서정주가 몰역사적이라고 평가되는 것도 이러한 문제의식에서 나온 것이다. 이는 전통 지향적인 시가 서구적 모더니티에 대한 대타개념에서 출발했으며, 따라서 탈근대적 지평 역시 역사를 매개로 해서만 가능한 것임을 보여준다. 서정주가 '신라' 정신이라는 다소 추상적인 개념 때문에 몰역사적이라고 비판받는 것도 이 때문이다. 이는 서정주의 시가 역사를 심미적으로 인식하고 민족적 전통을 신비화하여 수용하는 데서 빚어지는 어쩔 수 없는 논리적 귀결이다.

이상의 논의를 바탕으로 현대시의 민속 수용이 지니는 문학사적 의의를 정리하면 다음과 같다.

첫째, 현대시의 민속수용은 현대시의 발생과 수용에서 서구적 모더니티 못지않게 전통적인 요소들이 개입하고 있음을 증명해준다. 앞서 지적했듯이 한국 현대시는 서구적 모더니티와 전통지향성의 변증법적 운동 속에서 성장해 왔다. 그럼에도 불구하고 현대시 연구는 오늘에 이르기까지 심각한 서구 편향성을 노출하고 있다. 이는 일제의 식민지 정책과 해방, 그리고 6·25라는 일련의 민족사적 굴곡을 거치면서 우리 사회는 물론 인식의 무의식적 지반이 서구화된 결과이다. 민속과 풍속을 중심으로 한 민족의식과 자기동일적 주체성에 대한 문제의식은 한국 현대시의 정체성에 대한 새로운 시각을 제공한다.

둘째, 민속과 풍속, 그리고 무속과 풍류는 근대로 환원되지 않는 자연과 인간의 관계를 전제한다. 그것은 달리 말하면 자연과 인간 사이의 유기체적 관계라고 할 수 있다. 우리의 일상이 그렇듯이 인간은 자연의 일부분을 이루고 있으며, 우리의 삶 역시 자연적 리듬과 불가분의 관계에 놓여 있다. 이는 서구적 근대의 파행적 수용으로 인해 파괴된 삶의 자연성을 회복하는 데 지대한 영향을 끼친다. 인간과 자연을 유기적인 관계로 파악하는 이런 시적 인식은 생명·생태 시학으로 이어지면서 전통의 현재성을 구성하는 데 필수불가결한 요소가 된다. 궁극적으로 자연과 인간의 유기적 관계는 자본주의 시대인 오늘날 탈근대적 전망을 제시해 준다.

셋째, 한 민족의 언어가 민족 구성원의 정서적 유대감을 바탕으로 할 때 그것은 곧 민족적 원형이나 원본으로 이어진다. 이는 시·공간적인 의미에서 민족 전체를 하나로 묶어주는 구심적인 역할을 하며, 특히 그것이 문학적 형상화를 거쳐 표현될 때 그것은 민족의 보편적 감정으로 승화될 수 있다. 이러한 매개의 역할로 현대시에 도입된 민속과 풍속은 우리 민족 고유의 전통적 가치를 충실하게 재현함으로써 현대시가 세계문학 속의 한국문학으로 거듭날 수 있는 계기를 제공한다.

제3부 참고문헌

서정주, 『미당 시 전집』Ⅰ, Ⅱ, 서울: 민음사, 1994.

嚴亭燮 편, 『한국현대시사자료 집성』 1권-23권, 서울: 태학사, 1983.

서정주, 『미당 서정주 시선집』 1, 2, 민음사, 1983.

서정주, 『미당 시 전집』 3, 민음사, 1994.

서정주, 『질마재 신화』, 일지사, 1975.

김태곤, 『한국의 무속』, 대원사, 1997.

김태곤, 『한국무속신화』, 집문당, 1985.

김태곤, 『한국무가집』, 집문당, 1980.

김혜니, 『한국근대시문학사연구』, 국학자료원, 2002.

김혜니, 『한국현대시문학사연구』, 국학자료원, 2002.

로만야콥슨, 신문수 역, 『문학속의 언어학』, 문학과 지성사, 1992.

류동식, 『한국민속종교사상』, 삼성출판사, 1983.

리재선, 『우리나라의 민속놀이』, 한국문화사, 1997.

문덕수 외, 『한국현대시인연구』(上), 푸른세상, 2001.

민속학회, 『한국민속학의 이해』, 문학아카데미, 1994.

민속학회편, 『가면극, 세시풍속, 산육속』, 교문사, 1990.

박경수, 『한국근대 민요시 연구』, 한국문화사, 1998.

박계숙, 『한국현대시의 구조연구』, 국학자료원, 1998.

박계홍, 『비교민속학』, 형설출판사, 1984.

박계홍, 『한국민속학개론』, 형설출판사, 1983.

박노준, 『현대시의 전통과 창조』, 열화당, 1998.

박정례 역, 『무속신앙』, 목원사, 1994.

박제천, 『한국민속의 이해』, 문학아카데미, 1994.

박주홍, 『한국민속학개론』, 형설출판사, 1994.

박철석, 『한국현대시인론』, 민지사, 1998.

방인태, 『우리시문학 연구』, 집문당, 1991.

〈논문〉

김지향, 「서정주 시에 나타난 무속신앙적 특성」, 한양여전논문집, 8집, 1985.

김지향, 「서정주시에 나타난 무속적 특성」, 한양여전 논문집, 1985.

문정희, 「서정주시에 나타난 물의 이미지, 심상」, 1985, 10월호.

朴大福, 「고소설에 수용된 민간신앙 연구」, 중앙대 박사학위논문, 1989.

박옥희, 「한국의 무속적 상징성을 통한 정서표현에 관한 연구」, 성신여대 석사학위논문, 1993.

박진환, 「삼교의 혼융과 샤먼의 신화 창조」, 현대시학, 1974년 12월호.

박태일, 「한국현대시의 공간현상학적 연구-백석. 윤동주. 이육사. 김광균을 중심으로」, 부산대 박사학위논문, 1991.

심재휘, 「1930년대 후반기 시 연구」, 고려대 박사학위논문, 1997.

원형갑, 「서정주의 신화, 현대문학」, 1968년 9월호.

엄경희, 「서정주시의 자아와 공간. 시간 연구」, 이화여대 박사학위논문, 1998.

유근조, 「소월과 만해시의 대비 연구-전통적 맥락을 중심으로」, 중앙대 박사학위논문, 1983.

유지현, 「서정주 시의 공간 상상력 연구」, 고려대 박사학위논문, 1997.

육근웅, 「서정주 시 연구」, 한양대 박사학위논문, 1990.

이두현, 「동제와 당굿」, 사대논총 17, 서울대 사범대학, 1978.

이두현, 「한국세시풍속의 연구」, 문교부학술연구논문집, 1971.

이몽희, 「신화와 성무사례 및 현대시의 주술성」, 부산경상전문대, 1994.

최정숙(崔貞淑)

충남 천안에서 출생

시인, 문학평론가

숙명여대 및 동 대학원을 졸업하고 경희대에서 문학박사 학위를 받았다.

한국국어능력평가협회(사단법인) 국가공인글쓰기 지도교수와 한우리독서문화운동본부 전문위원을 역임하였고 현재 MHU 국제언어문화대학 한국어통번역학과 학과장이며 호서대학교에서 강의하고 있다. 제16차 세계시인대회(WCP) 일본 마에바시에 참가하여 자작시 Still at night를 낭송했으며 제18차 세계시인대회(WCP) 슬로바키아 브라티슬라바에 참가하여 자작시 Winter Sea를 낭송하였다.

주요 저서

시집『그리움이 있는 풍경』, 평론집『여성문학의 문법과 비평』, 전공교재 『논문작성법』,『현대시와 민속』,『문학과 인생의 만남』,『한국문학의 향토성』외에 공저 수필집『바람속의 얼굴』,『하루분의 기쁨이어라』,『사랑이 흐르는 길, 사랑이 머무는 자리』등 다수가 있다.

2001년에 시집『그리움이 있는 풍경』으로 한민족문학상을 수상하였으며, 한국문인협회, 한국시인협회, 한국문학평론가협회 회원으로 활동하고 있다.

주요 논저

「북한시 연구」,「1930년대 여성문학론」,「1920년대 여성문학론」,「80년대 여성시」,「한국현대시의 샤머니즘 연구」,「샤머니즘 문학의 한·중 비교 연구-서정주시와 중국 구가를 중심으로-」등 다수가 있다.

이메일: jschoi3834@hanmail.net

카　페: http://cafe.daum.net/kongju3834(문학과 민속)

최정숙(崔貞淑)

충남 천안에서 출생

시인, 문학평론가

숙명여대 및 동 대학원을 졸업하고 경희대에서 문학박사 학위를 받았다.

한국국어능력평가협회(사단법인) 국가공인글쓰기 지도교수와 한우리독서문화운동본부 전문위원을 역임하였고 현재 MHU 국제언어문화대학 한국어통번역학과 학과장이며 호서대학교에서 강의하고 있다. 제16차 세계시인대회(WCP) 일본 마에바시에 참가하여 자작시 Still at night를 낭송했으며 제18차 세계시인대회(WCP) 슬로바키아 브라티슬라바에 참가하여 자작시 Winter Sea를 낭송하였다.

주요 저서

시집『그리움이 있는 풍경』, 평론집『여성문학의 문법과 비평』, 전공교재 『논문작성법』,『현대시와 민속』,『문학과 인생의 만남』,『한국문학의 향토성』외에 공저 수필집『바람속의 얼굴』,『하루분의 기쁨이어라』,『사랑이 흐르는 길, 사랑이 머무는 자리』등 다수가 있다.

2001년에 시집『그리움이 있는 풍경』으로 한민족문학상을 수상하였으며, 한국문인협회, 한국시인협회, 한국문학평론가협회 회원으로 활동하고 있다.

주요 논저

「북한시 연구」,「1930년대 여성문학론」,「1920년대 여성문학론」,「80년대 여성시」,「한국현대시의 샤머니즘 연구」,「샤머니즘 문학의 한·중 비교 연구-서정주시와 중국 구가를 중심으로-」등 다수가 있다.

이메일: jschoi3834@hanmail.net

카　페: http://cafe.daum.net/kongju3834(문학과 민속)

한국문학의 민속적 상상력 값 15,000원

2014년 5월 30일 1판 1쇄

저 자 최 정 숙
발 행 인 임 삼 규
발 행 처 **지 문 당**
주 소 413-756 경기도 파주시 광인사길 85(본사)
110-360 서울시 종로구 돈화문로 82(서울사무소)
등 록 1997. 12. 30. 제406-2003-000038호
영 업 부 (02)743-3192~3 팩스(02)742-4657
전자우편 sale@jimoon.co.kr
편 집 부 (02)743-3096~7 팩스(02)743-0227
전자우편 edit@jimoon.co.kr
홈페이지 www.jimoon.co.kr

ISBN 978-89-6297-166-8

이 도서의 국립중앙도서관 출판예정도서목록(CIP)은 서지정보유통지원시스템 홈페이지(http://seoji.nl.go.kr)와 국가자료공동목록시스템(http://www.nl.go.kr/kolisnet)에서 이용하실 수 있습니다.(CIP제어번호: CIP2014016494)